金融结构演变与实体经济发展：理论与实证

The Evolution of Financial Structure and the Development
of the Real Economy: Theory and Evidence

郭贝贝·著

经济管理出版社
ECONOMY & MANAGEMENT PUBLISHING HOUSE

图书在版编目（CIP）数据

金融结构演变与实体经济发展：理论与实证／郭贝贝著 .—北京：经济管理出版社，2023.8

ISBN 978-7-5096-9191-5

Ⅰ.①金… Ⅱ.①郭… Ⅲ.①金融结构—研究②经济—发展—研究 Ⅳ.①F830②F061.3

中国国家版本馆 CIP 数据核字（2023）第 158414 号

组稿编辑：高　娅
责任编辑：高　娅　张玉珠
责任印制：许　艳
责任校对：陈　颖

出版发行：经济管理出版社
　　　　　（北京市海淀区北蜂窝 8 号中雅大厦 A 座 11 层　100038）
网　　址：www.E-mp.com.cn
电　　话：（010）51915602
印　　刷：唐山玺诚印务有限公司
经　　销：新华书店
开　　本：720mm×1000mm/16
印　　张：14.5
字　　数：233 千字
版　　次：2023 年 8 月第 1 版　　2023 年 8 月第 1 次印刷
书　　号：ISBN 978-7-5096-9191-5
定　　价：98.00 元

P前言
Preface

　　我国经济迈入新常态以后，过度依赖银行的金融结构已难以适应我国经济由高速增长向高质量发展的转型升级需求。自党的十九大以来，党中央高度重视"金融供给侧结构性改革"，强调"要以金融体系结构调整优化为重点"，尤其是明确提出"促进多层次资本市场健康稳定发展，提高直接融资特别是股权融资比重"。可见，我国金融体系结构升级与优化已迫在眉睫。作为金融部门的内在体现，金融结构在一定程度上决定了金融功能与金融效率，不同的金融结构安排在动员储蓄、分散风险和配置资源等方面各具优劣，进而会直接或间接地影响经济表现。综观世界金融发展史，随着经济增长水平的提高，各国金融结构演变均呈现由"银行导向型"向"市场导向型"的路径转变。那么，市场导向型金融结构是否比银行导向型金融结构具有更优效率的结构安排？如何优化与调整一国的金融结构，才能进一步提升金融服务实体经济的能力，成为学者高度关注且尚未达成共识的问题。对此，本书主要从"文献基础、理论逻辑、实证分析、国际经验"四个部分内容进行系统阐述。

　　在理论方面，金融体系是社会资源的一种"配置器"，其本质是服务实体经济发展；在运行过程中，不仅要遵循自身特有的发展规律，同时也要满足实体经济的发展需要。首先，梳理与构建"三部门"（实体经济、银行体系与金融市场）金融结构内生性增长模型，分析发现：①在经济增长中存在最优金融规模与最优金融结构，即"非线性"关系，并且两者并非独立存在。②金融结构优化存在倾向市场导向型与倾向银行导向型的两种动态演变路径；无论何种路径，金融中介与金融市场的规模均呈现增长趋势，差异在于增长速度。其次，在金融视角下，分析发现：金融体系通过直接融资（金融市场）与间接融资（银行体系）的不同组合，在利率机制、信贷机制、资产价格机制及预期机制等传导机制下，发挥各自具备的金融功能优势，直接影响资本存储转换效率，间接优化资源流动与配置，进而影响经济增长，其中银行体系与金融市场在功能上存在差异性与互补性。最后，在实体视角下，分析发现：①实体经济的要素禀赋结构与融资主体特征决定了金融体系优势功能发挥方面的转变，构成了中长期金融体系结构变迁的内生性动力。②金融结构并非总是处于最优状态，而是处于帕累托改进、调整和优化进程中，呈现"偏离—均衡—偏离"的动态发展趋势。

在实证方面，从国际与国内两个层面，选取金融结构——规模、行为、效率三类指标，从动态视角，探究金融结构与经济增长之间的关系；从静态视角，选取经济增长水平与货币化程度作为门槛变量，探究金融结构对经济增长不同阶段下的影响差异。同时，通过引入实体与金融内在深层特征及影子银行因素，探究这三类因素如何影响金融结构对经济增长的影响作用，进一步增进对金融结构与经济增长间内在逻辑的深入理解。通过以上分析发现，金融结构的市场化发展将会是未来金融体系的发展趋势，呈现由"银行导向型"向"市场导向型"的转变，并且在经济增长中的作用更加明显，其中银行业呈现相对较为平稳的增长，而股票市场呈现快速与波动增长。从动态视角的实证分析，发现金融结构与经济增长间存在"非线性"关系。但对于金融结构与经济增长之间是否存在"倒 U 形"关系，国际层面与国内层面的研究存在差异。在国际层面，金融结构与经济增长之间存在"倒 U 形"关系，验证了在经济增长中最优金融结构的存在性，与理论预期相一致。在国内层面，金融结构——规模与经济增长之间存在"U 形"关系，金融结构——行为与经济增长之间存在"倒 U 形"关系，以及金融结构——效率与经济增长之间存在负相关关系。这一实证结果可能与我国金融结构发展水平相对较低有关。这可通过基于规模、行为与效率的金融结构与经济增长的散点图得以证明，即绝大多数省份均集中于较低经济增长水平与较低金融结构水平。从静态视角的实证分析，发现金融结构与经济增长之间存在显著的门槛效应，并且以门槛估计值为限，金融结构对经济增长的影响呈现"负向相关—正向相关"的作用效果。这进一步验证了金融结构与经济增长之间存在"非线性"关系；同时，在金融结构的调整与优化时，需要充分考虑经济发展水平与货币化程度。

进一步引入实体内在特征后，发现金融结构通过满足产业结构与技术创新的金融服务需求进而促进经济增长，并且基于规模与行为的金融结构与经济增长之间存在"倒 U 形"关系。这一研究结论与众多学者的结论相一致，基本可以判断两者背后的内在作用机制为：随着经济发展水平的不断提升，市场要素禀赋的结构转变，即产业结构的转变和与产品、技术风险相匹配的企业融资需求提升，对金融体系中资本市场所提供的融资服务与风险分散的需求不断提高。在引入金融内在特征后，发现银行集中度的提升有助于促进经济增长，但不利于金融结构的市场化建设；股票市场周转率过高不利于经济增长，但有助于促进金融结构市场化建设。通过对金融结构、影子银行与经济增长的三者动态关系探究发现，金融结构、影子银行与经济增长之间存在长期的均衡关系，并且三者之间形成了一个闭环机制，即影子银行→金融结构→经济增长→影子银行。影子银行对金融结构的影响基本呈现"负向效应—正向效应"，即短期波动影响较大而长期存在正向影响且逐渐趋近于 0。

当前我国金融体系服务供给与实体经济发展需求的不匹配、不平衡，是引发市场风险加剧与阻碍经济高质量发展的重要因素。依据前文的理论逻辑、实证分析发现，要实现"稳增长与防风险"的平衡发展，需推动金融体系与实体经济的协同发展，即在推进实体经济高质量发展的转型升级的同时，也要构建与之匹配的金融体系结构框架。本书通过系统梳理与总结美国、日本和德国的发展经验与教训，提出针对我国金融改革的相关政策建议：一方面，要注重"宏观—中观—微观"层面的结构优化，保障实体经济"稳增长"；另一方面，要完善金融法律与监管体系，守住系统性金融风险底线。

C目 录
ontents

——— 第一章 ———

绪论

第一节　研究背景及研究意义

一、研究背景

随着金融自由化、国际化及金融创新的不断发展，金融体系变得日渐发达，其深层结构演变更加复杂化，市场主体之间的关联性更加密切。一方面，金融体系对实体经济的影响逐渐增强，在各国经济增长中发挥着重要的促进作用；另一方面，其出现了不同程度偏离实体经济增长的趋势，即金融失衡现象，引发市场波动性增强，在一定程度上抑制了经济增长。自 20 世纪 70 年代以来，金融失衡不仅周期性地发生，并且与宏观经济失衡彼此强化，使经济与金融经常持续、显著地偏离长期标准，先后导致了墨西哥金融危机、巴林银行倒闭事件、1997 年亚洲金融危机、2008 年美国次贷危机等。近年来的金融改革实践表明，盲目任由金融体系的过度发展与膨胀，不仅不利于经济增长，甚至会引发经济波动。因此，该如何推进金融体系建设，更好地服务实体经济的发展，是一个值得思考的问题，这也已成为世界性难题。李扬认为所谓的"金融服务实体经济"，根本要求就是要有效发挥其媒介资源配置的功能；所谓为实体经济提供更好的金融服务，则要求降低流通成本，提高金融的中介效率和分配效率①。

---

① 李扬. "金融服务实体经济"辨 [J]. 经济研究, 2017 (6): 4-16.

在传统金融理论中，麦金农—肖提出的金融深化理论与金融抑制理论，均重视金融深化对经济增长的影响而忽视了金融结构的作用；甚至有学者认为影响经济增长的是金融深度而非金融结构。但是近期学术界的研究发现，金融结构在一定程度上决定了金融功能与金融效率，不同的金融结构安排在动员储蓄、分散风险和配置资源等方面各具优劣，进而会直接或间接地影响经济表现。这就引出了另一个问题，即构建什么样的金融结构，才能够更好地发挥金融媒介的资源配置功能及提升资源配置效率，进一步实现实体经济的稳增长，关于这一点学术界尚未达成共识。

综观金融与经济研究史，学术界关于金融结构与经济增长之间的关系曾出现过两次大辩论。第一次辩论可追溯到 19 世纪末期至 20 世纪初期的英国与德国所提出的金融结构差异下的经济高速增长，尤其是对银行体系结构差异的争论。大多数学者认为相比于英国市场导向型的银行制度，德国政策导向型的全能型银行制度的银企关系更加密切，不仅降低了企业获取信息的成本，更有利于提升企业的融资效率，而且也使金融体系更易于辨识有价值的投资项目，从而更好地动员社会储蓄和实现公司控制。第二次辩论是 20 世纪 70 年代至 90 年代的美国与日本的金融结构差异。这一时期的争论主要侧重于探讨银行导向型与市场导向型两类金融结构的孰优孰劣之分。这主要是由于 20 世纪 70 年代以来，以日本为代表的银行导向型国家在经历高速增长阶段后，出现了大量的银行坏账、严重的经济衰退，甚至爆发了金融危机；同时，以美国为代表的市场导向型国家却始终保持着较高水平的经济增长。然而，依据"金融抑制""金融深化"理论而展开金融改革的发展中国家却并未获得较为理想的效果，甚至在一定程度上引发了经济危机。尤其是 2008 年美国次贷危机的爆发，让学术界与实践界意识到过度注重金融深化而忽视金融结构的背后潜藏着巨大的风险，同时针对金融结构与经济增长之间关系和定位有待进一步厘清。这也开启了学术界关于金融结构与经济增长之间关系的第三次大辩论。

21 世纪以后，现代金融体系内部结构演化更加复杂，银行体系与金融市场之间的交叉融合趋势越发明显，呈现出新的特点：一是随着经济增长水平的提高，金融结构变迁呈现由银行导向型向市场导向型转变的趋势。二是银行体系虽仍主导信用市场、秉持"储蓄—信贷"传统业务，但其呈现出极强的市场化倾向，如信息处理外部化、银企长期稳定关系弱化等，其经营模式也由"发起

—持有"向"发起—分销"转变。① 三是市场中出现了大量的证券化金融中介，即影子银行体系，如非银行、非保险等非银行类金融机构，对传统金融中介（商业银行）的地位发起了挑战。陈雨露和马勇认为，在 21 世纪，市场导向型金融结构将会逐步成为全球金融体系的发展趋势，在这一演变过程中金融创新下的影子银行体系，即脱媒后的资金以多元化的间接方式进入实体经济，在推进银行体系与资本市场的市场化发展中发挥着重要作用。② 那么，金融结构与经济增长之间存在何种关系？金融市场是否就比银行体系具有更优效率的结构安排呢？实体经济和金融体系内在结构特征与金融创新下的影子银行体系将如何影响金融结构对经济增长的作用效应？这些内容将是本书所致力于探究的问题。

改革开放 40 多年来，我国金融体系已初步实现由计划性金融向市场化金融的转变，但仍然以银行信贷的间接融资为主，直接融资比重偏低。将宏观法的直接融资占比作为金融结构衡量指标，以 2018 年为例，我国约为 29.92%，明显低于美国的 77.45%、日本的 52.89%、德国的 38.68%。尤其是迈入经济新常态以后，我国正处于经济转型升级的关键时期，经济下行压力增强，并且面临着经济的增速变化、结构调整、动力转换的巨大挑战，要素粗放型发展模式已经无法适应当前经济增长状况，急需推进技术革新的创新驱动型发展模式，实现经济增长由高速增长向高质量发展的转变。过度依赖银行的金融结构已难以适应目前我国实体经济的发展需求。作为现代经济的核心部门，我国金融体系在一定程度上促进了经济增长，但是金融发展不平衡不充分的问题依旧突出，金融供给与实体经济需求之间不相匹配的问题依然严峻，中小企业融资难、融资贵等问题制约着经济增长。据统计，2018 年我国社会融资规模为 19.26 万亿元，以银行信贷为主要渠道的间接融资占比为 85.27%，以股票、债券为渠道的直接融资仅为 14.73%。

我国这种"一条腿长、一条腿短"的金融结构，即过度依赖银行的金融结构，与我国实体经济增长不匹配，实际上加大了我国的金融风险。当前我国债

---

① 李佳. 资产证券化创新视角下的金融结构变迁研究 [J]. 金融经济学研究, 2015 (5): 72-82.

② 陈雨露, 马勇. 社会信用文化、金融体系结构与金融业组织形式 [J]. 经济研究, 2008 (3): 29-38.

务风险（杠杆风险）水平不断提高，其所在经济下行周期下的风险放大效应、"逆向淘汰"效应及风险传导效应，使我国经济增长存在潜在的金融风险威胁。据统计，我国总杠杆率从 2008 年的 170% 上升到 2017 年的 242.1%，虽然低于发达国家 259.5% 的平均水平，但是非金融企业杠杆率已超过发达国家，达到 121%（2014 年）。政府隐性债务过重且偿还压力大。据不完全统计，2017 年我国显性政府债务余额约为 30 万亿元，而隐性债务规模约是显性债务规模的 1.5 倍，政府债务规模共计 75 万亿元。另外，中美贸易摩擦不断升级，无论是从规模、强度还是波及领域来看，均是我国改革开放 40 多年来所遭遇的最为罕见的、严峻的外部冲击，其本质目的在于狙击我国后发优势产业的发展，打压我国产业升级和创新能力，从而遏制中国崛起。尤其是在我国对外开放已迈入了新的阶段的关键时期，自由贸易区与自由贸易港建设正如火如荼地稳步推进，金融开放力度逐渐扩大的情况下，我国金融面临着巨大的、潜在的不确定性外部风险。因此，在国内外形势双重冲击下，如何平衡"稳增长与防风险"之间的关系，纠正金融"脱实向虚"的趋势，构建与实体经济增长相匹配的金融结构体系，提升资源配置效率，回归金融服务实体经济的天职，是我国当前急需解决的问题。

在 2017 年全国金融工作会议中，习近平总书记强调"金融是实体经济的血脉，为实体经济服务是金融的天职，是金融的宗旨，也是防范金融风险的根本举措"，并提出"紧紧围绕服务实体经济、防控金融风险、深化金融改革三项任务"，促进经济和金融之间相互协调、良性循环的健康发展。在党的十九大报告中，强调"深化金融体制改革，增强金融服务实体经济能力，提高直接融资比重，促进多层次资本市场健康发展"①；在中共中央政治局第十三次集体学习时提出"深化金融供给侧结构性改革"的重大决策，强调"要以金融体系结构调整优化为重点，优化融资结构和金融机构体系、市场体系、产品体系，为实体经济发展提供更高质量、更优效率的金融服务"。② 时任国务院总理李克强在 2019 年《政府工作报告》中指出"促进多层次资本市场健康稳定发展，提高直

---

① 习近平. 决胜全面建成小康社会　夺取新时代中国特色社会主义伟大胜利——在中国共产党第十九次全国代表大会上的报告 [N]. 人民日报，2017-10-28（001）.

② 资料来源于《习近平在中共中央政治局第十三次集体学习时强调　深化金融供给侧结构性改革　增强金融服务实体经济能力》。

接融资特别是股权融资比重"。这是在经济新常态和金融过度膨胀的背景下，首次由国家层面正视并高度重视金融失衡的潜在威胁，并对金融结构失衡的认知逐步从宏观到中观再到微观的转变。可见，在国际国内经济新常态下，正确认识与处理金融发展与实体经济之间的关系，构建更加合理、有效的金融体系结构，促进金融与实体经济间相互协调、良性循环发展，有效增强金融服务实体经济的能力，对维护国民经济健康稳定发展和国家经济安全具有重要意义。

二、研究意义

金融是经济的核心，金融的天职与宗旨就是服务实体经济，由金融失衡所引发的金融风险，也会干扰抑或阻碍经济增长。那么，研究如何修正金融失衡问题，提升金融服务实体经济的能力与效率，不可避免地需要探究金融结构与经济增长之间的关系及服务实体经济增长的金融结构变迁的发展路径与轨迹，并以此为依据，在平衡"稳增长与防风险"中，探究深化金融体制改革、提升金融服务实体经济能力的实现路径。

之前的学者关于金融结构对经济增长的影响研究主要是从金融体系特性的单一视角进行的，而本书主要从实体经济特性与金融体系特性相结合的视角进行研究。通过梳理金融结构与金融发展理论实践，为本书提供坚实的理论基础；通过构建三部门（银行体系、金融市场与实体部门）的金融结构内生性增长模型，系统分析金融体系与金融结构对经济增长的作用机制，探究适应实体经济增长的金融结构优化的动态演变基础。这不仅为本书提供重要的理论逻辑，也为探究金融结构与经济增长关系提供了新的理论视角，以及为优化金融结构、促进经济增长与防范金融风险提供了理论支持。

在当前国内经济增长下行压力增大、国际外部冲击逐渐加剧的情况下，"金融活则经济活，金融稳则经济稳"。只有正确地把握金融发展、金融结构与经济增长之间的关系，才能更好地实现金融体系为不同经济发展阶段下的经济结构提供所需的差异化、个性化的金融服务，进而纠正金融"脱实向虚"的趋势。对此，本书在金融结构与经济增长之间关系的基础上，进一步选取经济发展水平与货币化程度两类指标，测度金融结构对经济增长影响作用的门槛效应值；同时针对银行内部结构、金融市场内部结构及金融创新下的影子银行对金融结构与经济增长之间关系的影响进行深入研究，为探究深化金融体制改革、提升金融服务实体经济能力的实现路径提供了实证依据与经验借鉴。

第二节 研究目的与研究创新

一、研究目的

金融是实体经济的核心，由金融供给与实体经济增长需求不匹配的问题，以及所引发的经济增长抑制与经济波动风险，是我国经济当前所面临的重要问题。

第一，从理论模型中推导出金融结构与经济增长的数理逻辑。不管是银行主导、市场不足的金融体系和经济下行压力不断增强的问题分析，还是金融结构促进经济增长的实现机制及适应实体经济发展的金融结构动态演变分析，如何从现象与问题入手提炼出分析问题的理论逻辑，进一步推演出金融结构与经济增长间的数理关系，是本书要解决的首要问题。

第二，如何通过理论逻辑构建金融结构与经济增长之间的动态与静态的实证模型。基于国际层面（40 个样本国家）与国内层面（31 个省、区、市，不包括香港特别行政区、澳门特别行政区和台湾地区）的面板数据，从静态与动态两个视角，采用 System - GMM 估计与门槛检验估计的实证分析方法，验证金融结构与经济增长之间的关系及经济发展与货币化程度的不同阶段下金融结构对经济增长的作用效应差异，是本书要解决的核心问题。

第三，为进一步增进对金融结构与经济增长之间内在理论逻辑的深入理解，基于国内层面，引入实体经济深层结构（产业结构与技术创新）、金融体系深层结构（银行集中度与股票流通率）以及金融创新下的影子银行因素，探究三者如何影响金融结构对经济增长的影响问题，是本书要解决的延伸问题。

二、研究创新

本书旨在探究金融结构对经济增长的影响效应，基于平衡"稳增长与防风险"的理念，有针对性地设计与优化金融体系结构，增强金融服务实体经济的能力。

第一，拓宽金融结构维度。基于规模、行为与效率三个层面，将金融结构细分为金融结构——规模、金融结构——行为、金融结构——效率三类指标，以此为核心指标深入探究金融结构与经济增长的关系、内在机制等问题。

第二，研究视角的拓展。在理论研究中，本书从金融特性与实体特性相结合的视角，针对金融结构与经济增长之间的关系进行了理论与实证分析。理论上，在借鉴前人经验的基础上，系统梳理与构建了"三部门"金融结构内生增长模型，以及金融结构变迁的演变路径；在实证研究中，从动态与静态的双重视角，选取国际与国内的两个层面数据，针对金融结构对经济增长的影响作用进行国际实证与国内检验。同时，拓展了门槛效应视角，不仅考虑了实体经济特性的经济增长水平，同时也考虑了金融体系特性的货币化程度。

第三，深入探究了实体与金融的内在深层次特征的作用。在动态模型实证的基础上，进一步探究了实体经济与金融体系深层结构因素在金融结构对经济增长影响中的作用效果。此外，引入金融创新下的影子银行因素，探究了影子银行在金融结构对经济增长影响中的作用效果。

第三节　研究方法与研究框架

一、研究方法

本书将多重学科、多重视角，针对研究问题和研究目标，采取有针对性的研究方法和手段，做到研究过程和结论的科学与可靠。

第一，文献研究法与案例分析法相结合。通过对国内外相关文献的研读，演绎归纳金融结构与经济增长之间关系的一般规律，为研究方案的确定、关键因素的筛选、理论框架的构建提供有力支持。同时，对国外金融结构变迁的实践经典案例进行归纳整理，剖析主要发达国家（美国、日本与德国）的金融结构优化与设计的历史演进实践经验，从中吸取有价值的实践教训与启示。

第二，定性分析法与定量分析法相结合。通过运用定性分析法，从金融特性与实体特性相结合的视角，梳理了"三部门"金融结构内生性增长模型、金融结构促进经济增长的动态演变路径及两者之间的互动机制，旨在探索出适合本书研究的理论框架。同时，结合定量分析方法，从国际与国内两个层面的历史面板数据，采取动态 GMM 模型和静态 Hansen 门槛效应模型，探究金融结构变迁对经济增长的影响。

第三，综合比较分析法与系统制度设计法相结合。综合运用金融学、法学、经济学、社会学等多学科研究视角和方法，系统全面比较研究国内外适应实体经济发展的历史变迁、演进规律及未来方向。同时，利用系统分析法，对金融体系进行结构优化与设计，并结合制度设计法，构建适应中国实体经济发展实际、具有中国特色的金融体系结构建设与发展的路径选择。

二、研究框架

本书遵循"提出问题——分析问题——解决问题"的研究思路，围绕"防风险与稳增长"的平衡关系，从"文献基础、理论逻辑、实证分析（关系实证、深层实证）、国际经验"四个方面入手，探究金融结构变迁对经济增长的影响研究。

（1）"文献基础"。金融发展、金融结构的经典理论，如 Gurley 和 Shaw 的货币金融理论、Goldsmith 的金融结构理论、McKinnon 和 Shaw 的金融深化与金融抑制理论、Stiglitz 等的金融约束理论及金融内生理论。

（2）"理论逻辑"。系统分析金融体系与金融结构对经济增长的内在机制；从三部门（银行体系、金融市场与实体部门）视角下构建金融结构变迁与经济增长的理论逻辑，探究金融结构优化的动态演变路径，以及适应实体经济增长的金融结构优化的动态演变基础。

（3）"关系实证"。对国际层面与国内层面的金融结构变迁发展趋势进行分析，并从金融结构——规模、金融结构——行为、金融结构——效率三个视角，运用动态与静态模型实证的方法，探究金融结构与经济增长之间的非线性关系，以及在不同经济增长阶段与货币化程度下金融结构对经济增长的影响差异。

（4）"实证分析"。为深入理解金融结构与经济增长之间的逻辑关系，在动态模型中，引入实体经济与金融体系的深层次结构及金融创新下的影子银行因素，探究金融结构对经济增长的影响差异。

（5）"国际经验"。选取美国、日本和德国三国作为典型样本，通过梳理与分析其金融体系结构变迁轨迹和经验教训，为探索适合中国国情的金融体系结构选择与设计提供借鉴经验。具体的逻辑框架思路如图 1-1 所示。

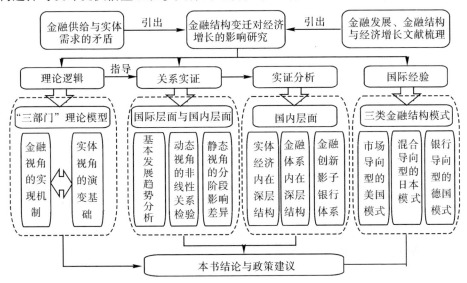

图 1-1　金融结构变迁对经济增长影响的逻辑框架思路

—— 第二章 ——

概念界定、理论基础与文献综述

本章主要包括三个部分：一是针对核心概念进行界定；二是梳理金融结构理论的思想渊源；三是详细阐述关于金融结构与经济增长的文献综述。

第一节　概念界定

本节针对核心概念进行基本界定，包括金融结构、金融结构的度量、经济增长等主要概念。

一、金融结构演变的内涵

金融结构演变是一个长期性、动态性的发展趋势概念，表示金融体系内在结构在未来一段时间内的变化趋势，其核心主体是金融结构。R. W. Goldsmith 首次于 1969 年提出"金融结构"概念并进行了深入研究，其认为金融结构演变就是金融发展，研究金融发展就是研究金融结构演变的过程与趋势，通过金融相关比率指标来衡量一国的金融结构水平。R. W. Goldsmith 将金融现象划分为"金融工具、金融机构和金融结构"三个基本方面，认为不同类型的金融工具与金融机构的存在、性质及相对规模体现了该国的金融结构。此后，基于研究问题侧重点的不同，学者们对金融结构的概念与内涵进行了延伸和扩展。Schmidt（2001）从金融体系子系统视角入手，强调金融结构优化的整体性而非局部性，将金融结构定义为"某一时点上治理跨期支付交易组织的机构、技术与规则"。国内学者关于金融结构内涵的研究主要是在参考国外学者观点的基础上加以深化与完善。白钦先（2003）基于金融体系结构的复杂性与层次性考量，从广义与狭义两个视角，提出了较为一般性的金融结构概念，即"金融相关要素的组成、相互及其量的比例"。其中，狭义的金融结构为 R. W. Goldsmith 所指的金融机构和金融资产的数量变化，或间接金融与直接金融比例的不平行、不均衡发展，以及后者对前者的逆转，即"金融倾斜及其逆转"；广义的金融结构则包括全球不同类型国家或一国不同时期的金融机构、金融工具、金融资产、金融市场、金融商品、金融衍生商品、实质经济与金融体系的数量变化与质量高低，以及上述因素不同时间、不同空间、不同要素的变化与比例关系等。[①]

二、金融结构的度量

金融结构，宏观上指一国配置金融资源的方式安排，微观上指资金供需双方的融通方式，通常用直接融资和间接融资[②]进行度量。学术界普遍采用间接融资（银行体系）和直接融资（金融市场）的组合指标作为金融结构的量化指标，即金融结构=直接融资/间接融资抑或金融结构=间接融资/直接融资。从微观层面到宏观层面，形成了以间接融资为主的银行导向型金融体系结构和以直接融资为主的市场导向型金融体系结构。[③] 但具体以哪种指标度量没有统一的标准，常用的计算方法包括宏观存量法、微观存量法和我国独有的增量法。[④] ①宏观存量法：早期学者多采用世界银行公布的股市市值和银行贷款衡量各国金融体系结构，随着国际清算银行（BIS）公布债券存量，债券存量也被纳入宏观存量法统计口径。此种方法的优点是数据口径统一，易于国际比较，缺点是只能笼统反映整体情况，但未包含非上市流通的股权融资，存在低估的可能性。②微观存量法：OECD 金融资产负债数据库提供了非金融企业的资产负债表，优点是契合金融体系定义，可以计算非金融企业的融资情况，股权融资包

① 吴超. 我国金融结构优化和经济增长稳定性研究 ［D］. 中共中央党校博士学位论文，2012.

② 直接融资，是指不通过金融机构等中介，资金供求双方在金融市场上直接签订协议或购买有价证券实现资金融通。间接融资，是指资金供给方以存款形式，先将闲置资金提供给金融机构，再由金融机构以贷款的形式拨付给资金需求方。

③ 孙伍琴. 关于金融结构比较分析理论框架的设计思路 ［J］. 金融论坛，2003（4）：2-7.

④ 资料来源于恒大研究院的《大国金融体系升级》。

含上市股票和未上市股权，缺点是该数据库主要统计的是发达经济体数据，发展中经济体样本较少，未包含我国数据。③增量法：中国人民银行公布的"社会融资规模"新增融资项目，根据《金融业发展和改革"十二五"规划》中所使用的统计口径，企业债和非金融企业境内股票融资为直接融资项目，其余为间接融资项目。该指标反映短期边际融资情况，并且只适用于我国 2002 年以来金融体系结构的计算，难以进行国际比较。

三、经济增长的内涵

经济增长，在宏观经济学中，狭义上一般用产量的增加来定义，可以采用总产量抑或人均产量来表示；广义的经济增长不仅注重经济"量"的增长，还涉及经济"质"的提升，包括经济结构的优化、经济制度的进步和社会服务的提升及技术创新等方面，是一个综合性、复杂性的概念。经济"质"的提升，不仅会促进经济"量"的增长，同时也会对金融体系的优化与升级产生影响。本书中的经济增长采用经济总产量或人均产量来衡量，即经济"量"的增长，并将经济"质"的提升（如产业结构与技术创新）作为中介变量引入金融结构与经济增长之间关系的分析中，探究经济"质"的提升将会如何体现金融结构对经济增长的影响作用。

第二节　理论基础

自 20 世纪 50 年代以来，学者们纷纷关注到金融发展与金融结构在经济增长中的重要作用，相关理论顺应政府在宏观层面"干预——放松——干预——放松"的政策路径而发展，逐步拓展"完全竞争市场"的模型假设条件，进一步推进了理论与实践的相适应与贴近，其中代表性理论为货币金融理论、金融结构理论、金融深化理论、金融约束理论和金融内生理论。

一、金融结构理念的思想萌芽：货币金融理论

"二战"之后，世界各国经济基础百废待兴，尤其是欧洲与亚洲国家。受 20 世纪 30 年代凯恩斯主义思想的影响，各国纷纷采取宏观干预政策，注重发

挥国家资本在经济发展中的主导作用。正是在这一背景下，Gurley 和 Shaw 在《金融中介机构与存蓄——投资过程》《经济发展中的金融深化》的论文中提出了"货币金融理论"，并在 1960 年出版的《金融理论中的货币》[①] 一书中进行了详细阐述，强调资本有效配置在经济增长中的重要作用，尤其是强调金融中介机构在储蓄—投资过程中的信用创造功能。金融中介的信用创造功能恰恰为一国战后国民储蓄不足而投资需求巨大的经济建设提供了重要的金融支持。从 20 世纪 50 年代中后期开始，发达资本主义国家进入到一个经济大发展的时期。其中，美国的 20 世纪 60 年代被称为"繁荣的十年"，从 1961 年 1 月到 1969 年 10 月，美国经济趋势连续上升了 106 个月。

在货币金融理论中，Garley 和 Shaw 基于国民收入理论，将整个经济主体划分为盈余主体、赤字主体和平衡主体三类，货币通过金融部门在盈余主体与赤字主体间进行流转，引发融资与投资行为的产生，即储蓄与投资的关系，并进一步将融资方式划分为直接融资与间接融资两种类型。其中，前者是资金盈余方将资金以购买初级证券的方式转移到资金赤字方；后者是资金盈余方将资金通过金融中介购买初级证券的方式转移至资金赤字方，金融中介机构为最终贷款人持有资产而发行货币或间接债券。Garley 和 Shaw 认为相比于直接融资，间接融资具有更高效率的分配手段。一方面，直接融资虽然具备资本流动的分配手段，但是却存在效率低下、在投资与融资中金融资产类型难以匹配的现象，以及增加了证券资产持有下的市场损失风险；另一方面，间接融资具备提供广泛的信贷撮合信息，为资本流动提供多样化的金融工具，进一步解决信贷行为下的金融资产不匹配的矛盾，有效扩大了资本的流动范围和提高了资本的流动效率。同时，他们也论证了初级证券多样化发展的必然性。另外，Garley 和 Shaw 也特别强调重视针对金融中介机构控制的重要性，只有这样才能保证金融政策的有效性。[②] 他们对这两种融资方式的划分，构建了金融结构研究的雏形。同时，在他们的研究中也提到了与金融结构理论相关的金融工具、融资方式等相关概念问题，虽然研究较为零散、不够系统与全面，但是为后期研究提供了借鉴与参考的经验。

---

① Gurley J G, Shaw E S. Money in a Theory of Finance [M]. Washington D. C.: Brookings Insritution, 1960.

② 转引自：王百荣. 格利和肖论金融中介机构与储蓄——投资过程 [J]. 绍兴师专学报，1990（1）：55-60.

二、金融结构理念的正式提出：金融结构理论

R. W. Goldsmith 在借鉴前人成果的基础上，在《金融结构与金融发展》中开创性地提出"金融结构"概念，确立了关于金融结构与金融发展问题的理论框架。其根据 35 个国家 1860~1963 年的长周期样本数据，针对金融发展与结构变化进行国际层面的横向与纵向比较，提出金融结构变迁即为金融发展的论断，是从简单到复杂、从低级到高级不断适应实体经济增长的动态变化过程。①

R. W. Goldsmith 将金融现象总结为金融工具（金融产品）、金融机构和金融结构三个方面，并认为"一国金融结构被定义为该国当前金融工具和金融机构的总和，包括当前各种金融工具和金融机构的相对规模、管理特征和管理模式、金融中介机构的各个分支机构集中度等"。在书中，R. W. Goldsmith 从八个方面针对金融结构指标进行了描述，主要可以归为三大类：第一类是金融宏观结构，构建了衡量金融上层建筑与实体经济之间的金融相关比率指标，这一指标主要衡量经济货币化或金融化程度；第二类是金融内部结构，该类型又可分别从金融工具、金融资产、金融机构与融资方式等方面进行划分，包括金融中介比率、基于资金来源与投资应用下的金融部门资产比重、各经济部门的所持有金融工具占比等；第三类是金融交易关联结构，如金融机构发行需求的收入弹性、变异系数等。R. W. Goldsmith 通过定性与定量分析得到 FIR 值与经济发展水平正相关的基本论断，提出了金融发展在不同国家经济发展的 12 条定律；但是其研究并未涉及金融结构、金融发展对经济增长的作用机制这一根本性问题，存在明显缺陷，例如研究对象有限，仅涉及 35 个国家。

三、金融结构理念的拓展研究：金融深化理论与金融约束理论

金融深化理论与金融约束理论的目标是一致的，都是为了促进金融部门更好地服务于实体经济的发展，区别在于适用经济增长的不同阶段。金融深化理论是从长期视角进行分析，认为推动金融部门的自由化发展、减少政府干预将

---

① 转引自：郭冬梅. 金融结构理论的演进与启示 [J]. 发展，2009（4）：68-69.

会对经济增长产生促进作用，而金融约束理论着眼于金融部门发展的初级阶段，由于存在市场的非完全性与不确定性，即银行体系的内在不稳定性与金融市场的脆弱性，需要政府干预金融运行，通过采取金融政策更好地推动金融业的健康发展。

（一）金融深化理论

自 20 世纪 60 年代末 70 年代初以来，西方各主要资本主义国家出现了经济停滞或衰退、大量失业和严重通货膨胀同时发生的情况，同时发展中国家的发展困难也普遍加大。主张国家干预政策的后凯恩斯经济学陷入困境，而货币主义、供给学派等保守主义经济学说影响逐渐增强，认为西方发达国家"滞胀"的原因在于国家过度干预，主张自由放任。[1] 受这一发展理念转变的影响，Mckinnon 和 Shaw 分别在《经济发展中的货币与资本》[2] 和《经济发展中的金融深化》[3] 中，针对发展中国家的"金融抑制"现象提出了"金融深化"理论。McKinnon 和 Shaw 以发展中国家为研究对象，在哈罗德-多马经济模型中，引入储蓄、利率等因素，创立了纳入金融因素的经济增长模型，研究发现金融发展在经济增长中的作用并非中性，提出"金融抑制"现象是发展中国家普遍存在的问题的观点。发展中国家的"金融抑制"现象主要体现在金融体系的不发达和不合理（二元社会结构）、资本积累不足（储蓄不足）、政府过度干预金融、利率管制下的资源配置扭曲等方面。他们认为金融抑制阻碍或危害了发展中国家的经济增长，并主张推进"金融深化"发展，即降低政府对金融领域的控制与干预，实行利率与汇率的自由化与市场化，在控制通货膨胀的基础上，提升银行体系吸收储蓄的能力，实现资本积累。McKinnon 和 Shaw 并未针对金融结构展开研究，但是从内源与外源融资渠道的分析中认为，金融抑制与金融结构存在联系，提出"金融深化""金融自由化"的举措，即应当更加注重外源融

---

① 王永祥."金融深化"理论评介［J］.中国农业银行长春管理干部学院学报，1991（6）：69-74.

② 罗纳德·I. 麦金农. 经济发展中的货币与资本［M］. 卢驄，译. 上海：生活·读书·新知三联书店，上海人民出版社，1997.

③ 爱德华·S. 肖. 经济发展中的金融深化［M］. 邵伏军，许晓明，宋先平，译. 上海：生活·读书·新知三联书店，1988.

资，其本质上是金融结构的不断调整与优化的动态过程，隐含着金融结构变迁与金融深化相一致的理念，强调金融体系形成与完善的重要性。金融深化的过程中内含着金融结构的不断优化与调整，两者之间是相辅相成、互相促进的关系。

（二）金融约束理论

依据"金融深化"理论而展开金融改革的发展中国家却并未获得较为理想的效果，在一定程度上引发了通货膨胀的经济危机，如墨西哥金融危机、东南亚金融危机、巴西金融危机、阿根廷金融危机。对此，Stiglitz 在新凯恩斯主义学派分析的基础上，从有效需求观点和信息不对称的视角，针对金融深化理论进行了反思与批判，认为金融深化理论以"瓦尔拉斯均衡"的理论假定为前提，存在过多严格的限制，与发展中国家的实际情况不相符合，提出政府对金融市场监管应采取间接控制机制，并依据一定的原则确立监管范围和监管标准。在此基础上，Hellman 等在 1997 年发表的《金融约束：一个新的分析框架》一文中针对发展中国家的国情提出了金融约束理论的分析框架。金融约束理论认为发展中国家的金融深化对经济增长的促进效应是有约束条件的，需要采取必要的存贷款利率管制、资产替代及银行业准入限制等一整套干预性金融政策，既有利于为银行业创造租金、推进金融业深化和提升相对于自由放任或金融抑制政策下的信贷配置效率，也有助于提升银行规避风险的能力、防范系统性金融风险及推进金融业稳定健康发展，从而实现社会福利效应最大化。[①] 金融约束的主要政策有利率控制和资产替代等，其中利率控制是核心。

四、金融结构理念的演进根源：金融内生理论

20 世纪 90 年代以来，金融发展理论多维度的研究发现，金融对经济增长至关重要；但是由于传统金融理论中关于金融与经济关系研究大多停留在经验式主观判断上，存在一定的局限性及其政策主张过于激进，引发诸多发展中国家推进的金融自由化尝试（20 世纪 70 年代至 90 年代）并非有效。对此，20 世

---

① 李木祥，钟子明，冯宗茂. 中国金融结构与经济发展 [M]. 北京：中国金融出版社，2004.

纪 90 年代以后，部分学者在传统金融理论的基础上，结合内生经济增长理论，进一步深入探究金融发展的内在机制和演进根源，逐步形成了现代金融理论，即金融内生理论，主要分为古典内生金融发展理论和现代内生金融理论两类观点。前者以阿罗—德布鲁模型为基准，拓展了"完全竞争市场"的假设前提，在模型中引入诸如不确定性（Levine & Sara，1996）、交易成本（Diamond，1984）和不对称信息（Bolton & Freixas，2000）等市场摩擦因素；后者以制度体系为视角，注重金融发展中的制度作用，在模型中引入法律制度（Demirguc-Kunt & Levine，2001）、文化制度及利益集团等因素。另外，金融内生理论依据"二分法"将金融体系划分为市场主导型与银行主导型两种金融体系结构①，通过将金融因素纳入经济增长模型中，构建了内生金融—经济增长模型，对金融部门的内生机制及金融部门与经济增长的关系等问题进行了全新探索与深入研究，对金融中介和金融市场的形成做出了规范意义上的解释，从而使其政策主张较之 McKinnon 和 Shaw 的研究显得更加符合各国（特别是发展中国家）的实际。

第三节　文献综述

本节将针对金融发展、金融结构与经济增长之间关系的相关文献研究进行梳理与阐述。

一、金融发展与经济增长之间的关系

关于金融发展与经济增长之间关系的研究，学术界主要从两部门模型进行研究，将整体市场划分为金融部门与实体部门，其中社会资本在两部门之间进行分配。现阶段，学术界已经初步形成两类观点：一是长期视角下金融发展与

---

① 上述两种金融体系是两个极端情况，不能按照二分法被归类的国家则被划分为中间类型。事实上，还有其他分类方法，如 Schmidt（2002）把经济体划分为三种模式，而 Amable（2003）则把经济体划分为五种模式。

经济增长保持稳定状态，发挥着促进经济增长的作用，即"稳定关系论"；二是短期视角下金融发展与经济增长存在分离趋势，凸显出抑制经济增长的现象，即"分离关系论"。

（一）长期视角的"稳定关系论"

这一观点的研究者主要从金融部门整体、银行体系与金融市场三个角度进行论证。从金融部门整体视角来看，金融部门是整个经济的一部分，金融部门为整个社会经济提供的是一种融资的中介机制、分散风险的渠道和选择及部分地提供一种激励和约束机制。在金融发展初期，金融部门与实体经济基本保持在稳定状态，随着金融深化的不断提升，金融部门对经济增长的影响效应逐步增强。王爱俭和张全旺（2004）研究发现，金融资产与实物资产之间具有替代性、互补性与财富效应，存在一个稳定均衡关系，若偏离资产配置均衡比例，会导致经济增长受损抑或实际产出低于最优产出。从银行体系视角来看，何其春和邹恒甫（2015）在生产函数中纳入银行信用因素，研究发现银行机构内在信用创造的收益将会吸引更多劳动力和其他资源流入金融部门，从而侵蚀实体经济；若该收益是通过企业与银行借贷关系实现的，那么留存于实体经济部门的比例大小决定了信用创造对技术创新与经济增长的贡献程度。从金融市场视角来看，根据戈登的股票价值公式，可知股票价值是由公司股利的折现值所决定的，无论股票市场中的股票价格如何波动，终将会回归到股票价值水平上。若将该模型由单个经济主体延伸至整个实体经济，则意味着金融市场的资产价格由实体经济发展所决定的，亦是实体经济发展趋势的"晴雨表"。[1] Fama（1990）在探究股票市场与实体经济间关系时，针对美国股票回报率的长周期（1953~1987年）进行统计分析，发现股票市场的回报率与实体经济活动具有显著的相关性。同样Schwert也得出相同结论[2]，验证了有效市场假说理论中关于股票市场是一个国家经济增长的"晴雨表"的观点。郭琨等（2012）利用热

---

① 刘晓欣，宋立义，梁志杰. 实体经济、虚拟经济及关系研究述评 [J]. 现代财经（天津财经大学学报），2016（7）：3-17.

② Schwert G W. Stock Returns and Real Activity：A Century of Evidence [J]. The Journal of Finance，1990，45（4）：1237-1257.

最优路径法，研究了国内市场中股指与 GDP 之间的动态关系，发现我国以 2002 年为界限，上涨股指与 GDP 之间存在由不显著领先——滞后关系转变为日趋显著的领先关系，领先期一般为 6 个月左右。

（二）短期视角的"分离关系论"

"分离关系论"认为由于金融部门比实体部门过快发展，使资本过度集中于金融部门，进行自我循环与自我服务，导致资产价格暴涨暴跌的波动，甚至引发泡沫经济。Tobin（1965）认为货币资金的投资渠道有两种：实体投资与金融投资，而资产投资回报率是判别货币资金投资取向的标准；若金融资产回报率高于实体资产时，资金将会流出实体经济而流入金融部门，这将引发实体经济的负乘数效应，导致两者之间的分离。Drucker（1986）首次提出"符号经济"概念，认为经济社会主要由符号经济（货币和信用）与实体经济（货物、工作和劳务）两部分组成，其中符号经济在经过世界经济的三次结构性变化后，即工业与农业的分离、生产与就业的分离、资本流动与国际贸易的分离，逐渐取代"实体经济"成为世界经济增长的引擎。Sachs（2004）研究发现虽然金融市场中存在与实体经济逐步分离的过度虚拟倾向，但是在宏观经济体系中，实体经济仍处于主导地位，金融仍发挥服务者的角色。张晓晶（2002）从符号经济视角分析了两者分离的基本动因，即支配企业的生产法则被金融法则所取代，认为相比于实体经济，符号经济具有更高的流动性，在受到外部冲击时反应更敏捷，进而导致两者在时间上的分离。刘骏民和伍超明（2004）构建了由货币、虚拟经济与实体经济组成的分析框架，研究发现实体经济与虚拟经济的增长率是决定货币量增长率的重要因素；通过对比两部门资产收益率的差异，发现虚拟经济与实体经济之间存在经常性背离的关系。吴晓求（2006）从股市与 GDP 之间的关系来探究金融部门与实体经济之间的分离现象，研究发现美、英、法三国自 1985 年以来均出现两者之间的"剪刀差"，呈现分离状态，而我国金融部门与实体经济之间呈现无规则反复波动状态，吴晓求认为这也许与我国金融市场的市场化尚不健全有关。Minsky（1982）从心理预期视角提出了"金融不稳定假说"，认为金融市场具有内在不稳定性与独立信用扩张的能力，金融与实体经济相分离是金融发展过程中的必然性。Lucas 等（2004）以德国争论主线的"分离假说"为基本框架，对金融市场与实体经济分离现象进行了结构化综述，提出三种分离假设：一是作为固有问题的分离，二是作为破坏性伴随物的分离，三是作为根本性问题的分离。刘骏民和张国庆（2009）针对虚拟经济与金融危机的关系，提出了"金融经济的介稳性"观点，认为若要维持该介稳状态，就需要金融部门与实体经济之间进行货币与能量的交换，一旦交换链条断裂，则介稳状态将会破裂，进而引发金融危机。

综上所述，无论是"稳定关系论"还是"分离关系论"，均说明金融发展与经济增长之间存在均衡临界点。正如 Samargandi 等（2014）通过考察 52 个中等收入国家发现，金融发展并非完全是促进经济增长的，两者之间呈现一个非均衡抑或非线性的关系，即"倒 U 形"关系。这就说明在发展水平较低的时候，金融体系（银行体系与金融市场）的持续扩张与发展能够促进社会生产率水平的提高；但是超过两者均衡临界点后，金融体系对经济增长的促进作用转变为对稀缺资源的竞争关系，其过度虚拟与扩张不利于促进经济增长。对此，王爱俭和张全旺（2014）认为只有金融部门适度发展，与实体经济增长规模与速度相匹配，才能使经济增长达到最优增长状态。

二、金融结构与经济增长之间的关系

现阶段已有的关于金融结构与经济增长之间关系的文献，大部分学者均是从金融体系（银行体系与金融市场）视角下进行单方面考察，探究金融结构促进经济增长的功能与特性，也有少部分学者从实体经济本身特征或两者兼具的视角下，初步探究了与实体经济增长相匹配的金融结构优化问题。

（一）基于金融体系特性视角的文献梳理

从金融体系特性视角下，学术界基本形成了两类观点：一是"有关论"，即针对银行导向型金融结构与市场导向型金融结构孰优孰劣进行探究与分析；二是"无关论"，即摒弃了银行主导与市场主导的优劣之争，仅强调金融体系关键在于为实体经济提供优质的金融服务，至于提供服务的渠道如何并不重要。

第一，"有关论"。金融结构与经济增长有关论主要探究的是何种金融结构更有利于经济增长，其产生了两类阵营：一类是银行导向型金融结构，另一类是市场导向型金融结构。

银行导向论：银行体系比金融市场更有利于经济增长。该观点认为在经济运行中，银行可以比市场更有效率地提供资金支持、促进经济增长，银行发挥着主导作用，而金融市场的作用较弱。主要代表学者有 Gerschenkron（1962）、Stiglitz（1985）、Boyd 和 Prescott（1986）、Bhide（1993）等，主要对银行支持实体经济增长的资源配置功能进行阐述，如支付功能、储蓄动员、资源聚集、风险管理、监管难度、企业治理、信息获取与披露等。Friedman 和 Schwartz（1982）认为银行体系一个最基本的功能是支付功能，因而一个具备与经济增长既相适应又相互作用的有效支付系统的银行体系，将有助于降低交易成本，提升劳动分工与经济增长所带来的生产性收益。随着金融体系的发展与技术的进步，银行体系逐步由支付系统转变为信用创造中介，这有助于降低持币的机会成本，也是银行体系与经济增长长期联系的关键点（Kuznets，1966）。在经济增长初级阶段（发展中国家），社会制度不足以支持市场活动时，相较于市场机制，银行机制能够对储蓄实施战略性动员与配置，尤其是在国有银行占主导地位的时候，更能克服市场失灵现象。① 同时，银行体系在不受监管影响的情况下，可以有效地利用其信息收集、处理的规模与范围效应，降低企业融资的信息成本与交易成本，也可以极易辨识市场中有价值的投资项目并监督项目，进而实现更好的储蓄与资源动员、配置，尤其是在法律制度不健全、社会信用机制不完善等营商环境较差的国家或经济增长阶段。② 从融资难易程度来看，金融市场的上市要求较高，绝大部分中小微企业难以达到其标准，而与之相对的是，银行信贷更容易获取，成为企业融资的重要渠道。同时，银行体系比证券市场能够更好地处理信息不对称情况下的委托代理问题和短期投机行为，发挥其集中监督优势。③ 相较于银行体系内银企信息非公开性，证券市场中的信

---

① Gerschenkron A. Economic Backwardness in Historical Perspective［M］. Cambridge：The Belknap Press of Harvard University，1962.

② Diamond D W. Financial Intermediation and Delegated Monitoring［J］. Review of Economic Studies，1984（3）：393－414.

③ Stiglitz J E. Credit Market and the Control of Capital［J］. Journal of Credit and Banking，1985，17（2）：133－152.

息公开披露，使市场主体在获取信息方面存在"搭便车"现象，弱化了其信息寻找和获取的激励，进一步加剧了信息不对称。[①] Franklin Allen 和 Douglas Gale 等从信息不对称视角分析，发现市场主导型融资环境下，公司内部人员（如董事会与企业高管等）相较于外部人（如小股东与企业外部相关利益人群）具有企业信息获知优势，存在信息不对称问题，极易产生道德风险下的利益冲突，而银行中介部门可强化企业内部的风险监管，避免内部控制风险问题。[②] 银行体系一般与企业保持良好、密切的银企关系，可以缓解信息不对称下的市场扭曲，并通过金融监管防范道德风险，因此银行主导型金融体系能够更好地发挥企业控制和风险管理（Bhide，1993）。也有部分学者从实证的角度，通过收集跨国与本国数据分析银行发展与经济增长之间的关系。例如，Levine 和 Zeros（1998）针对 47 个国家 1976~1993 年的股市、银行与经济增长之间的关系，采取横截面数据回归的方法，发现股市的流动性和银行信贷与经济增长之间有显著的正向相关关系，而股市规模和股市波动与经济增长之间没有显著的相关关系。

市场导向论：金融市场比银行体系更有利于经济增长。该观点认为现代金融体系将是以金融市场为基础，市场机制在金融运行中将发挥决定性的作用，而银行体系的功能与地位将会衰落与下降。主要代表学者有 Levine（1997，2002）、Beck 和 Levine（2004）、Holmstrom 和 Tirole（1993）等，主要从信息获取与转换、治理结构、创新激励、风险管理等方面进行论述。Boyd 和 Smith（1998）根据对不同发展阶段下的金融结构变化的梳理，发现在经济越发达、市场化建设越完善的地区，市场主导型金融体系的程度就越高。相较于银行体系，规模大、流动性强且功能健全的市场体系能够降低银行固有的无效率，进而更好地促进经济增长和利润激励，提升公司治理水平，实现风险管理多样化及个性化风险管理服务（Levine，1997，2002）。在市场体系中，"理性"投资者基于利益驱动，并非会因为信息公开而引发信息获取与处理的激励弱化；虽

---

① Boyd J H, Prescott E C. Financial Intermediary-Coalitions [J]. Journal of Economic Theory, 1986, 38（2）：211 - 232.

② Allen F, Gale D. Comparing Financial Systems [M]. Cambridge：Mit Press, 1999.

然市场中存在非理性下的"搭便车"行为，但是在不确定环境下，投资者信息转换效率强于银行体系（Allen & Gale，1999）。金融市场在风险系数水平高的经济增长阶段，其衡量与应对风险能力优于银行体系，这是由于金融市场可以将市场风险分散给众多投资者，通过金融工具的重新组合来规避风险，即风险分散功能（Beck & Levine，2000）。在分散风险的同时，众多投资者通过金融市场如股票等投资，可以作为公司股东参与到企业治理中，通过行使股东权利维护自身权益以加强对企业的监管力度，避免了银企关系如信贷投资等过度依赖下的银行这一单个部门对企业的过度控制（Jensen & Murphy，1990），同时也降低了企业内部与银行之间的串谋风险与因信息不对称下的道德风险，保障了其他债权人的利益（Boyd & Smith，1998）。另外，相较于银行体系，金融市场更有利于鼓励企业创新发展，这主要是由于银行本身属于厌恶风险主体，基于其银行内在发展与严格监管，其更倾向于将贷款发放给低风险、高收益的行业，甚至干预企业决策从事低风险投资（Rajan，1992）。甚至有学者发现随着金融创新的不断深化，金融中介产品终将走向市场化，认为"金融中介（如非透明化的银行机构）正被金融市场的制度性安排所替代"。

第二，"无关论"。支持这一观点的学者是从制度与环境等外生因素视角下，认为银行与市场均为金融体系的重要组成部分，两者之间存在功能互补而非竞争对立（Levine，1997；Demirguc‐Kunt & Levine，1999），均以成本—效率为原则发挥金融功能与提供金融服务，旨在实现降低信息不对称与交易成本、提升市场资金流动性、优化企业治理与控制等目标，差异在于服务形式与服务效率等方面（Boyd & Bruce，1992；Allen & Gale，2000a）。主要观点包括金融服务论与金融法权论。金融服务论强调金融体系为公司建立、产业扩张及经济增长提供的金融服务才是最为重要的，认为金融服务的关键问题不在于资金来源，而在于如何建立一个稳健、有效的金融市场环境，提升服务效率与质量；并强调要创建更大的全能型银行与更活跃的金融市场，摒弃银行主导与市场主导的优劣之争。Merton 和 Bodie（1993，1995）与 Merton（1995）均是从金融功能的视角分析金融部门的制度变迁，认为任何金融体系的主要功能都是在不确定的环境中促进经济资源的空间和时间的分配和部署，而金融部门的发展遵循的是特定金融功能的时间路径并非产品路径，导致金融中介与市场之间竞争模式的差异；但是金融创新的螺旋模式会使金融中介与金融市场之间的竞争优势呈现周期性转移，而非单一由金融中介向竞争优势在市场的长期转变。Boltont 和 Freixas（2000）提出一个金融市场和公司融资模型，验证了不对称信息条件下股票发行、银行债务和债券融资共存均衡①，认为正是由于两者在处理信息不对称下的比较优势，决定了银行与市场的功能互补性，如银行的银企关系提升了信息收集与处理的效率，而市场对信息匮乏的初创企业提供融资支持。② 同时，Besanko 和 Kanatas（1993）也认为金融市场的存在，有助于优化银行过度干预企业内控的激励问题。在强化金融服务能力方面，Lave 等（1998）与 Levine（1999）强调了法律制度在金融部门中的积极作用，认为立法权与执行机制有利于发展市场和中介机构。La Porta 等从法律的视角，针对 49 个国家和地区的市场发展状况及产权保护程度进行了深入剖析，发现一国的法律体系的完善程度决定了一国金融结构的效率水平，通常产权保护力度越强的国家，其金融市场就越发达，企业也更倾向于利用股票市场进行融资；反之，则银行体系就越发达，融资渠道也就越以银行信贷为主。

（二）基于实体经济特征视角的文献梳理

现阶段，已经有少部分学者从实体经济特征视角探究金融结构优化问题。这一研究领域的主要代表是 Allen 和 Gale（2000a）、Demirguc-Kunt 等（2011）、Cihak M. 等（2013）、林毅夫等（2006，2009，2011）、龚强（2014）等，强调了金融结构与经济增长之间相互影响的重要性。Allen 和 Gale（2000）通过对美国、英国、德国与日本四国金融结构进行分析比较发现，银行体系与金融市场在经济增长中所提供的功能、特性与服务存在差异；不同经济增长阶段下实体经济需要不同类型与结构的金融服务供给；若一国实际金融结构与最优金融结构存在偏离或差异，将会降低金融体系的服务效率与协同，甚至对经济增长

---

① 关于银行贷款和债券融资共存的更多理论文献，参见 Boot 和 Thakor（1997）、Holmstrom 和 Tilore（1997）、Repullo 和 Suarez（2000）。

② David B, George K. Credit Market Equilibrium with Bank Monitoring and Moral Hazard [J]. Review of Financial Studies, 1993, 6（1）: 213.

引发抑制作用。这一观点与 Demirguc-Kunt 等（2011）的结论相一致，其认为金融结构缺口越大，则越不利于经济增长。Lucia Cuadro-saez 和 Garcia-Herrero 则通过构建"均衡金融结构"并采取国际面板数据进行实证分析，发现银行体系与金融市场并非相互对立，而是互补关系，构建一个均衡金融结构更有利于促进经济增长。

那么如何构建"均衡金融结构"？陈雨露和马勇（2008）认为正确的方法是将金融发展的一般规律和一国的"国家禀赋"特征相结合，即将一国经济增长阶段、产业结构、环境和需求等方面纳入金融体系结构优化中。林毅夫（2006，2009）则在借鉴前人研究的基础上，提出了适应经济增长阶段的"最优金融结构假说"，充分考虑了实体经济特性。他认为金融结构在经济增长中发挥着重要作用，这主要是由于实体经济多样化的金融服务需求变化，以及不同金融机构及其代表的融资方式在金融服务提供上存在差异化和比较优势。林毅夫等（2009）认为一国的金融结构内生于本国的要素禀赋结构与经济结构（抑或产业结构），强调不同经济增长阶段、不同时期下要素禀赋的差异引发了经济结构的差异，而不同经济结构中企业的规模特征与风险属性差异决定了这些企业拥有不同的金融服务需求，只有金融结构满足经济增长阶段下经济结构特性的金融服务需求，才能实现金融体系的最大化效率，进而促进实体经济的发展。因此，与实体经济增长相适应的最优金融结构是：金融体系中各种金融制度安排的构成及其相互关系与要素禀赋结构所内生决定的产业结构、产品结构、技术结构和企业特性相匹配，并随之变迁而内生的演变（林毅夫和姜烨，2006）。殷剑峰（2004，2006）也涉及关于最优金融结构问题的研究，他以跨期交易过程中交易成本为主线，将金融体系发挥功能的微观机制合理地联系起来，从微观层面上获得一个分析金融结构差异的逻辑线索，并在此基础上，根据技术长波中技术进步的不同表现形式，将银行与市场导向型金融结构所发挥的微观机制引入增长模型，试图寻找最优金融结构。他发现从技术推广与技术改进视角看，金融市场的作用优于银行体系，而从技术传播视角看，银行体系的作用优于金融市场，故其认为最优的金融结构应该是金融市场为优质企业提供资金以启动技术，而银行体系则为技术的后续普及开辟道路。

在实证方面，张志强（2019）从"新结构主义""金融服务"功能视角，采取1995~2015年国内31个省份的面板数据进行实证分析，发现金融结构与经济增长的非线性关系，即"倒U形"关系，在经济平稳阶段时这种关系更加显著，而在经济波动阶段时这种关系并不存在，他认为金融服务功能在不同经济增长过程中存在不同的影响作用。刘晓光等（2019）利用OECD国家1970~2010年的面板数据构建最优配置模型，实证发现相比银行体系，市场导向型金融结构能够更加有效地促进资源向最优配置状态收敛。李健和范祚军（2012）以广东、湖北、广西三省为样板，运用状态空间模型对经济结构调整背景下的金融结构演绎进行实证分析，发现不同地区的金融结构演绎存在差异，其决定性因素是一个地区的经济结构调整下金融服务需求改变引发的机构创立、转移与退出等方面影响区域金融结构变动。叶德珠和曾繁清（2019）选取实体经济的技术水平作为代表性特征，构建金融结构与技术水平的匹配指标，利用跨国面板数据进行理论验证，发现金融结构—技术水平匹配度越高则越能够推动经济增长且这种效应在中低收入国家更加显著。张成思和刘贯春（2015，2016）分别基于金融内生视角与金融监管视角，前者采用新古典经济增长模型，而后者采用一般均衡分析框架，针对最优金融结构形成，分别对社会福利最大化和经济增长之间的内生机制及最优金融结构的动态特征进行了深入探究，研究均发现金融结构对经济增长影响的边际效用显著为正，并且呈现阶梯式"倒U形"动态演变趋势；他们认为最优金融结构内生于其要素禀赋结构，需构建与实体经济相匹配的金融结构。

三、文献述评

经过对学者文献的梳理，关于金融结构对经济增长的影响，本书做了诸多有意义的研究，可总结为三点：一是金融发展（银行体系与金融市场）在经济增长中发挥着显著性作用，在长期中两者之间存在稳定关系，但是在短期中两者之间存在分离趋势。二是从金融体系特征视角分析金融结构与经济增长之间的关系，学者们存在两类观点："有关论"，即金融结构对经济增长具有显著影响，认为银行体系与金融市场中的功能存在替代关系，分别主张构建银行导向型金融结构或市场导向型金融结构；"无关论"，即金融结构对经济增长不存在显著影响，该观点摒弃了银行体系与金融市场的优劣之分，认为两者功能存在互补而非对立关系；强调金融体系的服务质量与功能效率，认为金融体系的关键问题不在于资金来源渠道，而在于如何建立一个稳健、有效的金融市场环境，提升服务效率与质量。三是从实体经济特征视角分析金融结构与经济增长之间的关系，认为不同国家、不同地区的金融结构存在明显差异化，金融结构的优化要适应一国实体经济的发展需求。

以上学者做了较为充分的研究，但是其仅从金融体系或实体经济中的单一视角进行探究，尚未融合金融体系与实体经济的双重视角，探究金融结构与经济增长之间的关系。同时，对于金融结构与经济增长之间是否存在非线性关系，尚未达成共识；甚至在金融市场化发展趋势下，不同发展阶段下的经济体，究竟采取何种金融结构（市场导向型抑或银行导向型）更好地促进实体经济增长，也远未达成一致意见。那么，金融结构与经济增长之间存在什么样的关系；金融结构与经济增长之间是否存在一个门槛效应值，引发不同发展阶段下金融结构对经济增长的影响差异；金融结构又是通过何种机制与渠道来促进经济增长；如何构建金融结构、银行体系及金融市场的内在深层结构才能更好地实现"稳增长与防风险"相平衡的宏观目标；随着金融创新的不断发展，银行、市场及内部交互式交易行为使金融结构更加复杂化，虽然促进了经济增长但也强化了风险传播的危害性，那么金融创新行为又是如何影响金融结构，进而影响经济增长的表现呢？以上问题是现阶段学术界尚未达成共识或未解决的问题，本书尝试对这些问题进行研究。

—— 第三章 ——

金融结构变迁与经济增长的理论逻辑

金融体系作为社会资源的一种"配置器",不仅具有自身特有的发展规律,同时内生于经济增长的内在需求。在探究金融结构与经济增长之间的关系时,不仅要考虑到金融体系的特性,还要考虑到实体经济的特性。一方面,不同的金融体系结构所发挥的储蓄动员、信息处理和传递、风险配置和管理、公司监督和治理等方面的机制与方式存在差异;另一方面,处于不同发展阶段的经济体,其资源禀赋结构、最优产业结构和企业规模、风险、融资需求等方面也存在差异,故其所需的金融服务也会不同。对此,本章在探究金融结构变迁与经济增长的关系时主要侧重三个部分:一是梳理了"三部门"(银行体系、金融市场与实体经济)模型来探究金融结构变迁与经济增长的内在逻辑;二是系统分析了金融体系、银行体系与金融市场促进经济增长的内在机制;三是探究了决定适应经济增长的金融结构动态演变的实体基础。

第一节　金融结构变迁促进经济增长的内在逻辑

关于金融体系促进经济增长的研究,Barro(1990)最早提出金融内生性增长模型[①]（以下简称"AK 模型"），后经 Pagano（1993）等进行了完善与拓展。通过 AK 模型分析，学者们得出金融体系可以通过影响储蓄率（储蓄集聚机制，即资本来源）、储蓄向投资的转化率（资本转化机制，即资本生成）和资本边际社会生产率（资本配置机制，即配置路径）来实现要素资源配置与市场风险规避，进而促进经济增长、降低经济波动、提升经济质量。基于此，米建国和李建伟（2002）采取这一模型，将经济划分为金融部门和实体部门两个部门，从总量视角下构建"两部门"理论模型探究了金融发展与经济增长的关系，提出了金融与实体经济相匹配原则与适度发展原则。尹雷和赫国胜（2014）也采用这一模型，将金融部门划分为银行体系与金融市场两个部门，仅从金融体系的视角构建"两部门"理论模型探究了金融结构最优化问题，虽然得出金融结构与经济增长之间的非线性关系，但是却忽略了实体经济特性。现代经济系统是实体经济与金融体系的有机统一体。实体经济始终是人类赖以生存与发展的基础，而金融体系是实体经济增长到一定阶段后，为满足实体经济增长的需求而产生的，其本质是服务实体经济的发展。单一探讨金融体系的特性难以评价何种金融结构孰优孰劣，有必要将实体经济特性引入金融结构优化的选择与设计中。因此，本章在借鉴前人经验的基础上，从金融体系特性与实体经济特性相结合的视角下，运用新古典经济增长模型，梳理与搭建了实体经济、银行体系与金融市场相结合的"三部门"模型，并以此来探究金融结构变迁与经济增长之间关系的内在逻辑。[②]

一、金融结构变迁与经济增长："三部门"模型

为了便于理论分析，提出如下基本假设：①假设 1：一国经济处于封闭状态，不考虑外国经济变化对本国实体经济与金融部门的冲击。②假设 2：将一国经济划分为金融部门与实体经济两个部门，其中金融部门包括金融中介（银

---

① AK 模型提出了一个基本假设条件：社会产出水平（Y）是由社会资本存量（K）所决定的，即 Y 是 K 的线性函数，即 $Y = AK$。

② 张成思和刘贯春（2015）曾尝试构建了金融部门与真实部门的资本分配逻辑框架，来探究最优金融结构形成与经济增长的关系。

行体系）与金融市场两个部门，即一国经济可划分为三个部门——实体经济、金融中介与金融市场。相应地，一国社会总资本在"三部门"之间进行分配①，即社会总资本=实体资本+金融中介资本+金融市场资本。③假设3：控制其他变量不变，如经济增长阶段与经济结构保持稳定，资本、劳动力及土地等生产要素资源自由流动，市场资源配置总是处于帕累托最优状态。④假设4：在经济增长中技术进步保持中性，劳动力规模保持不变，假定各类金融与实体资本是同质的。故可知社会产出水平（Y）是由社会资本存量（K）在实体经济、银行体系与金融市场三部门之间进行分配所决定的，即Y是K的线性函数。相应的生产函数如下所示：

$$Y = F(K_s, K_b, K_m) \tag{3-1}$$

$$s.\ t.\ K_s + K_b + K_m = K \tag{3-2}$$

其中，Y为社会产出水平，K为社会总资本，K_s为实体资本，K_b为金融中介资本，K_m为金融市场资本。考虑到在技术进步中性与人口规模不变的条件下，一国经济增长处于规模经济不变状态，那么可知实际产出函数应为一次齐次函数，如下所示：

$$Y = K_s F(1, K_b/K_s, K_m/K_s) \tag{3-3}$$

$$Y/K_s = f(K_b/K_s, K_m/K_s) \tag{3-4}$$

为简化起见，可设定$y = Y/K_s$，表示为实际产出水平与实体资本存量的比例抑或实体资本的单位产出效率水平；设定$k_1 = K_b/K_s$，表示为金融中介资本存量与实体资本存量的比例；$k_2 = K_m/K_s$，表示为金融市场资本存量与实体资本存量的比例。根据金融"二分法"，金融结构通常采用直接融资和间接融资进行度量，故本章设定：金融结构=金融市场资本/金融中介资本，即$FS = K_m/K_b = k_2/k_1$，金融结构指标数值越高，则金融市场主导程度就越高，反之，则金融中介主导程度越高。因此，实际产出函数可调整为：

$$y = f(k_1, k_2) \tag{3-5}$$

---

① 与王定祥等（2009）的研究相一致，本章假定金融资本和实体资本是一对矛盾体，两者之间存在挤出效应。

依据式（3-4）与式（3-5）可得：

$$Y = K_s f(k_1, k_2) \tag{3-6}$$

将式（3-6）分别对实体资本、金融中介资本与金融市场资本求偏导，可得出三类资本对实际产出的边际效率函数：

$$\partial Y / \partial K_s = f(k_1, k_2) - k_1 f_1'(k_1, k_2) - k_2 f_2'(k_1, k_2) \tag{3-7}$$

$$\partial Y / \partial K_b = f_1'(k_1, k_2) \tag{3-8}$$

$$\partial Y / \partial K_m = f_2'(k_1, k_2) \tag{3-9}$$

从静态视角来看，令 $d_1 = \partial Y / \partial K_b$ 与 $d_2 = \partial Y / \partial K_m$，故 d_1 与 d_2 分别代表金融中介资本与金融市场资本的边际产出效率，其既衡量了金融中介与金融市场对实体经济增长的贡献水平，也刻画了实体经济对金融中介与金融市场的服务需求程度。因此，根据 d_1 与 d_2 的大小不同，一国的金融体系选择路径也存在差异。①当 $d_1 > d_2$ 时，金融中介（银行体系）的边际产出效率大于金融市场，此时实体经济增长所需的金融服务更倾向于银行体系。换句话说，银行体系在经济增长中发挥着决定性作用，故金融结构优化应当向"银行导向型"不断调整。②当 $d_1 < d_2$ 时，金融市场的边际产出效率大于金融中介，此时实体经济增长所需的金融服务更依赖于金融市场。换句话说，金融市场在经济增长中发挥着决定性作用，故金融结构优化应当向"市场导向型"不断调整。

从动态视角来看，按照经济学的一般假定，当生产函数具有新古典经济增长模型形式时，根据资本的边际效率递减规律，可知实际产出函数具有以下基本性质：①实际产出随着金融中介资本与金融市场资本的增加而上升，即 $f_i'(k_1, k_2) > 0$，其中 $i = 1, 2$；②金融中介资本与金融市场资本的边际产出递减，即 $f_i''(k_1, k_2) < 0$，其中 $i = 1, 2$；③当金融中介与金融市场的资本存量与实体经济资本存量比例非常小时，金融中介与金融市场的资本存量边际产出效率趋于无限大，即 $f_i'(k_1, k_2) = \infty (k_1 \cup k_2 = 0)$；④当金融中介与金融市场的资本存量与实体经济资本存量比例非常大时，金融中介与金融市场的资本边际产出效率趋于零，即 $f_i'(k_1, k_2) = 0 (k_1 \cup k_2 = \infty)$。

满足上述条件的实际产出函数将具有以下特征：

金融资本（金融中介与金融市场）占实体资本的结构变化量与变化率分

别为：

$$\frac{\partial k_1}{\partial t} = \frac{K_b' K_s - K_s' K_b}{K_s^2} = k_1 \left(\frac{K_b'}{K_b} - \frac{K_s'}{K_s} \right) \tag{3-10}$$

$$\frac{\partial k_2}{\partial t} = \frac{K_m' K_s - K_s' K_m}{K_s^2} = k_2 \left(\frac{K_m'}{K_m} - \frac{K_s'}{K_s} \right) \tag{3-11}$$

$$\frac{\Delta k_1}{k_1} = \frac{K_b'}{K_b} - \frac{K_s'}{K_s} \tag{3-12}$$

$$\frac{\Delta k_2}{k_2} = \frac{K_m'}{K_m} - \frac{K_s'}{K_s} \tag{3-13}$$

金融结构的变化量及变化率分别为：

$$\frac{\partial FS}{\partial t} = \frac{K_m' K_b - K_b' K_m}{K_b^2} = FS \left(\frac{K_m'}{K_m} - \frac{K_b'}{K_b} \right) \tag{3-14}$$

$$\frac{\Delta FS}{FS} = \frac{K_m'}{K_m} - \frac{K_b'}{K_b} = \frac{\Delta k_1}{k_1} - \frac{\Delta k_2}{k_2} \tag{3-15}$$

社会实际总产出的增长率为：

$$\frac{\partial k_1 / \partial t}{Y} = \frac{K_s' f(k_1, k_2) + K_s \left[k_1 \left(\frac{K_b'}{K_b} - \frac{K_s'}{K_s} \right) f_1'(k_1, k_2) + k_2 \left(\frac{K_m'}{K_m} - \frac{K_s'}{K_s} \right) f_2'(k_1, k_2) \right]}{K_s f(k_1, k_2)}$$

$$= \frac{K_s'}{K_s} + \frac{k_1 f_1'(k_1, k_2)}{f(k_1, k_2)} \times \left(\frac{K_b'}{K_b} - \frac{K_s'}{K_s} \right) + \frac{k_2 f_2'(k_1, k_2)}{f(k_1, k_2)} \times \left(\frac{K_m'}{K_m} - \frac{K_s'}{K_s} \right) \tag{3-16}$$

令 $K_s'/K_s = n$，$\delta(k_1) = k_1 f_1'(k_1, k_2) / f(k_1, k_2)$，$\theta(k_2) = k_2 f_2'(k_1, k_2) / f(k_1, k_2)$，则式（3-16）可表示为：

$$\frac{\partial Y / \partial t}{Y} = n + \delta(k_1) \times \left(\frac{K_b'}{K_b} - n \right) + \theta(k_2) \times \left(\frac{K_m'}{K_m} - n \right) \tag{3-17}$$

其中，$\delta(k_1)$ 表示金融中介（银行体系）资本存量的产出弹性；$\theta(k_2)$ 表示金融市场资本存量的产出弹性，并且可知 $\delta(k_1)$，$\theta(k_2) > 0$。另外，令 $b_1 = K_b'/Y$，$b_2 = K_m'/Y$ 分别表示金融中介与金融市场的资本增量占实际产出的比例，则金融资本（金融中介与金融市场）占实体资本的结构变化量即式（3-10）与式（3-11）可转换为：

$$\frac{\partial k_1}{\partial t} = k_1\left(\frac{K'_b}{K_b} - \frac{K'_s}{K_s}\right) = k_1\left(\frac{b_1 Y}{K_b} - n\right) = b_1 f(k_1, k_2) - nk_1 \qquad (3-18)$$

$$\frac{\partial k_2}{\partial t} = k_2\left(\frac{K'_m}{K_m} - \frac{K'_s}{K_s}\right) = k_2\left(\frac{b_2 Y}{K_m} - n\right) = b_{2f(k_1,k_2)} - nk_2 \qquad (3-19)$$

那么，根据式（3-12）、式（3-13）和式（3-17）相结合来看，如果金融中介、金融市场及实体经济三部门的资本存量保持同速 n 增长，即 $K'_s/K_s = K'_b/K_b = K'_m/K_m = n$，则实际产出（经济增长）也将处于稳定均衡的增长状态，其中增长速率也为 n。通过式（3-18）与式（3-19），在 n、b_1 和 b_2 保持不变的情况下，存在金融中介资本存量、金融市场资本存量与实体资本存量的最优比例 k_1^* 与 k_2^*，故不难发现，在此经济增长阶段，将会存在一个最优的金融结构水平 $FS^* = k_2^*/k_1^* = b_2/b_1$，并且由式（3-15）可得 $\Delta FS=0$，使经济处于稳定增长状态。值得注意的是，当 k_1、k_2 任意一个偏离各自均衡点 k_1^* 和 k_2^* 时，经济系统均会出现失衡现象，由于市场具有自我调节功能，会自动调整各类金融资本存量与实体资本存量的比例关系，实现帕累托最优，进而实现最优化的经济增长。这意味着，如果 $k_i<k_i^*$，$k'_i>0$，则 k_i 将上升；如果 $k_i>k_i^*$，$k'_i<0$，则 k_i 将下降；如果 $k'_i=0$ 时，k_i 将会稳定在最优比例 k_i^* 处，此时也处于最优金融结构水平 FS^*（其中 $i=1, 2$）。此外，还可以看出，当 k_i 处于合意比例 k_i^*（最优金融规模）和 FS 处于合意比例 FS^*（最优金融结构）时，金融中介资本存量、金融市场资本存量、实体资本存量及实际产出将保持同速增长。

以上分析对理解金融发展与实体经济在总量与结构配置关系上具有重要发现与启示：

发现 1　在经济增长中存在最优金融规模，即 $k_i=k_i^*$，这说明金融发展与经济增长之间存在非线性关系，即"倒 U 形"关系。正如 Samargandi 等（2014）通过考察 52 个中等收入国家，研究发现金融发展并非完全是促进经济增长的，两者之间存在一个临界值，在较低发展水平时，即 $k_i<k_i^*$，金融体系（银行体系与金融市场）的持续扩张与发展能够促进社会生产率水平的提高，但当经济增长超过这一临界值，即 $k_i>k_i^*$，由于金融体系与实体经济之间存在稀缺资源的竞争关系，因而金融的过度扩张与过度虚拟不利于实体经济的增长。

另外，根据式（3-18）与式（3-19）可知，金融资本存量（金融中介与金融市场）与实体资本存量的最优比例 k_i^*，最优金融规模取决于金融中介与金融市场的资本增量占总产出的比例（参数 b_1、b_2）和实体资本增长率（参数 n）。

发现 2　在经济增长中也存在最优金融结构，即 $FS^* = k_2^*/k_1^* = b_2/b_1$，这说明金融结构与经济增长之间并非简单的线性关系，即"倒 U 形"关系。其中最优金融结构仅取决于金融市场与金融中介的两者资本增量相对比例，与实体资本增长率 n 无关。在最优金融结构状态下，当 $k_2^* < k_1^*$ 时，表明金融中介资本存量与增量大于金融市场资本存量与增量，这说明此时经济增长以金融中介（银行体系）为主导，而以金融市场为辅；当 $k_2^* > k_1^*$ 时，表明金融市场资本存量与增量大于最优金融中介（银行体系）资本存量与增量，这说明此时经济增长以金融市场为主导，而以金融中介（银行体系）为辅；当 $k_2^* = k_1^*$ 时，表明金融中介（银行体系）与金融市场的资本存量与增量保持相等水平，这说明两者在经济增长中的服务效率及功能并无差异。

由于在既定时期内经济增长的预算约束是一定的，因而稳定的经济增长是最优的经济增长状态。无论是金融中介资本还是金融市场资本，若其中一个或两个偏离于实体经济的合意资本存量比例 k_i^*，均会导致金融结构 FS 偏离最优金融结构合意比例 FS^*，进而引发经济波动甚至经济损害，出现实际产出低于稳定增长的最优产出水平。因此，本书可以得出以下结论：

结论 1　金融发展（金融中介与金融市场）必须与实体经济的发展规模和速度相匹配，才能实现最优经济增长，即金融规模适度原则。王爱俭和张全旺（2004）也认为只有金融部门适度发展，与实体经济增长规模与速度相匹配，才能使经济增长达到最优增长状态。换言之，从金融发展总量来看，金融体系发展必须遵循适度原则，无论是滞后于实体经济的金融抑制（即 $k_i < k_i^*$）还是脱离实体经济的金融过度深化（$k_i > k^{*i}$），均会对经济的长期稳定发展产生消极影响。

结论 2　金融结构必须适应实体经济增长的需求，这样才能更好地服务于实体经济，实现最优经济增长，即金融结构均衡原则。考虑到实体资本增长率

（参数 n）、金融中介与金融市场的资本存量并非保持稳定状态而是不断动态变化的，可得出在不同经济增长阶段存在动态演变的最优金融规模与结构相匹配。换言之，从金融发展结构来看，金融结构优化路径必须与实体经济增长相匹配，否则金融结构缺口[1]越大，越不利于经济增长（Demirguc-Kunt et al.，2011）。

结论 3 金融发展规模与金融最优结构并非是独立存在的，只有金融中介规模与金融市场规模同时达到最优规模下的金融结构才是服务实体经济的最优结构。因此，在探究金融结构与经济增长之间的关系时，不可忽视金融发展规模程度这一因素。若仅从结构比例上关注是否符合最优金融结构水平，而忽视了金融发展规模，也必然会存在抑制或阻碍实体经济增长的结果发生。

二、金融结构动态演变的理论路径

综观世界经济和金融发展史，无论何种金融体系，在其发展源头，银行或者类银行的金融中介一般占据主导地位；但当一国的金融发展到一定程度后，各国金融体系演变开始出现分歧：一类是银行导向型金融体系，另一类是市场导向型金融体系。考虑到经济增长不同时期下的预算约束存在差异，那么金融结构最优均衡点将会随着经济的不断发展而产生变化。进一步设定：等产量曲线为 $y = Y/K_s = f(K_b/K_s, K_m/K_s)$，代表不同经济增长阶段，离原点越远则表明经济增长由不发达阶段向发达阶段转变；资本预算约束线为 L：$K_b/K_s + K_m/K_s = K_L$，代表金融资本与实体资本之间的比例，离原点越远则表明金融体系在经济增长中的影响作用越大。横轴与纵轴分别代表金融中介与金融市场资本规模相对实体经济资本规模的占比，即 K_b/K_s 和 K_m/K_s。那么可知，$y_{A_3} < y_{A_2} < y_{A_1}$ 和 $y_{B_1} < y_{B_2} < y_{B_3}$ 且 $L_3 < L_2 < L_1$。根据某一时期的经济增长阶段，在既定等产量曲线 y 与资本预算约束线 L 下，若实现经济产出最大化，则最优金融结构必定处于等产量曲线 y 与资本预算约束线 K 的切点。在该切点处，金融中介资本与金融市场资本处于最优资本规模，即 $k_1 = k_1^*$ 与 $k_2 = k_2^*$，金融体系也处于与实体经济相匹配的最优金融结构点，即 $FS^* = k_2^*/k_1^*$。其中，在均衡切点处，等产量曲线 y 在横坐

---

[1] 金融结构缺口是一国实际金融结构与最优金融结构之间的偏离程度。

标上的映射距离 Ok_1^*，刻画了金融中介的产出效率水平 $\partial y/\partial k_1$，即 $Ok_1^* = \partial y/\partial k_1$；在纵坐标上的映射距离 Ok_2^*，刻画了金融市场的产出效率水平 $\partial y/\partial k_2$，即 $Ok_2^* = \partial y/\partial k_2$。总体来看，在不同经济增长阶段，金融体系发展存在三种发展阶段，即金融抑制阶段、金融发展阶段、金融过度阶段。金融结构优化存在两种动态演变路径：一是倾向市场导向型发展的演变路径，即 FS_A^* 曲线，二是维持银行导向型发展的演变路径，即 FS_B^* 曲线。因此，在两种金融结构演变路径中，金融中介与金融市场规模均随着经济增长呈现增长趋势，但是两种资本的增长速度存在差异；同时，金融结构并非以一国发展阶段高低来区分。这说明最优金融结构需与一国实体经济结构相匹配，内生于其要素禀赋结构；而最优金融规模须与一国经济增长阶段相匹配，内生于实体经济增长需求（见图3-1）。

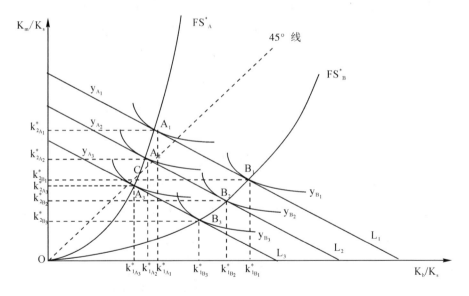

图3-1　不同经济增长阶段下金融结构优化动态演变的两种路径

资料来源：笔者整理所得。

根据不同资源禀赋下的经济增长阶段，金融结构优化可分为两种演变轨迹的理论路径：

第一，倾向市场导向型发展的演变路径，即 FS_A^* 曲线。如图3-1所示，在此演变路径下，存在 $\partial y/\partial k_1 < \partial y/\partial k_2$，金融市场的产出效率大于金融中介的产出效率，表明提升直接融资比例更能促进实体经济的快速增长。值得关注的是，该金融结构演变路径 FS_A^* 的斜率呈现单调递增趋势，并且将会在 C 点突破 $45°$ 线进入上半区域，即随着经济增长由不发达阶段向发达阶段转变中，最优金融结构点 A_1、A_2、A_3 的斜率关系满足 $S_{A_1} > S_{A_2} > S_{A_3}$，这说明随着经济增长阶段的不断提升，该经济体的最优金融结构将由"银行导向型"向"市场导向型"转变。

第二，维持银行导向型发展的演变路径，即 FS_B^* 曲线。如图 3-1 所示，在此演变路径下，存在 $\partial y/\partial k_1 > \partial y/\partial k_2$，金融中介的产出效率大于金融市场的产出效率，表明发挥间接融资在金融体系中的主导作用更能促进实体经济的快速增长。值得关注的是，该金融结构演变路径 FS_B^* 的斜率虽然也呈现单调递增趋势，但明显低于 FS_A^* 曲线的斜率，并且不会突破而是无限接近 $45°$ 线，即随着经济增长由不发达阶段向发达阶段转变中，最优金融结构点 B_1、B_2、B_3 的斜率关系满足 $S_{B_1} > S_{B_2} > S_{B_3}$，这说明随着经济增长阶段的不断提升，该经济体的最优金融结构将保持"银行导向型"，并且金融市场与金融中介之间的比例将无限趋于 1。

另外，在同一经济增长阶段下，根据金融中介与金融市场相对于实体经济增长比例的变化，可以将金融体系分为三种发展状态：

（1）金融抑制状态。当金融体系处于金融抑制时，即 $k_1 < k_1^*$ 和 $k_2 < k_2^*$，表明金融中介与金融市场相对于实体经济增长均存在发展不充分问题，难以满足实体经济增长的金融服务需求，资源配置效率低下，抑制了经济增长。如图 3-1 所示，在维持银行导向型发展的演变路径下，FS_B^* 曲线以下的所有点均处于这一状态；在倾向市场导向型发展的演变路径下，FS_A^* 曲线以下的所有点均处于这一状态。在此经济增长阶段下，相对于金融结构，金融抑制与金融深化下的金融发展与经济增长之间的关系问题更值得关注，也更为重要。这也说明为何学术界在 20 世纪 70 年代前主要侧重于金融发展问题而非金融结构问题的研究。因此，在此阶段下，一国政府需推进金融体系（金融中介资本和金融市场资本）的不断深化，提升金融体系在经济增长中所占的比重，进一步发挥金

融体系在经济增长中的积极作用。

（2）金融发展状态。当金融体系既存在金融抑制又存在金融过度时，即 $k_1<k_1^*$ 和 $k_2>k_2^*$ 抑或 $k_1>k_1^*$ 和 $k_2<k_2^*$，表明金融体系相对于实体经济增长存在发展不充分、不平衡的现象——过度依赖金融市场资本（抑或金融中介资本）而忽视了对金融中介资本（抑或金融市场资本）的发展。这一现象，一方面使得部分产业因极易获得融资而出现产能过剩，另一方面也使得部分产业难以获得融资而出现产能不足，进而导致经济增长受到抑制与经济结构升级困难，在一定程度上甚至会产生经济危机。值得关注的是，在此阶段下，发展过度的金融中介资本抑或金融市场资本，存在偏离实体经济增长的趋势。这也是为何在20世纪70年代，R. W. Goldsmith 开创性地提出了"金融结构概念"，开启了金融结构与经济增长之间关系问题的研究，甚至是之后的学者更为关注金融结构问题的原因。在这一阶段，一国政府既要促进处于抑制阶段的金融中介（抑或金融市场）发展，发挥其促进经济增长的积极作用；又要调整与优化处于深化过度阶段的金融市场（抑或金融中介），防范金融市场（抑或金融中介）中存在的系统性风险，回归其服务实体经济增长的本质。

（3）金融过度状态。当金融体系处于金融深化过度时，即 $k_1>k_1^*$ 和 $k_2>k_2^*$，金融中介与金融市场之间存在不平衡发展现象，即金融结构失衡，并且与实体经济增长呈现分离状态，即金融失衡现象，完全偏离服务实体经济增长的本质要求，迈入自我服务、自我循环的阶段。在此阶段下，一国政府应调整与优化金融结构、金融中介结构和金融市场结构，与当前阶段下的经济增长和经济结构相适应，更好地回归服务实体经济增长的本职，促进金融体系与实体经济良性健康的循环发展。

第二节　金融体系促进经济增长的实现机制

理论方面，金融体系促进经济增长的实现机制，是金融体系通过直接融资（金融市场）与间接融资（银行体系）两种融资渠道的不同组合，在一定的传导机制作用下发挥各自所具备的金融功能优势①，直接影响资本存储转换效率（资本集聚、资本转化、资本配置），间接优化资源流动与配置，进而影响经济增长。为实现这一机制，需保障两个阶段的有效运行：一是金融体系内在的效率性，即传导机制的有效性；二是资源配置下经济产出的效率性，即实现机制的有效性。前者涉及金融体系的内在传导机制，而后者则涉及金融体系效率的互动机制。金融体系的传导机制主要是通过利率机制、信贷机制、资产价格机制及预期机制等传导机制，对家庭、企业、金融机构及政府部门的经济行为产生普遍性影响，进而影响资源配置下的经济产出效率性。同时，这一微观传导机制下的金融效率，通过一定的合成机制，最终会产生系统性的、加总的宏观经济效应，即经济增长规模、经济增长效率及经济增长质量。金融体系效率的互动机制则是从金融体系微观基础功能到宏观经济加总效应的转变，即"微观—宏观"效率转换。因此，金融体系的内部传导机制与对经济增长的互动机制共同构建金融体系促进经济增长从微观传导到宏观效应的实现机制。

一、金融体系与经济增长：微观功能与实现形态

在现代经济增长中，金融体系不再是单一的简单系统，已形成一个错综复杂的蛛网系统，既包括金融中介、金融市场及金融产品之间的复杂关系，也包括金融体系与体系外经济主体（包括市场主体与监管主体）之间的复杂关系。在这复杂的蛛网系统中，金融体系不仅局限于金融媒介这一功能，而是经由一系列的传导机制共同作用下，发挥其促进社会分工、改善资源配置效率、防范和化解风险、信息利用优势降低交易成本等方面的功能。

（一）功能金融理论及其微观功能

按照研究视角划分，金融理论可分为机构金融理论与功能金融理论。前者从金融机构入手，在既定的金融主体与金融组织框架下，试图配套对应的金融法律、规章制度及监管措施，旨在约束市场主体行为，维护金融机构的稳定，

---

① 在这个过程中也需要信息收集、风险配置（管理）与分散、创新激励、监督治理和流动性支持等相关金融功能的有效发挥来保障这一内在机制的实现。

甚至不惜以金融效率为代价。后者从功能金融视角入手，依据金融功能的相对稳定性，探究如何更好地发挥金融功能来提升金融体系的稳定性与效率性，进而促进社会福利的增长。功能金融理论由 R. Merton 和 Z. Bodie 等学者于 1993 年首次提出，其伴随着内生经济增长理论的诞生而出现的，该理论的显著特点是将金融变量内生化，通过引入外部性、规模收益递增和质量阶梯等，进一步揭示金融发展影响经济增长的机理。功能金融理论具有两个基本假定：一是随着时间的推移、区域的变化及技术的创新，金融功能比金融机构更加稳定；二是金融功能优于组织机构，即相比于金融功能，金融机构只有不断创新与竞争才能更好地实现金融体系具有更强的功能性与效率性。[①] 根据罗伯特·莫顿（Robert C. Merton）的金融功能观，金融体系具有六项基本功能：一是支付清算功能，即为商品、劳务与资产等交易提供支付与清算服务；二是资金集聚与股权细分功能，即通过一系列机制，为无法分割的大型项目提供资金动员、集聚与所有权分配的渠道；三是跨时空资源配置功能，即为经济资源提供了在不同时间、空间、产业及主体之间转移与配置的机制与渠道；四是风险管理功能，即提供了应对不确定风险与控制风险的方法、手段与途径；五是信息提供功能，即为经济体中分散的部门决策及其协调提供价格信息，包括利率、汇率、资产价格等；六是激励机制功能，即为信息不完全情况下引致的激励问题或者委托代理问题提供解决路径。

（二）金融功能与其实现形态之间的关系

金融体系的基本功能并不是凭空产生的，其实现需要借助一定平台、载体通过一定的传导机制来发挥作用。这些平台和载体普遍涉及金融机构、金融市场及两者内部不同层次的金融产品与金融服务。因此，金融功能的有效发挥则需要三个层面实现形态的相匹配与相适应[②]，主要包括：一是体系层面，为使一个国家的金融体系能够更好地实现其基本功能，必须构建一个具备与这一功能目标相适应的金融体系结构，包括组织结构、市场结构及产品结构等。二是

---

① Merton R C, Bodie Z. Financial Infrastructure and Public Policy：A Functional Perspective [Z]. 1995.

② 陈雨露，马勇. 大金融论纲 [M]. 北京：中国人民大学出版社，2013.

机构层面，具体采取何种金融体系结构，应当由不同类型金融机构自身的金融功能比较优势所决定，而实现金融机构与金融功能之间的有效匹配才是金融体系传导机制有效发挥、提升金融体系效率的重要环节。三是产品层面，各项金融功能的发挥并非仅由一个金融产品所提供，而一个金融产品并非仅提供一项金融功能，故同一金融功能可能由多个金融产品共同提供，而同一金融产品可能是多项金融功能的组合体。

　　在经济实践中，各种金融功能与金融形态之间存在功能交错、形态交错（见表3-1）。从金融形态视角来看，在表3-1中罗列了存款（储蓄）机构、证券公司（投资银行）、契约类中介、证券市场、衍生品市场等主要金融机构与交易市场，其中存款（储蓄）机构和证券公司（投资银行）均至少执行两项传统金融功能，随着金融创新不断的发展，拓展了一些创新功能；本章针对主要的金融产品进行了罗列，发现每一个金融产品至少执行两项传统和创新功能。从金融功能视角来看，每一项金融功能至少有两类金融机构与金融产品来承担，形成了不同金融机构和金融产品之间在功能和服务上的竞争。从表3-1中我们也可以看出，随着金融发展与经济增长进程的不断推进与发展，金融功能与金融形态也在不断动态演化，呈现从分业发展向融合发展的趋势，即分业经营向混业经营的转变。具体来看，主要表现为金融机构、金融产品与服务的不断创新，产生了专门从事风险管理与转移、信用创造、股权创造、流动性支持等的各类新型金融产品及专门从事金融创新活动的金融机构和市场组织。

表 3-1　金融功能与金融形态的关系

分类		直接融资	间接融资	支付结算	流动支持	风险管理	信用创造	股权创造
金融机构	存款（储蓄）机构	☑	☐	☐	☑	☑	☐	☑
	证券公司（投资银行）	☐	☑	☑	☐	☑		☐
	契约类中介		☐	☑		☑		
	证券市场	☐			☐	☐		☐
	衍生品市场		☑		☑	☐	☑	

续表

分类		直接融资	间接融资	支付结算	流动支持	风险管理	信用创造	股权创造
金融产品	各类信贷		□		□	☑		
	贷款互换		☑		☑	☑	□	
	各类债券	□					□	
	资产证券化	☑	☑		☑	☑		
	可转让合约				☑	☑		
	货币市场基金		☑		☑			
	可转换债券	☑			□			☑
	股权融资	□			□		☑	
	期货/期权		☑			☑		
	互换		☑			☑		
	远期利率协议		☑			☑		
	票据发行便利		☑		☑	☑		
	信用证券保证		☑		☑	☑		

注：其中契约类中介指信托公司、人寿保险公司、年金管理公司、互助基金及货币市场基金等；□表示传统功能，☑表示新执行的功能。

资料来源：BIS 和笔者整理。

二、金融体系的微观传导机制：四类基本机制

综观金融与经济发展史，在主流的新古典经济学框架中的"费雪分离定理""MM 理论"，以完全竞争市场为基础，设定零交易成本、信用完美性、资产和合约具有可分性、充分认知等假设条件，有效地绕开市场中信息问题（不对称和不完全）、市场问题（交易成本和市场摩擦）、委托代理问题（逆向选择和道德风险）、认知问题（有限理性和有限认知）等不确定性影响，提出个人和企业可通过最优相机决策实现市场交易中的均衡状态，即阿罗-德布鲁分析范式，认为金融体系在经济增长中是微不足道的。20 世纪 70 年代以后，现代金融体系的交易活动在实体经济中的地位和影响逐渐凸显出来，学者们纷纷突破阿罗-德布鲁分析范式中的非现实假设，进一步将市场摩擦或不确定性因素纳入

一般均衡模型中，重新审视金融体系在实体经济中的功能作用与价值体现。Levine（1997）认为由于金融体系中金融中介与金融市场在跨时空资源配置的便利化作用，使金融体系功能不再是消极的、被动的，通过降低交易成本、提升资源配置效率直接或间接地增进社会福利。还有部分学者提出应摒弃传统的静态分析范式，从动态视角①探究金融与经济之间的关系，即金融发展理论中还应包括关于金融创新的动态过程及其市场差异化研究。金融体系并不是居于储蓄者和投资者之间充当"代理人"，而是独立的市场部分，是一个通过创造金融产品为消费者和企业提供金融服务进而获利的企业；节约交易成本、消除信息不对称、分散不确定性风险等则属于上述过程的伴随效应。从动态视角来看，金融体系也并非是一个孤立的体系，而是由各类市场主体行为共同交互作用下形成的复杂关联体系。金融微观基础是动态的，彼此关联市场主体行为，其中包括金融机构的信贷行为、企业的投融资行为、家庭或个人的储蓄消费行为及政府的政策与监管行为。金融宏观传导机制主要体现在：利率传导机制、信贷传导机制、资产价格传导机制和预期传导机制四类基本机制。

（一）利率传导机制

利率传导机制属于货币政策传导机制之一，主要发挥投融资与价格发现的功能，通过构建一般价值基准来影响企业、个人和金融机构等市场主体的行为，促进经济增长。早在 1898 年，K. Wicksell 在《利息与价格》中提出累积过程理论，认为利率是金融部门和实体部门的桥梁，通过利率水平调整引致储蓄与投资、供给与需求的反向变化，通过利率结构影响资源配置效率，最终实现均衡，进而决定经济总量。以利率上升为例，对于个人来说，利率变化将会产生两方面效应：一方面，利率上升将会导致个人的储蓄收益增加，提升了即期消费的机会成本，致使个人减少即期消费而增加储蓄水平，即"消费—储蓄的替代效应"；另一方面，个人的资产收益（如利息收入）的提升，又会刺激和提升即期消费需求和能力，从而增加即期消费水平，即"财富效应"。最终消费与储蓄水平的变化趋势将由替代效应和财富效应的大小决定。对于企业来说，

---

① 在动态视角下，金融机构不是居于储蓄者和投资者之间充当"代理人"，而是独立的市场部分，是一个通过创造金融产品而为消费者和企业提供金融服务的企业。

利率的上升，一方面将会导致融资能力下降，即融资成本上升（如利息支出增加）和抵押资产价值降低，降低企业的外源融资需求；另一方面若利率上升后的水平大于必要收益率水平时，将会导致企业运行的流动性资金减少（如现金流不足），企业会降低对生产的进一步投入，进而导致经济产出水平的下降。

（二）信贷传导机制

信贷传导机制也属于货币政策传导机制之一，是货币供给和信用创造的重要实现路径，其直接与金融机构的市场行为相关联，既发挥了对实体经济的信贷融资支持，也更加重视风险分散、信息生产和公司治理等功能。可概括为：金融体系中的信贷扩张程度与意愿，即宽松信贷行为和紧缩信贷行为，使得微观主体的信贷可获得性产生变化，进而影响企业和个人的投资与消费水平，从而引发宏观经济产出的变化。在现实实践过程中，部分学者发现由于受到信息不对称和市场摩擦的影响，信贷行为存在顺周期性倾向，并提出了"金融加速器效应"框架，阐述了信贷行为的变化是如何引发实体经济的过度波动，即"小冲击、大波动"现象，发现了信贷市场的不完美性导致最初反向冲击通过信贷市场状态的改变被加剧和传递的机理①。相较于宽松型信贷行为，紧缩型信贷行为对实体经济增长的冲击影响更大，主要通过两类路径实现：第一类是"实际性冲击"，即通过企业的资产价值和留存收益的降低等冲击，降低了企业的融资需求与能力。第二类是"货币性冲击"，即当执行紧缩性货币政策时，信贷机制主要通过两个渠道实现对消费和投资的影响：一是市场利率上升，银行资产状况恶化，即通过企业资产负债表渠道增加了市场信息溢价；二是货币供给减少，通过银行贷款渠道降低可供利用的信贷规模，降低了企业的可融资金。

（三）资产价格传导机制

在宏观经济理论中，主流研究主要侧重于对总体价格水平的分析，尚未将资产价格传导机制纳入主流宏观经济学框架中。历次金融危机表明，资产价格波动周期，即"繁荣—破灭"周期，将会对实体经济增长产生重大冲击，资产

① Bernanke B, Gertler M, Gilchrist S. The Financial Accelerator and the Flight to Quality [J]. Review of Economics and Statistics, 1996, 78 (3): 1-15.

价格传导机制在解释金融与实体经济两部门分离状态下的价格动态波动方面具有明显的优势。资产价格传导机制立足于市场主体的资产负债表状况和信用能力，具有顺周期性，其主要通过两种途径实现：一种是基于"生命周期理论""持久收入理论"的"消费财富效应"，另一种是基于 Q 理论①的"托宾效应"。从消费财富效应来看，股票、债券等金融资产作为个人总财富的重要组成部分，对家庭消费决策具有重要影响；资产价格上升（或下降）将会导致资产持有家庭的财富水平的提升（或减少），在边际消费倾向不变的情况下，从而会促进（抑或抑制）家庭消费支出的增加（或减少），进而提升（或降低）企业发展的效益，进一步促进（抑或抑制）经济增长。从"托宾效应"来看，资产价格上升，表示企业市场价值上升，其未来发展前景良好，信用水平也得到提升，同时用于抵押担保的资产价值也随之上升；在这种情况下，企业可以发行较少的股票或抵押较少的担保资产获得较多的股权融资或信贷融资，将其投入生产性的设备和厂房中以扩大实体投资，进而进一步促进实体经济产出；反之，资产价格的下降，将会导致企业市场价值和抵押担保资产价值降低，企业的信用能力和借贷能力也会随之被削弱，而金融中介机构为规避风险无法为企业提供新的贷款抑或被迫重组贷款组合，使企业陷入资金链断裂的风险。

（四）预期传导机制

预期传导机制的微观基础是市场主体根据价格信号（如利率、汇率和资产价格等）、随机事件等有限信息变动所做出的前瞻性预判，主要是通过分散化个体行为向一致化群体性行为的演变来实现的。预期传导机制贯穿于利率、信贷及资产价格传导机制的全过程，并且市场预期具有传染性，将会由微观个体行为引发市场群体性行为，这种行为既表现为"理性预期"下经济增长的促进效应，也表现为"非理性预期"下经济波动的冲击效应。从预期的微观传导机制来看，预期的变化主要影响的是微观主体的风险偏好，风险偏好的改变将会影响微观行为主体的消费和投资决策，进而系统性的影响金融与实体经济之间的

---

① Q 理论是由 Torbin 在 1969 年提出，用来探究关于股票价格和投资支出之间的关系，其中"托宾 Q 比率"，即企业市场价值与企业资产重置成本的比值，代表衡量企业的业绩表现和未来成长性的重要指标。

动态机制。预期传导机制通常与顺周期性行为相关联，极易产生市场的过度预判。在经济上升周期，利率水平的下降、信贷限制的放开、资产价格的上升等信号的变化，市场主体对未来繁荣预期的强化与信心，同时这些信息变动具有"消费财富效应""托宾效应"，使消费者扩大消费，而企业家会扩大融资进行实体投资；但是当市场预期被过度强化至"非理性繁荣"预期而丧失基本的理性判断时，将会引致整个市场的系统性冲击，最终爆发金融危机抑或经济危机。在经济下行周期，利率水平的上升、信贷限制的强化、资产价格的下跌与波动等信号的变化，市场预期的悲观情绪蔓延，在结合市场主体的过度负债，将会引发债务清偿问题，进而导致进一步的经济衰退。

综合来看，针对金融传导机制的四种基本机制分析，我们发现：在现代金融体系中，存在一个双向或多向的相互交错、互联与反馈的动态传导网络，即利率、信贷、资产价格及预期四种基本机制并非孤立存在与独立运行的，而是彼此之间相互关联交错和持续反馈的，最终形成一个错综复杂的多维、动态的传导网络。在这一多维动态网络型传导机制中，市场主体之间的信用流、信息流、资金流、预期流等贯穿于整个网络。根据"麦特卡夫定律"，即网络量能（价值）同网络节点数量的平方成正比，随着金融创新的发展及金融机构业务范围的扩展，由"债权—债务"关系产生的交错信用流、由市场交易与价格波动产生的交错信息流、由商业活动投融资关系产生的交错资金流等，将会呈现指数型增长。一旦某一网络节点的信用流、信息流和资金流的断裂将会迅速传导至整个网络，从而引发整体网络的崩塌与解体；若再叠加上预期传导机制下的市场主体顺周期性的"非理性预期行为"，将会启动金融、实体经济和情绪心理的"三重加速器"机制，终将引发金融危机的爆发。

三、金融体系促进经济增长的两种渠道比较

金融体系促进经济增长的实现机制，是金融体系通过直接融资（金融市场）与间接融资（银行体系）两种融资渠道不同组合下的微观功能的有效发挥。

（一）金融市场对经济增长的作用机制

在市场导向型金融结构中，金融市场（股票市场与债券市场等）是资金在

盈余者与短缺者之间配置、转移的主要场所，成为企业外源融资的重要渠道。从理论角度来看，金融市场对经济增长的作用主要体现在动员储蓄、流动性支持、风险分散机制、信息导向机制、"多元化"监控和公司治理五个基本功能的比较优势。需要注意的是，这些功能优势发挥的一个重要前提是建立在具有良好的制度基础、信用基础、经济基础等有效性市场的基础上。

（1）动员储蓄。金融市场主要通过股权融资与债券融资等渠道实现动员储蓄，更大地满足具有不同风险偏好投资主体的需求，提升了风险偏好投资主体的边际储蓄倾向。例如，在初级市场上进行的股票发行、增股与配股等股权融资和在债券市场上发行的各类长中短期债券等债权融资；前者为企业提供了充实的营运资金与投资资本，后者为企业解决了营运资金短缺的问题。Greenwood和 Smith 认为规模较大、流动性较好、有效率的金融市场更有助于动员储蓄[①]。

（2）流动性支持。金融市场融资有利于为实体经济增长提供流动性支持，具有两个方面的积极作用：一是资金流动性的提升，降低了投资主体的交易成本，进而改进资本配置实现对更长周期、更高收益的创新项目的投资激励（Bencivenga et al.，1995）；二是资金流动性的提升虽然不能直接影响储蓄率，但却能够吸引私人部门、公共部门及外部市场的资本流入，并通过降低市场的不确定性风险，进而刺激资本向生产率较高的产业转移，促进经济增长与产业升级（Levine & Sara，1996）。

（3）风险分散机制。金融市场中不同期限、不同"风险—收益"结构的金融产品与工具，满足了具有不同风险偏好的市场主体的多样化投资需求（Merton，1995），有效地降低了市场主体的流动性风险，进而影响资源配置方向，实现市场风险的跨部门转移与分散，对冲异质性风险。在金融市场中，市场主体可以较为便利地实现金融资产的交易与转换，即金融市场成为转换资产的重要场所。当受到外部冲击时，市场主体可以通过高流动性的金融市场随时转换持有的证券，而企业却可永久地使用最初股东的投资资本（Levine，1991）。技术创新是存在风险的，金融市场对于创新项目的分散投资有利于降低投资风险，

---

① Greenwood J, Smith B D. Financial Markets in Development, and the Development of Financial Markets [J]. Journal of Economic Dynamics and Control, 1997, 21 (1): 145-181.

使技术创新的高风险、高收益的长期投资项目获得充足的资金支持，提升了促进经济增长的创新型投资活动（Robert & Levine，1993）。这表明金融市场既可以提供流动风险分散机制，也可以促进投资者在扩大财富的同时实现长期资本投资下的技术创新与产业升级。

（4）信息导向机制。金融市场的产生源于解决资本流动的信息问题，在信息获取与传递方面发挥着重要作用。一方面，融资规模越大，市场主体就越有动力去获取相关企业的信息，而金融市场中高透明度的信息披露机制为投资者获取充足的信息提供了支持，有助于金融资源的配置；另一方面，金融市场主要以价格形式传递导向性信息，即资产价格传导机制与预期传导机制在金融市场中发挥着重要作用。股票、债券等金融资产的价格波动成为信息集成、风险分析及资产配置、转移的重要指示器①，而市场主体依据价格波动调整预期与决策行为，进而影响经济增长。

（5）"多元化"监控和公司治理。金融市场可为企业管理提供"多元审查"机制，实现企业控制的多元化监管。由于委托—代理下的企业所有权与控制权的分离，导致管理者与投资者（所有者）之间存在利益冲突。金融市场可以为企业的最优化决策提供多元化信息，执行"多元审查"机制，即金融市场通过市场价格、交易量与并购企图等多种机制来为企业提供多重检查方式。一是金融市场中企业信息披露的透明化，可充分反映管理者的经营业绩表现，有助于提升市场对企业管理者决策行为的监督，驱使其以股东权益最大化为目标进行经营。二是将经营业绩与管理者的报酬相挂钩，既有利于形成管理者的最优激励合同，也有助于协调管理者与投资者（所有者）的利益。三是完善的金融市场有利于企业兼并收购行为，而外部的恶意并购威胁将会引导管理者最大化企业的市场价值，从而使企业投资者更好地控制企业。四是投资者"用脚投票"机制。所谓"用脚投票"，是指资本、人才、技术流向能够提供更加优越的公共服务的行政区域。例如，企业经营状况不佳时，将会引发先机构投资者而后个人投资者对企业未来价值预期的降低，从而减少对该企业的投资。这一内在

---

① Franklin Allen, Douglas Gale. Comparing Financial Systems [J]. Cambridge：Mit Press，1999.

影响机制的关键是企业股价及相关证券价格的波动，表现为先小幅波动后再呈现下跌趋势；在这一过程中，企业市场信誉遭受重创并持续降低，其降低了企业的融资能力，甚至导致企业资金流断裂。因此，完善的金融市场能够缓解委托—代理问题，促进资源的有效分配与经济增长。

除了以上基本功能以外，市场导向型金融结构也有助于推动经济体的市场化机制建设，发挥市场在资源配置中的决定性作用，进而促进一国的产业结构升级与优化。其主要体现在三个方面：一是在金融市场特有的市场化"筛选机制""支持机制"作用下，经济体可以低成本促进资本与资源的有效配置与利用，实现产业结构整合与技术创新发展，尤其是风险投资与创业板市场更是为创新活动及创新扩散、运用创造了条件。二是市场化机制提升了市场竞争强度，"优胜劣汰"的竞争机制既推动了产业存量结构的调整和退出，也提升了企业的忧患意识与创新激励。在此过程中，金融市场不仅为具备高成长性的企业和行业提供了有效的外部资金支持和优化资产负债状况的渠道，也为企业扩张与重组创造了机遇，进而推动与实现了产业的升级换代。三是金融市场的激励约束机制激发了企业家群体的创新精神。创新活动存在巨大的不确定性，一方面，通过赋予企业家相应的股权，可以对企业家起到正向激励作用；另一方面，即使是在面临风险冲击时，企业家也可通过高流动性金融市场进行股权转移、让渡控制权，进而实现风险规避。

（二）银行体系对经济增长的作用机制

在银行导向型金融结构中，金融中介（如银行、保险等）是资金在盈余者与短缺者之间进行转移、配置的重要场所，成为企业外源融资的重要渠道。从理论角度来看，银行导向型金融结构对经济增长的作用主要体现在动员储蓄和信用创造，资金流动性支持，信息不完全下的信息收集、处理和传递，信息不对称下的代理监督和公司治理，风险分散和管理方面。尤其是在市场环境相对不完善的情况下，银行导向型金融结构的功能比较优势更为突出，可以很好地解决"市场缺位"与信息不完全、不对称等问题，从而促进资本聚集、形成、配置和加速经济增长。

（1）储蓄动员和信用创造。在储蓄动员方面，金融中介主要是通过吸收存款（活期与定期等存款方式）并支付一定利息的方式实现储蓄动员，以满足低风险偏好投资主体资本保值的需求。这是银行等金融中介机构最为传统的吸储方式，通过积少成多的途径实现资金的集聚，进而发挥规模效应。随着金融创新的发展，银行保险体系的业务种类发展迅速，也出现了新的吸储方式，如可转让货币市场工具、货币市场共同基金、养老基金等。信用创造方面，在银行利用超额准备金进行贷款或投资的过程中，活期存款的扩大会引起货币供应量的增加，这被称为"货币制造"。通过这一信贷转存机制，银行体系可以创造数倍于原始存款的派生存款。货币制造表面上受法定准备金的影响，而实际上是受客观经济增长的影响。

（2）资金流动性支持。在银行体系为市场提供流动性支持的过程中，信贷传导机制与利率传导机制发挥着重要作用。银行体系通过吸收存款、发放贷款的信用创造过程，扩大了货币供给量，进而为商品市场提供了更多可用于交换商品和服务、具有流动性的一系列债权或证券。法定基准利率的变化，决定了信用创造下流动性支持的程度大小。银行体系之所以具有流动性支持优势主要有三个原因：一是若没有货币的产生，市场交易将会是无效率的，而货币支付结算功能的发挥需要一个清算服务中心，即银行体系。银行体系发挥着跨时空支付结算中心的功能，有效解决了代理人在时间、空间上交易分离的问题。二是作为交易媒介的债权证券不具有独立性，而由于金融中介持有分散化的资产组合，具有创造"流动性"证券的能力，从而割裂资产的现金流，保障了市场中噪声交易者与流动性交易者[①]的利益。三是银行体系的流动性支持不仅局限于消费领域，还对企业的发展提供流动性支持。银行体系跨时空转移资金的功能，可以将拥有短期流动性需求的投资者集中起来，依据"大数据原理"向企业提供短期、长期的流动性支持。这不仅保障了单个投资者的随机流动性需求，也有效解决了资金短缺者与资金盈余者在时间、空间无法匹配的问题，为企业提供了必要的资金支持。

（3）信息不完全下的信息收集、处理和传递。实践表明，市场并非完全有

---

① 噪声交易者是在没有任何约束和冲击条件下有突然购买欲望的交易者；流动性交易者是在面临现金预付约束或受到收入或偏好冲击时出售证券的交易者。

效，而是存在信息不完全性与信息成本外化现象，主要体现在信息的"可信赖性[①]"与"专用性[②]"方面。在市场机制尚不完善、信息不完全的情况下，银行体系具有一定的垄断优势，拥有生产信息的能力，可通过降低信息获取与处理成本来克服这些问题，从而提升资源配置效率。具体体现在：一是银行通过与企业建立良好的长期合作关系，掌握了大量的企业私有信息，而这些信息具有长期性与稳定性的特点，并且可以作为商业机密保存而不会产生信息泄露；同时，银企长期稳定的合作关系，可以显著地缓解因信息不对称问题导致的信息溢价。二是银行等金融中介机构（经济化其信息采集成本）在贷款前对投资项目进行评估，进而对资源配置产生积极的影响，尤其是银行通过识别具有可行性的高价值、高效率的投资项目并提供贷款支持，进而加速技术创新速度和提升了资源配置效率，最终实现经济增长（Robert & Levine，1993）。

（4）信息不对称下的代理监督和公司治理。由于信息不对称的存在，相比于借款者，贷款者拥有较少借款者的信用信息、标的信息（贷款项目）及个人信息而处于信息劣势地位，在借贷过程中极易产生道德风险与逆向选择风险。若在金融市场中，一名借款者对应众多贷款者的情况下，贷款者之间将会存在"搭便车"行为，均不愿意承担监督成本，将会导致借贷行为与企业经营管理缺乏监督，最终损害贷款者的利益。银行等金融中介机构可通过信息优势发挥代理监督的职责，规避因信息不对称下的道德风险与逆向选择风险（青木昌彦，1998）。这主要是由于银行与企业之间的长期合约关系，在信息收集和处理上具有显著的成本优势，因而可以解决单个贷款者无法实现的有效监督难题，即通过存贷汇付等业务活动，反映并监督各地区、各部门和各企业在生产、供应、销售、储备等方面的经济活动情况。监督内容主要包括：一是信贷监督，即运用信贷手段，如贷前项目审核、贷中程序监管及贷后项目跟进等，监督企业的

---

① 信息"可信赖性"是 Hirdhleifer 率先提出的，是指假定有关投资机会不是免费的，代理人因此具有了生产这种信息的激励，但在这种条件下，信息生产者不能保证所生产的信息是有价值的信息。

② 所谓信息"专用性"是假定信息是"可信赖的"，信息在转售的过程中，信息生产者不能获取生产信息的全部汇报，从而使信息的生产变得不经济，即在信息出售过程中，信息生产者无法阻止信息购买者将信息转售给第三者。

资金流向与经营管理；二是结算监督，即通过对企业结算凭证的审查，监督企业经营活动的资金流转速度、方向及用途；三是现金管理监督，即对各单位的现金形式、支出与库存的管理和监督。银行体系的这一代理监督职能可以实现：①通过有效监管保障存款人的固定收益；②通过信贷融资控制企业的监事会，优化企业的治理结构；③降低抵押资产不足下的道德风险，从而提升公司的治理效率。

（5）风险分散和管理。由于市场的不完全性与信息不对称的存在，使得作为金融中介的银行在防范流动性风险、平滑投资损益、分担跨期风险等方面具有比较优势。这种优势主要表现在三个方面：一是平滑投资损益，防范短期投机，即银行等金融中介机构可通过长周期来平滑投资损益，防范短期投机行为下资产价格的过分波动，实现风险水平的代际摊销，平衡不同时期下的投资收益水平（Allen & Gale，2000c）。二是投资期限错配，跨期风险分担，即银行体系本身具有"蓄水池"的功能，可将大量中小投资者的资金集中起来，依据"大数据原理"向企业提供短期、长期的信贷支持；通过长期投资流动性弱但预期收益高的"风险—收益"交替关系，银行体系既保障了单个中小投资者的短期流动性需求，还可以通过银行的长期投资获取稳定的预期收益。三是投资项目筛选，横向风险分担，即金融中介机构可对投资项目进行贷前审核，针对投资项目的风险水平、发展前景、技术创新等方面进行可行性评估，剔除掉低效率、低回报、高风险的投资项目，进而提升对多元化创新项目组合的信贷支持，实现"风险—收益"的均衡；贷中与贷后的信贷监控，更是保障了信贷资金的安全性。

除了以上基本功能的发挥，银行导向型金融结构总是与政府的"超市场"行政力量相关联。由于金融市场并不发达，通过金融市场难以满足经济非均衡发展对资金的强烈需求，不得不依赖银行部门控制融资与动员社会资源，成为特定约束条件下的"次优选择①"。Murdock和Stiglitz等（1996）对东亚"增长奇迹"的金融制度进行分析，提出了金融约束条件下的经济增长理论，发现政

---

① 从金融制度来看，政府拥有多种手段以保障有限的资金优先配置到那些被认定有利于实现工业化的部门中去，主要包括：高度集中的银行体系、较大程度的金融国有化、指导性或政策性贷款、利率控制及较高的银行进入壁垒等。

府通常采取低利率或差别利率、市场准入管制、隐性存款保障、信贷指导政策等金融干预政策，集中动员社会金融资源，进而促进资本形成和经济增长。同时，政府对银行体系政策干预虽然在一定程度上促进了经济高速增长与工业化进程建设，但是过度干预也存在着一些明显的缺陷：一是金融资源过度偏向于大型企业抑或国有企业，即使其出现经营困难，政府出于"大而不倒"风险防范意识的考虑，也会引导银行向其提供融资；而中小企业由于缺乏政府隐性担保或足够的可抵押资产、良好的信用和稳定的资金流等，需要支付高昂的融资成本才能获取资金甚至无法获取到银行贷款，面临资金链断裂的风险。二是政府过度干预银行体系的信贷规模和流向、期限结构及贷款利率等运行决策，使银行体系缺乏独立性与市场化机制建设，进而丧失对信贷活动运行与监控的动力和能力，导致了银行体系的脆弱性与低效率性。

（三）银行与市场的功能作用：比较与总结

从理论来看，银行体系与金融市场在功能上存在差异性与互补性，两者之间均具有另一方无法胜任与替代的功能；而在不同的约束条件下，两者之间的关系取决于各自功能优势是否能够有效的发挥。从增长视角来看，银行体系与金融市场是金融体系服务实体经济增长的两种不同方式，其本质是实现资源有效配置的渠道，发挥这一作用主要依赖信息处理与传递、风险配置与管理及公司监督与治理三个基本功能的有效发挥[1]。

（1）在信息处理与传递方面，金融市场依赖于价格信号，而银行体系依赖于银企长期稳定的合作关系。根据 Fama 提出的有效市场假说，在有效市场中，价格信号能够充分反映出市场中所有的信息，可以作为企业投融资决策的依据。但是在现实经济中，市场并非完全有效，而是存在信息不完全、不对称及信息交易成本等情况。对于以价格信号为重要决策依据的市场导向型金融结构，要达到优化资源配置的效果则需要建立一个透明的、完善的信息公开、分析与传递机制，即相对有效的金融市场、多样化的信息收集与发布渠道、公正强大灵活的外部监督机制[2]。正如美国金融市场，不仅对上市公司信息的透明度、准

① 瞿强，普瑞格. 德国的公司治理结构 [J]. 财贸经济，2002（4）：70-75.
② 陈雨露，马勇. 大金融论纲 [M]. 北京：中国人民大学出版社，2013.

确性、及时性等方面做出严格规定，并且构建了完备的多元化信息收集、分析、发布体系，如培养了众多投资分析师、建立了专业化的机构投资者及信用评级机构，甚至发挥新闻媒体等信息传递、舆论导向的外部监督作用。相比之下，银行导向型金融结构下的融资行为对价格信号并不敏感，其信息收集、处理与传递的渠道主要是银企之间长期稳定的合作关系，即"关系型银行制"。在信息披露机制不健全、不完善的情况下，价格信号在传递信息中必然存在缺陷，而通过银企之间的稳定合作关系，银行可以获取到其他市场主体无法获取到的企业内部信息（尤其是非上市企业），并依据这些信息做出融资决策，同时也可对企业进行良好的监督激励。另外，银企长期稳定的关系虽然使得企业很容易获取外部融资，但也会对银行产生过度依赖性，从而忽视资金流动性问题。Hoshi 等针对日本 20 世纪七八十年代银企关系进行了分析，发现与银行关系不密切的企业相比，银企关系密切的企业其投资支出对现金流的反应并不敏感，甚至是反应迟钝，即在现金流降低的情况下，企业的投资支出并未减少甚至还会增加。[①]

（2）在风险配置与管理方面，银行体系侧重于跨期（纵向）风险分散，而金融市场则侧重于跨部门（横向）风险分散。具体来看：Allen 和 Gale（2000a）通过对传统模型与 ADM 模型的两种模型[②]分析，发现金融体系的风险管理在结构上可分为跨期（纵向）风险分散与跨部门（横向）风险分散两种方式。跨期（纵向）风险分散是指通过不同时期之间的均衡匹配策略来平滑投资收益和规避资产价格的过度波动。跨部门跨空间（横向）风险分散是指不同的投资者可以通过风险互换来实现有效的风险分担。在银行导向型金融结构下，一方面，银行体系为个人消费者提供了消除消费不确定性下意外流动性冲击风险的平滑损益机制（Diamond & Dybvig，1983）及为消除短期无法分散（系统

---

① Hoshi T, Kashysp T, Scharfstein D. Corporate Structure, Liquidity and Investment: Evidence from Japanese Industrial Groups [J]. The Quarterly Journal of Economics, 1991, 106 (1): 33.

② 在传统模型中，资产供给固定、时期单一、不可分散风险是不可避免的，从而隐含地忽略了跨期风险分散的可能性。在完美的 ADM 模型中，市场是完全的，市场参与是充分的，因而横向风险分散和跨期分散风险自动进行。

性）风险的跨世代金融资产期限转换机制（Allen & Gale，1995）；另一方面，银行体系通过集中短期流动性转投长期投资实现跨期限的风险转移，通过集中分散资金转投产业资本实现跨部门的风险转移。另外，银行导向型金融结构下"金融机构—政府部门—工商企业"一体化的"铁三角"关系，也为银行体系在风险配置与管理上提供了必要的担保与支持，从而解决危机。在市场导向型金融结构下，金融市场充分发挥风险配置与管理的关键是存在一个发达的金融市场，能够提供大量的期限错配与"风险—收益"结构差异的金融产品和金融工具，满足投资者异质化的风险偏好需求；允许投资者依据自身的风险承受能力调整投资组合，对冲异质风险，这样在既定的试点上，不同投资者可以进行风险互换，实现金融风险的横向分散，进而提升金融体系的抗风险能力。尤其是以分散风险为核心的金融衍生品市场的存在，更加使投资者倾向于金融市场实现跨部门（横向）的风险分散。

（3）在公司监督与治理方面，银行体系主要通过控制监事会、持有抑或代持股票、提供咨询服务等"代理监督"方式，而金融市场主要通过投资者"用脚投票"与兼并收购等方式，实现对企业的控制。在银行导向型金融结构下，银行体系凭借内部信息优势，不仅向企业提供信贷支持成为债权人，而且也会通过持有股票的方式成为企业股东，参与企业管理及控制企业监事会。这种制度进一步促进了银行与企业之间长期稳定的合作关系，从而减少了信息不对称，降低监督成本。另外，银行部门也会以第三方服务机构参与到企业的兼并收购过程中，为企业提供咨询服务和融资支持。在市场导向型金融结构下，金融市场主要通过投资者的"用脚投票"与随时性的"敌意收购"作为参与公司治理的控制机制。这不仅有利于有能力的管理团队获得大量资源，提升资本配置效率，也有利于激励与惩戒经营不善管理者避免资源浪费；但是这种情况并不利于企业的长期发展决策，将会产生额外的效率损失抑或利益背离[①]。企业的所有权归股东所有，而股东具有高度的分散性，并且依托发达的金融市场，股权转移具有较强的流动性。一方面，股东更为关注的是反映企业价值的股票与债

---

① 利益背离表现为逆向选择和道德风险的同时发生。

券等资产价格的变化趋势，对于企业治理问题的参与也主要通过股价波动来实现，进而对管理者形成间接约束，即"用脚投票"机制。故价格信号与市场预期在公司治理中发挥着重要的作用。另一方面，敌意收购者可借助金融市场中股票的高流动性、交易性及价格波动性影响机制，通过打压目标企业股价并恶意收购其股票，进而提升对目标企业的控制权。这就要求企业管理者随时保持警惕，保证企业的良好运行、健康发展。

综上所述，无论是银行导向型还是市场导向型的金融结构在发挥资源优化配置、提升资本转化效率、风险管理与分散、信息处理与传递及公司监督与治理等方面均存在优劣差异并且侧重点也不尽相同，难以评价孰优孰劣。两者比较优势的发挥是需要满足相关约束条件的，各自针对的公司类型、政府作用、传导机制、资产性质、风险分担、流动性大小及垄断优势或市场力量等方面均存在差异（见表3-2）。

表3-2　两类金融结构的主要特征与比较优势

特征	银行导向型	市场导向型
流动性	弱	强
风险分担	纵向（跨期）风险分担	横向（跨部门跨区域）风险分担
垄断优势或市场力量	强	弱
价格信号	弱（非公开信息为主）	强（信息透明化）
资产性质	实物资产	无形资产（高科技）
传导机制	信贷与利率传导机制为主	资产价格与预期传导机制为主
公司类型	中小企业为主	大企业为主
创新融资	低	高
政府作用	高（行政化）	低（法治化）
市场化程度	低	高

资料来源：笔者整理所得。

第三节　适应经济增长的金融结构动态演变分析

根据"需求跟进论"视角可知，金融体系是实体经济高度发展的产物，是顺应实体经济增长的需求而产生的。实体经济在不同的经济增长阶段下，无论其增量变化还是其存量调整，都会对金融体系的两类融资（直接融资与间接融资）的需求规模和结构产生影响。另外，不同的金融结构（银行导向型金融结构和市场导向型金融结构）所发挥的储蓄动员、信息处理与传递、风险配置与管理及公司监督与治理等方面存在差异，各具比较优势。故在不同国家的同一经济增长阶段抑或同一国家不同经济增长阶段下，基于不同资源与制度等约束条件下，两类金融结构分别适用于不同的经济类型。因此，金融结构的变迁也必然顺应实体经济的动态发展而自然演进。

一、金融结构动态演变的实体基础：要素禀赋与主体特征

实体经济结构在不同经济增长阶段的时变特征（要素禀赋结构与融资主体特征）是导致金融结构优化的动态演变的根本性原因（林毅夫等，2009；张成思和刘贯春，2015）。以下将从宏观和微观两个视角进行阐述。

（一）宏观层面：产业层次的要素禀赋差异

从宏观视角来看，产业层次的要素禀赋差异在金融结构变迁的动态演变中起到关键性作用。产业层次的要素禀赋差异主要体现在支持实体经济增长的劳动力、土地、资本、技术四大生产要素在不同经济增长阶段中所发挥的主导作用存在差异。基于成本最小化的要求，企业在生产中一定会密集采用相对便宜的生产要素，故要素价格就成为企业选择和调整的关键性变量。一般来说，随着经济增长阶段的不断提升，劳动力要素作用逐渐降低，技术与资本要素作用逐渐提升。在这一转变过程中，技术创新贯穿于其中，并从低技术水平向高技术水平转变，体现了微观层面上企业的技术升级和优化与宏观层面上国民经济产业结构调整与变迁（见图3-2）。

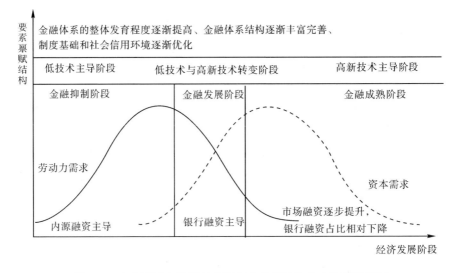

图3-2 产业要素主导型转变下金融体系结构的内生演进机制

（1）在经济增长的初级阶段，由于经济总量处于较低水平，其要素禀赋结构的基本特征主要为劳动力比较丰富但技术水平较低、资本供给相对短缺，产业层次主要以农业为主，工业与服务业发展相对不足，通常以劳动密集型产业、低技术水平工业产业及资本密集型中劳动力占比相对较高的产业为主。在这一阶段，实体经济对金融产品与服务需求相对较小，并且金融体系的发育程度也相对较低，故此时内源融资占据主导地位，金融体系的外源融资逐渐产生与发展，但占比较小。

（2）在经济增长的成长阶段，经济总量规模得到有效提升、产业结构的不断升级，要素禀赋结构的基本特征也逐渐转变为劳动力供给逐步降低、资本供给逐渐丰富，两者呈现相对均衡的状态；技术水平也随着改革创新得到有效提升，呈现低技术水平与高技术水平并存的状态。产业层次主要以工业为主，农业占比逐渐降低，服务业占比在一定程度上得到提升，通常呈现劳动密集型产业、资本密集型产业及低技术与高技术工业产业并存的产业分布。在这一阶段，实体经济对金融部门的外部融资需求逐渐扩大，基于降低流动性风险、减少信息不对称和实施企业投资监督等方面的需求会导致金融体系的内生形成，即金融抑制解除抑或金融深化加强。由前文分析可知，以银行为代表的金融中介机构相对于金融市场，在经济增长成长阶段更能节约投资者的监督成本、交易成本，有助于解决小额投资者在信息收集与处理中的"搭便车"问题，故以银行为主导的金融体系将会逐渐发展壮大，并在一定时期内保持主导地位。

（3）在经济增长的成熟阶段，随着经济总量规模逐渐接近资源禀赋的极限值、产业层次也迈向发达阶段，其要素禀赋结构的基本特征将会呈现劳动力供给短缺、资本供给相对丰富；技术水平不断创新与提升，主要以高技术为主。产业层次主要以服务业为主，工业和农业占比逐渐降低，通常呈现以资本密集型产业和高新技术密集型产业为主。在这一阶段，实体经济对金融产品与服务的需求呈现爆炸式增长，同时金融体系的各种基础性制度建设（如司法制度、信用制度、信息披露制度、会计核算制度等）逐步健全，为金融市场的功能发挥提供了充足的保障，也使其运行成本快速降低，并且多层次的金融市场在鼓励技术创新和新兴产业发展方面将发挥重要作用（Boot & Thakor, 1997）。因此，在该阶段下，金融市场规模得以快速扩张及以银行为代表的间接融资比重逐渐降低。但至于金融市场规模是否会超过银行体系规模还无法判定，这就需要考虑一国在发展至高级阶段下的国家要素禀赋水平。

综合来看，处于不同经济增长阶段的同一经济体具有不同的要素禀赋结构，并由此产生了技术水平与技术结构的变迁路径，进而决定了与之相适应的最优产业结构，而不同的产业结构又存在金融服务需求的差异，最终需要与产业结构相匹配的金融结构提供差异化服务。要素禀赋转变下的经济结构对金融结构的影响主要体现在两个方面：一是产业结构优化升级，二是经济布局调整。首先，三次产业结构的调整，促进实体经济无论是规模上还是结构上趋于合理化；在这一过程中，实体经济对于金融体系的产品与服务的需求发生变化，在规模上呈现增长态势，在结构上促使金融体系在储蓄动员倾向、风险投资与分散转移等方面发生变化。其次，一国或地区由于要素禀赋的差异，导致主导产业培育也存在差异，进而会影响金融资源配置倾向的差异；随着高新技术产业的提升与发展，实体经济对于市场化融资需求、风险管理和风险资产配置的需求也会随之增加。这是由于金融市场对于创新项目的分散投资有利于降低投资风险，使技术创新高风险、高收益的长期投资项目获得充足的资金支持，促进了创新型投资活动（Robert & Levine, 1993）。最后，实体经济的部门结构、区域结构及所有制结构的布局调整，也将会对金融业务调整、机构结构调整、金融资源的配置机制等产生影响。具体作用机制如图3-3所示。

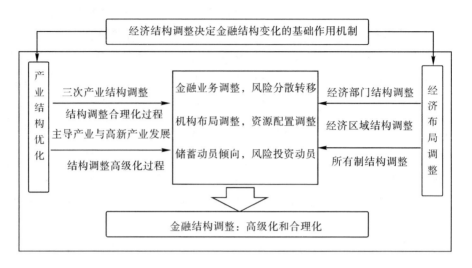

图 3-3　经济结构调整决定金融结构变化的基础作用机制①

（二）微观层面：企业规模特征与企业风险特征

从微观视角来看，企业融资是联结金融结构和经济增长之间的重要纽带，而企业在其成长周期的不同时期中对外部资本的需求规模、性质与方式存在差异，主要体现在两个方面：企业规模与企业风险（林毅夫等，2009）。

（1）企业规模方面：在企业融资决策中，对于究竟选择何种方式取决于两点：一是企业融资规模，二是交易成本大小。一般来说，随着企业规模的提升，企业现金流需求就越大，进而其融资需求也会随之增加，即相对于小企业，大企业的融资需求更大。企业融资过程中存在交易成本②，既存在固定成本也存在变动成本，根据边际成本递减规律，可知企业融资中存在一定的规模经济效应，即融资规模越大，则融资成本就越低。另外，市场中存在多种融资方式，如内源融资和外源融资，其中外源融资又可分为直接融资和间接融资两种方式。由于不同融资方式下的信息透明度、运行机制及面临的风险存在差异，因此规模经济效应存在两种类型差异：首先，在同一规模下的企业采取不同的融资方

---

① 李健，范祚军. 经济结构调整与金融结构互动：粤鄂桂三省（区）例证 [J]. 改革，2012（6）：42-54.

② 企业融资中的交易成本主要包括信息获取与披露成本、谈判成本、签约成本、契约执行成本等。

式面临不同的交易成本，故其的融资规模效应也存在差异。按照成本大小来看，不同融资方式的成本由小到大分别为内源融资（留存收益）、间接融资（银行信贷）、直接融资（债券融资和股票融资，其中股票融资交易成本要大于债券融资成本），但其规模效应依次呈现递增变化。其次，不同规模的企业采用同一融资方式的交易成本存在差异，这主要归因于不同规模下企业的信息不对称程度存在差异。规模较大的企业通常不仅具有稳定的可抵押固定资产、相对稳健的营业收入与净利润、在银行信贷中具备良好的资产信用和还款能力，而且其具有完备的信息披露制度、完善的财务审计制度，信息透明度较高，具备一定的市场声誉，在金融市场上的债券与股票融资中，可有效地降低资金供需双方的信息不对称程度，进而降低交易成本。相比之下，中小规模的企业在财务报表的审计、披露等方面相对不完善，信息透明度较低，资产信用水平较低；除非其具有较高的预期收益率和高新技术创新，否则将难以在金融市场进行直接融资尤其是股权融资，也只能依赖银行信贷业务，尤其是小银行，主要获取外部资金支持。

根据融资需求的企业分布状态进行划分，本章可以得到企业规模视角下的金融体系结构的内生演变趋势，如图3-4所示。其中，分布1、分布2、分布3分别代表企业在不同发展阶段下对融资需求的密度，依次表示为相对较低现金流、中等现金流和相对较高现金流的企业密度，也分别对应于经济增长初级阶段、成长阶段和高级阶段；在融资结构划分中，分别以E、F_1、F_2点划分为内源融资主导、银行融资主导和市场融资主导。一般来说，当一国经济增长迈入成熟（高级、发达）阶段，将会形成银行体系与金融市场两类融资方式并存的金融体系结构，至于何种融资方式占据主导地位则取决于一国要素禀赋因素。从图3-4中可直观看到差异：当一国金融体系从"金融发展阶段"迈入"金融成熟阶段"时，不同国家将会面临不同的企业融资需求分布临界线，即$F_1 \sim F_2$阴影部分。以美国和德国为例，美国是典型的市场主导型金融体系结构国家，而德国是典型的银行主导型金融体系结构国家。相对于美国临界线为F而言，德国的企业融资需求分布临界线为F_1，这表明由于本国"要素禀赋"的约束，德国企业相对美国企业更多地青睐于或选择以银行融资渠道为主，而美国企业则更青睐于或转变选择为以金融市场融资渠道为主。阴影部分则表示为一国"要素禀赋"差异下不同国家在金融体系结构转型的临界线区间范围。

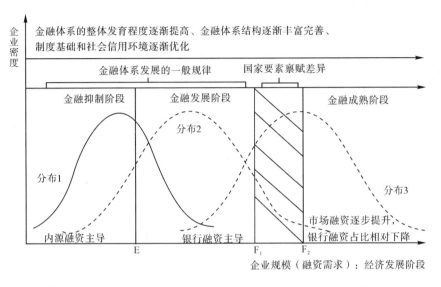

图 3-4　企业规模视角下的金融体系结构的内生演变趋势①

（2）企业风险特征方面：在给定宏观经济环境下，林毅夫等（2009）提出了企业（投资项目）发展在其生命周期中具有三类风险，即技术创新风险、产品创新风险和企业家风险，分别侧重于企业所处的产业技术特征、技术成果转化中的产品运营及企业家的经营与决策能力。针对企业家风险，银行体系和金融市场均发挥着重要作用。银行体系通过与企业建立长期的"银企"合作关系，可以有效地对企业实施外部监督和优化内部治理；而金融市场为企业治理提供"多元审查"监督机制，如企业所有权与控制权分离机制、完备的信息披露机制及外部兼并与收购机制等。针对企业的技术创新风险和产品创新风险，金融市场的风险分散机制要优越于银行体系。考虑到高新技术产业的风险与融资规模均较大，对于一个企业来说，技术创新、技术成果转化等存在巨大的不确定性。这与银行体系下信贷发放的可偿还性、稳定收益性、低风险性等原则相悖，故银行部门更倾向于将信贷给予稳收益、低风险的企业或产业项目，而非处于技术创新成果转化初期的高新技术企业或产业项目，即存在信贷"逆向选择"行为。高新技术企业或产业项目最为需要的是中长期信贷或债券融资和股权融资，而非短期流动性支持。金融市场中多层次的融资渠道为高新技术企

---

① 陈雨露，马勇. 大金融论纲 [M]. 北京：中国人民大学出版社，2013.

业提供了必要的长期流动性资金支持和大额融资的风险分散机制，在促进投资者扩大财富的同时实现长期资本投资下的技术创新与产业升级。在高新技术企业处于幼稚期、初创期和种子期时，可采用天使投资、风险资本、科技基金、私募市场、创业板块等股权融资方式；在高新技术企业处于成长期、扩张期和成熟期时，可采取债券融资、短期和中长期信贷、商业信用、商业票据等融资方式。熊波和陈柳（2005）从高新技术企业的规模、年龄、透明度及技术研发、转化、运营与生产等发展阶段出发，梳理与汇总了不同阶段下所对应的融资方式[①]（见图3-5）。

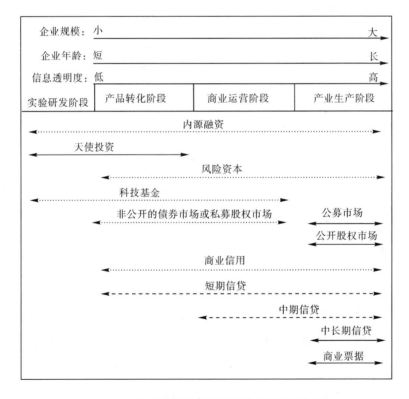

图3-5 技术成果转化过程中的融资结构变化

综上分析可知，金融结构变迁是内生于实体经济增长的，实体经济结构随

---

① 熊波，陈柳. 高新技术企业技术成果转化与多层次资本市场研究 [J]. 当代经济科学，2005（4）：98-104+112.

着不同经济增长阶段的时变特征（要素禀赋结构与融资主体特征）决定了银行体系和金融市场在功能发挥方面比较优势的转变，构成了中长期金融体系结构变迁的内生性动力。从长期来看，一国金融体系将会形成银行体系与金融市场两类融资方式并存的金融体系结构，其演变趋势是金融市场融资比重相对上升和银行体系融资比重相对下降。但至于金融市场融资比重是否会超过银行体系还无法判定，这就需要考虑一国在发展至高级阶段时的国家要素禀赋水平。因此，一国金融体系的发展只有满足实体经济增长的需求，沿着要素禀赋结构和融资主体特征的演变路径，有效地发挥金融体系功能作用，不断优化金融体系结构使之与实体经济相匹配，才能更好地提升金融服务实体经济的能力和实现金融与实体经济的和谐、健康、稳定的发展。另外，在这一发展过程中，金融与实体经济互动关系的保障性外部条件也发挥着至关重要的作用，如制度环境、营商环境、法律基础、社会文化、信用机制等。

二、金融结构变迁与经济增长：动态均衡形态

一国经济在一定的发展阶段下存在最优金融结构，但并非唯一而是动态变化的。随着一国经济要素禀赋结构和产业技术结构的提升、企业规模和风险的变化，该国的金融体系结构也会发生演变，不断适应实体经济增长的需要，这是一个客观的、动态的变化过程（林毅夫等，2005，2009）。在实践中，一国的政治因素、法律体系、历史文化和社会群体偏好等外部条件，均会引发该国金融结构与实体经济之间出现不相匹配或不相适应，降低金融服务实体经济增长的效率水平，抑制实体经济的发展，甚至引发系统性金融风险（尹雷和赫国胜，2014）。总体来看，金融结构并非总是处于最优状态，而是处于帕累托改进、调整和优化进程中，呈现"偏离—均衡—偏离"的动态发展趋势。在金融结构优化路径中主要体现在两方面：一是金融结构的高度化，二是金融结构的合理化（蔡则祥，2005）。

图3-6直观展现了金融结构与实体经济之间优化、协调发展的动态均衡机

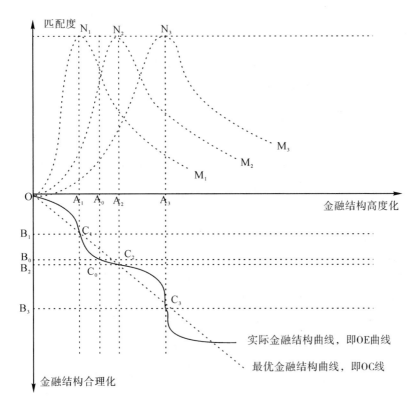

图 3-6　金融结构与经济增长动态均衡模型

制。其中，横轴表示金融结构在纵向层次上技术含量的提升，即金融结构高度化；横轴下方表示金融结构在横向层次上服务效率和协调度的提升，即金融结构合理化；横轴上方表示金融结构与实体经济增长的匹配度；曲线 M_1、M_2、M_3 表示实体经济的不同发展阶段，分别为初级阶段、成长阶段、高级阶段；曲线 OC 表示在不同经济增长阶段下与实体经济增长相匹配的最优金融结构曲线；曲线 OE 表示在不同经济增长阶段下服务实体经济增长的实际金融结构曲线，其围绕曲线 OC 呈现"偏离—相交—偏离"的动态波动[①]。在这一过程中，金融结构优化的高度化与合理化相互渗透、相互协调，随着金融结构高度化的提升，

————————

① 李健，范祚军. 经济结构调整与金融结构互动：粤鄂桂三省（区）例证 [J]. 改革，2012（6）：42-54.

金融结构合理化也在不断提升，当两者之中一个或两个与实体经济增长不相匹配时，均会导致金融结构与实体经济增长出现偏离。当实际金融结构通过调整、优化至最优金融结构状态时候，曲线 OE 与曲线 OC 分别相交于点 C_1、点 C_2、点 C_3，分别表示在经济增长初级阶段、成长阶段和高级阶段下金融结构与实体经济增长相匹配的最优金融结构均衡点，其中对应的金融结构高度化为点 A_1、点 A_2、点 A_3 和金融结构合理化为点 B_1、点 B_2、点 B_3 及两者之间最优匹配度点 N_1、点 N_2、点 N_3。当实际金融结构偏离最优金融结构状态时，金融结构缺口越大，则越不利于经济增长。这与 Demirguc-Kunt 等（2011）的结论相一致，其认为金融结构缺口与经济增长之间存在负相关关系。以点 C_0 为例，此时经济增长处于由初级阶段向成长阶段转变，金融结构的高度化和合理化对应于点 A_0、点 B_0。虽然此时金融结构与经济增长的初级阶段与成长阶段的匹配度相等，但是在经济增长初级阶段呈现下降区间而在经济增长成长阶段呈现上升区间，说明此时金融结构的发展阶段已经超过服务经济增长初级阶段的实体需求，而不断优化与适应经济增长成长阶段的实体需求。这意味着随着经济增长阶段的转变，金融结构若保持原有水平，将会抑制经济增长，并且只有不断调整与优化，适应更高级别的经济增长阶段才能更好服务实体经济的发展，促进经济增长。

第四节　本章小结

本章在探究金融结构变迁与经济增长的关系时主要侧重三个部分的讨论。

第一，从金融体系与实体经济相结合的视角，梳理与构建了"三部门"（实体经济、银行体系与金融市场）金融结构内生性增长模型，探究金融结构变迁与经济增长之间关系的内在逻辑。分析发现：在经济增长中存在最优金融规模，也存在最优金融结构，这说明金融发展、金融结构与经济增长之间存在非线性关系，即"倒 U 形"关系。在经济增长中，金融发展规模与金融最优结构并非是独立存在的，只有金融中介规模与金融市场规模同时达到最优规模时的金融结构才是服务实体经济的最优结构。同时，在不同经济增长阶段，金融体系发展存在三种发展阶段，即金融抑制阶段、金融发展阶段、金融过度阶段。金融结构优化存在两种动态演变路径：一是倾向市场导向型发展的演变路径，二是维持银行导向型发展的演变路径。无论何种路径，金融中介与金融市场的规模均呈现增长趋势，差异在于增长速度。

第二，系统分析金融体系、银行体系与金融市场促进经济增长的内在机制。分析发现：①金融体系促进经济增长的实现机制，是金融体系通过直接融资（金融市场）与间接融资（银行体系）两种融资渠道的不同组合，通过利率机制、信贷机制、资产价格机制及预期机制等传导机制作用下发挥各自所具备的金融功能优势[1]，进而直接影响资本存储转换效率（资本集聚、资本转化、资本配置），间接优化资源流动与配置，最终影响经济增长。②银行体系与金融市场在发挥资源优化配置、提升资本转化效率、风险管理与分散、信息处理与传递及公司监督与治理等功能上存在差异性与互补性，两者之间均具有另一方无法胜任与替代的功能。两者比较优势的发挥是需要满足相关约束条件的，各自针对的公司类型、政府作用、传导机制、资产性质、风险类型、流动性大小及垄断优势或市场力量等方面均存在差异。

第三，探究决定适应经济增长的金融结构动态演变的实体基础。分析发现：①金融结构变迁是内生于实体经济增长的，而实体经济的要素禀赋结构与融资主体特征决定了银行体系和金融市场在比较优势功能发挥方面的转变，构成了中长期金融体系结构变迁的内生性动力。②金融结构并非总是处于最优状态，而是处于帕累托改进、调整和优化进程中，呈现"偏离—均衡—偏离"的动态发展趋势。在这一过程中，金融结构优化的高度化与合理化相互渗透、相互协调，随着金融结构高度化的提升，金融结构合理化也在不断提升，当两者之中一个或两个与实体经济增长不相匹配时，均会导致金融结构与实体经济增长出现偏离。

---

[1] 在这个过程中也需要信息收集、风险配置（管理）与分散、创新激励、监督治理和流动性支持等相关金融功能的有效发挥来保障这一内在机制的实现。

第四章

金融结构演变与经济增长：国际实证

通过构建"三部门"理论模型推导，从静态与动态视角分析，得出金融结构与经济增长之间存在非线性关系，即"倒U形"关系，发现适应经济增长的"最优金融结构"是客观存在的且动态变化的。因此，只有将实体经济的金融服务需求与金融体系的金融服务供给相匹配，才能更好地实现金融服务实体经济增长的天职。那么在实践中，金融结构与经济增长之间是否存在非线性关系，或是否存在最优金融结构，以及在不同发展阶段下金融结构对经济增长存在何种影响差异？为了更好地实证检验这些问题，本章将从静态与动态视角，构建金融结构与经济增长之间"非线性"模型，选取金融结构的"规模—行为—效率"三类指标，基于国际层面的历史面板数据①进行实证分析。

第一节　国际层面的金融结构演化趋势

全球金融体系与金融结构随着经济增长阶段的不断提升，在不同层次、不同类型经济体之间都具有独有的特征。

---

① 面板数据是同时在时间和截面上取得的二维数据，相较于时间序列数据与截面数据这类一维数据，在问题研究中更加全面，其是截面上个体在不同时间的重复观测数据。

一、全球整体的金融结构演化趋势

随着经济发展水平的不断提高，全球金融体系的银行业与股票市场均得到不断的提升，其中银行业呈现相对较为平稳的增长，而股票市场呈现快速、剧烈的波动增长；金融体系市场化趋势更加明显，呈现由银行导向型金融结构向市场导向型金融结构的转变趋势。

从规模来看：自 1960 年以来，全球人均 GDP（以 2010 年不变价美元计，下同）从 1960 年的 3758.01 美元增长至 2018 年的 10882.31 美元，年均增长率为 1.85%；银行提供的国内私人信贷占 GDP 比重从 1960 年的 32.73%增长至 2018 年的 86.64%；上市公司的市场资本总额占 GDP 比重从 1975 年的 29.27% 上升至 2018 年的 92.99%，其中在其发展过程中存在三次较高的波峰，分别为 1999 年（116.27%）、2007 年（113.80%）及 2017 年（111.83%）；股票交易总额占 GDP 的比重从 1975 年的 5.94%增长至 2018 年的 97.84%，其中在其发展过程中也存在三次较高的波峰，分别为 2000 年（145.77%）、2007 年（161.90%）及 2015 年（163.29%）。

从结构来看：根据上市公司资本总额与银行提供的国内私人信贷之比可知，其从 1975 年的 56.69%提升至 2018 年的 106.25%，其中在其发展过程中存在三次波峰，分别为 1999 年（142.53%）、2007 年（137.77%）及 2017 年（129.08%）。根据股票交易总额与银行提供的国内私人信贷之比可知，其从 1975 年的 11.5%提升至 2018 年的 111.79%，其中在其发展过程中存在三次波峰，分别为 2000 年（178.11%）、2007 年（196.01%）及 2015 年（189.15%）。详细情况如图 4-1 所示。

无论采用哪种指标进行衡量金融结构，可以发现，在爆发金融危机及市场异常波动[①]时，即在 1999 年、2007 年及 2015 年的前后期间，股票市场资本总额和交易总额及金融结构呈现出多次波峰。这在一定程度上说明，相对于银行部门，股票市场更易受到金融危机及外部市场冲击的影响。

---

① 20 世纪 90 年代以后，全球曾出现过三次较大的金融危机：一是 1997 年的亚洲金融危机，二是 2007 年由美国次贷危机引发的全球性金融危机，三是 2015 年全球股票市场出现异常波动。

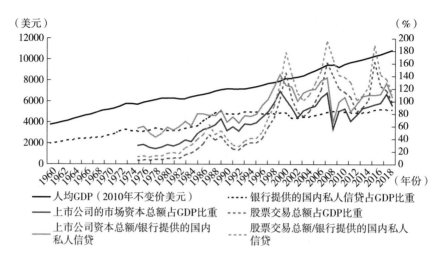

（美元）
（%）

——— 人均GDP（2010年不变价美元）　　······ 银行提供的国内私人信贷占GDP比重

——— 上市公司的市场资本总额占GDP比重　- - - - 股票交易总额占GDP比重

—— 上市公司资本总额/银行提供的国内　　—— 股票交易总额/银行提供的国内私人
　　私人信贷　　　　　　　　　　　　　　　 信贷

图4-1　全球人均GDP与金融体系、金融结构的演变趋势

资料来源：世界银行，由 EPS DATA 整理。

二、不同层次的金融结构演化趋势

从整体趋势来看，随着经济增长阶段的不断提升，无论何种类型的经济体基本都呈现金融结构的市场化发展趋势。但是从不同类型经济体[①]来看，以2007年美国次贷危机为界限，高收入经济体仅出现短暂的下降之后，依然保持金融市场化的发展趋势，即市场导向型金融结构；而中等收入经济体（包括中高等收入经济体与中低等收入经济体）却呈现两种不同的发展阶段：整体来看中等收入经济体依然处于银行导向型金融结构；在2007年之前，中等收入经济体的金融市场化趋势如火如荼地提升，而在2007年之后，为稳定经济增长与修复危机冲击后的实体经济，其银行业的信贷发展有所回归与提升。

---

① 世界银行依据2015年人均国民总收入水平（GNI Per Capita），将全球189个成员国和28个人口超过3万人的经济体（共计217个经济体）划分为低收入经济体、中等收入经济体（其中细分为中低等收入经济体与中高等收入经济体两组）和高收入经济体三个组别。具体划分标准为：低收入经济体（31个），人均GNI≤1025美元；中等收入经济体（107个），1026美元≤人均GNI≤12475美元（其中，中低等收入经济体（52个），1026美元≤人均GNI≤4035美元；中高等收入经济体（55个），4036美元≤人均GNI≤12475美元）；高等收入经济体（79个），12476美元≤人均GNI。

　　基于上市公司资本总额与银行提供的国内私人信贷之比可知，高收入经济体从 1975 年的 50.87%上升至 2017 年 150.22%，除了在 2007 年次贷危机时由 129.28%下降至 2008 年的 65.68%以外，基本保持金融市场化的稳定发展趋势；并且自 1997 年以后该比值基本保持在 100%以上，截至 2018 年达到 150%以上，这说明高收入经济体以市场导向型金融结构为主。中等收入经济体由 1991 年的 57.37%上升至 2007 年的 172.33%，随后下降至 2018 年的 48.74%；并且其该比值基本保持在 100%以下，这说明中等收入经济体以银行导向型金融结构为主。具体内容如图 4-2 所示。

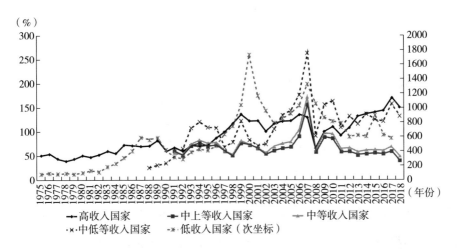

图 4-2　基于上市公司资本总额与银行提供的国内私人信贷之比的金融结构演变趋势①
资料来源：世界银行，由 EPS DATA 整理。

　　基于股票交易总额与银行提供的国内私人信贷之比可知，高收入经济体基本保持上升趋势，从 1975 年的 10.59%上升至 2007 年的 200.89%，随后降至 2012 年的 126.12%，后又升至 2015 年的 186.70%，随之又降至 2018 年的 52.74%。这说明高收入经济体以市场导向型金融结构为主。中等收入经济体也基本保持上升趋势，从 1991 年的 14.89%上升至 2007 年的 154.98%，随后降至 2012 年的 47.75%，随后上升至 2015 年的 189.74%，最后又降至 2018 年的

---

　　① 考虑到低收入经济体的经济增长体量相对较低，无论是银行体系还是金融市场均相对落后，并且存在部分数据缺失，故并未将低收入经济体的数据纳入进来，但并不影响相关指标变化趋势的结果分析（下同）。

60.73%。其中在 2015 年达到历史顶峰。这说明中等收入经济体整体上趋于金融体系市场化发展趋势。值得关注的是自 2012 年以来，中等收入经济体呈现快速上涨趋势。但是这并不影响或并未改变"经济增长高级阶段以市场导向型金融结构为主，而经济增长初级阶段以银行导向型金融结构为主"的规律。导致这一结果的可能原因是：自 2012 年以后，全球经济进入新常态，即长周期性低迷状态，面临着前所未有的不确定性和不稳定性，以新兴经济体为主的中等收入经济体逐渐成为推动世界经济增长的中坚力量，而发达经济体市场趋于饱和、增长动力不足。相对于发达经济体，新兴经济体的市场交易更加活跃，同时金融体系市场化进程也不断推进。具体内容如图 4-3 所示。

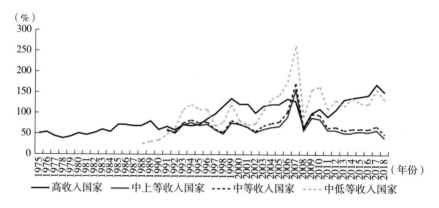

图 4-3　基于股票交易总额与银行提供的国内私人信贷之比的金融结构演变趋势

资料来源：世界银行，由 EPS DATA 整理。

第二节　金融结构与经济增长关系的模型构建

在已有历史文献中，本节以 Thorsten 等（2000）、Levine（2002）、Demirguc-Kunt 等（2011）、杨子荣和张鹏杨（2018）等的研究作为参考依据进行模型构建。

一、金融结构与经济增长的"非线性动态模型"

考虑到由于经济增长具有连续性且前后发展期并非相互独立和受到不同金

融发展程度的影响，故以动态模型来考察金融结构与经济增长之间的"非线性"关系，验证最优金融结构的存在性。针对模型的分析方法，主要采用 GMM 估计模型进行检验。金融结构与经济增长的"非线性动态模型"如下：

$$Y_{ij} = c + \beta_0 Y_{i-k,j} + \beta_1 FS_{ij} + \beta_2 FS_{ij}^2 + \beta_3 FB_{ij} + \beta_4 FM_{ij} + \beta_5 X_{ij} + \mu_i + \upsilon_j + \varepsilon_{ij} \qquad (4-1)$$

其中，Y_{ij} 为经济增长水平，FS_{ij} 为金融结构，FB_{ij} 为金融中介化，FM_{ij} 为金融市场化，X_{ij} 为控制变量，μ_i 为时间干扰项，υ_j 为一国或地区干扰项，ε_{ij} 为时间与一国或地区的相互作用误差项，i 与 j 分别为时间项与国家或地区项（i=1，2，…，N，j=1，2，…，T），k 为被解释变量的滞后阶数，k=1，2，…，K，其中 K<N。

若金融结构与经济增长之间存在非线性关系，则只需满足 β_2 通过 10%、5% 或 1% 显著性检验即可，否则为不存在非线性关系。考虑到实际金融结构指标数值均为正值，若两者之间存在"倒 U 形"关系，则非线性实证模型需同时满足：$\beta_1>0$，$\beta_2<0$；若两者之间存在"正 U 形"关系，则非线性实证模型需同时满足：$\beta_1<0$，$\beta_2>0$。若 $\beta_3>0$，$\beta_4>0$，则表示金融中介化发展与金融市场化发展越高对经济增长推动的作用就越大，否则抑制作用就越大；若 $\beta_3>0$，$\beta_4>0$，$\beta_3>\beta_4$，则表示金融中介化发展相较于金融市场化发展更有利于经济增长；若 $\beta_3>0$，$\beta_4>0$，$\beta_3<\beta_4$，则表示金融市场化发展相较于金融中介化发展更有利于经济增长；若 $\beta_5>0$，控制变量 X_{ij} 对经济增长具有积极的推动作用，否则其起到抑制作用。

二、金融结构与经济增长的"静态门槛效应模型"

"非线性动态模型"很好地检验了金融结构与经济增长之间的非线性关系，但是无法有效地将实体经济增长特性变化与金融战略规划和实践指导有效协调发展结合在一起，无法为一国或一地区的差异化发展制定相适应的金融结构安排提供经验借鉴。

根据新结构主义理论的观点，在实践中，一国实体经济增长的时变特征是导致金融结构优化的动态演变的根本性原因（林毅夫等，2009；张成思和刘贯春，2015）。杨子荣和张鹏杨（2018）认为若金融结构背离了经济增长阶段而过度赶超，必然会抑制经济增长效益，引发该国金融结构与实体经济增长之间出现不相匹配或不相适应的状况发生。随着经济增长水平的不断提升，三次产业布局逐渐从农业向工业，再向服务业进行转变，其中工业产业内部也逐渐从低制造产业向高制造产业转变。在这一转变过程中，劳动力要素作用逐渐降低，技术与资本要素作用逐渐提升，进而对金融服务需求产生差异。对此，引入经济增长水平指标，考察在不同的经济增长阶段下金融结构对经济增长的影响差异。另外，由于金融发展的起点是货币的产生，之后才是货币融通的交易媒介或渠道的延伸与发展。货币既是金融主体交易的主要对象，也是金融体系正常运营的基础。随着货币化程度由初级向高级阶段的不断提升，金融体系的产品、机构与市场环境也在不断的丰富与完善，则可认为货币化程度在一定程度上代表了一国的金融发展水平。故引入货币化程度指标，考察在不同货币化程度下金融结构对经济增长的影响差异。

因此，本章从实体经济特性与金融体系特性两个角度出发，采用面板数据门槛效应模型，选取经济增长水平、货币化程度作为门槛指标，实证检验与探究不同国家或地区和同一国家或地区不同经济增长阶段与不同货币化程度下金融结构与经济增长之间的内在联系及影响差异性。

金融结构与经济增长的"门槛效应模型"如下：

$$Y_{ij} = \beta_1 \times FS_{ij} \times I\ (q_{ij} < \lambda_1)\ + \beta_2 \times FS_{ij} \times I\ (\lambda_1 \leq q_{ij} < \lambda_2)\ +$$
$$\beta_3 \times FS_{ij} \times I\ (\lambda_2 \leq q_{ij})\ + \beta_4 X_{ij} + \mu + \gamma + \varepsilon_{ij} \tag{4-2}$$

其中，Y_{ij} 为经济增长水平，FS_{ij} 为金融结构，X_{ij} 为控制变量，q_{ij} 为门槛变量，μ_i 为时间干扰项，υ 为一国或地区干扰项，ε_{ij} 为时间与一国或地区的相互作用误差项，i 与 j 分别为时间项与国家或地区项，i＝1，2，…，N，j＝1，2，…，T。

三、变量选取与指标描述

下面针对实证检验的样本国家、变量选取及数据来源进行阐述。

（一）样本国家与变量指标选取

1. 样本国家选取

国际货币基金组织（IMF）每年发布的《财政监测报告》（*Fiscal Monitor*）中，都会选择一些国家作为发达经济体与新兴经济体的代表。本章综合 2013 年以来《财政监测报告》内容，选择 22 个国家作为发达经济体，包含法国、芬兰、西班牙、德国、瑞典、瑞士、荷兰、英国、奥地利、挪威、比利时、丹麦、葡萄牙、加拿大、美国、澳大利亚、韩国、日本、意大利、希腊、新加坡、以色列；并选择 18 个国家作为新兴经济体，包含菲律宾、马来西亚、泰国、印度、印度尼西亚、约旦、中国、塞浦路斯①、俄罗斯、匈牙利、阿根廷、巴西、哥伦比亚、墨西哥、智利、埃及、肯尼亚、南非，共计 40 个国家样本。本章数据的时间跨度为 1992~2010 年。

2．变量指标选取

在参考相关学者的研究资料基础上，本章主要选取以下指标：

（1）被解释变量（$lnpY_{ij}$）。参考叶德珠和曾繁清（2019）的文献，采取人均实际 GDP（2010 年不变价）作为被解释变量，衡量一国或地区的经济增长水平，并采用实际 GDP（2010 年不变价）作为稳健性检验变量。

（2）解释变量（FS_{ij}）。国外学者如 Demirguc-Kunt 和 Levine（2001）、Levine（2002）等基于直接融资与间接融资方式的划分，从规模、行为和效率三个角度进行了重新界定。国内学者在借鉴该金融结构度量方式的基础上进行了深入探究。例如，杨子荣和张鹏杨（2018）综合考虑规模、行为和效率三个维度对金融结构进行界定，并构建了一个金融结构的综合测度指标。因此，本章也采用金融结构的"规模—行为—效率"三类指标。其中，金融结构——规模指标选取股票市值/存款性银行资产；金融结构——行为指标选取股票市场交易额/银行贷款余额；金融结构——效率指标选取股票市场交易额/GDP×银行净利差。这三类指标有个共同特点，即指标值越高，金融市场越重要，也就是说市场规模、行为和效率越强于银行，金融结构的市场化比例也就越高。

（3）门槛变量（q_{ij}）。选取经济增长水平与货币化程度两个指标作为门槛变量。其中，经济增长水平采用人均实际 GDP 规模来衡量，这是由于人均收入水平差异更能反映全球不同国家和地区所处发展阶段和发展水平上的巨大差异；货币化程度采用广义货币供给占 GDP 的比重来衡量。

（4）控制变量（X_{ij}）。基于数据的可获得性、可操作性及代表性等考虑，主要选取了以下控制变量：参考 Kim 等（2016）文献，将引入金融发展程度作为控制变量，衡量金融中介与金融市场的发展水平，采用股票市值占 GDP 比重与存款性银行资产占 GDP 比重。其他控制变量为：一是劳动力供给（Labor），

---

① 塞浦路斯在 2001 年时被 IMF 列为发达国家，但本章的研究时间跨度为 1992~2010 年，故将其列为新兴经济体进行研究。

采用劳动人口（15~65 岁）占总人口比重；二是资本形成率（Captial），用来表示一国或地区资本支持实体经济增长水平，采用一定时期内资本形成总额占国内生产总值的比重；三是人力资本水平，用来表示一国或地区技术创新与吸收的能力，采用 15 岁以上人口平均受教育期限；四是通货膨胀率，采用居民消费物价指数来衡量。

具体选择的被解释变量、核心解释变量和控制变量如表 4-1 所示。本章指标来源：金融结构指标与金融发展指标来源于世界银行的金融发展与结构数据库，由于该数据库仅更新至 2010 年，通过剔除无效数据，选取了 1992~2010 年的数据；其他指标均来自世界银行的 WDI 数据库。

表 4-1　变量指标选取及数据说明

	变量指标	指标量化描述
被解释变量	人均实际 GDP（lnPGDP）	实际 GDP/总人口的对数值（2010 年不变价）
	国内生产总值（lnGDP）	实际国内生产总值的对数值（2010 年不变价）
解释变量	金融结构——规模（FSGM）	股票市值/存款性银行资产
	金融结构——行为（FSXW）	股票市场交易额/银行贷款余额
	金融结构——效率①（FSXL）	股票市场交易额/GDP×银行净利差
控制变量	金融市场化程度（FMD）	股票市值占 GDP 比重
	金融中介化程度（FBD）	存款性银行资产占 GDP 比重
	人力资本水平（Edu）	15 岁以上人口平均受教育期限
	资本形成率（Capital）	资本形成总额占 GDP 比重
	劳动力供给（Labor）	15~65 岁适工人口占总人口比重
	通货膨胀率（Inflat）	居民消费物价指数
门槛变量	经济增长水平（PGDP）	实际 GDP/总人口
	货币化程度（Currency）	广义货币供给/GDP

---

① 由于样本国家中，南非的金融结构——效率指标数据过大，存在异常现象，故在金融结构——效率与经济增长之间关系的散点图中将南非剔除掉。同时，在以下国际样本中的金融结构——效率指标分析中均剔除南非的数据。

（二）变量描述性统计结果

表 4-2 展示了主要变量的描述性统计结果。

表 4-2　变量的描述性统计结果

变量	样本数	平均值	标准差	最小值	最大值
lnPGDP	760	9.257563	1.354822	5.753905	11.47729
lnGDP	760	8.041663	1.499649	3.972427	11.91786
PGDP	760	19599.53	16932.22	315.42	96499.7
FSGM	760	0.7773439	0.5721924	0.00	4.297529
FSXW	760	0.5330671	0.5134108	0.00	3.075383
FSXL	741	0.786647	1.23317	-1.0923	11.2002
FMD	760	88.61655	51.34262	0.00	296.641
FBD	760	23.83941	5.55351	10.85	47.72
Capital	760	65.42247	4.115414	49.16	74.5
Labor	760	13.28022	113.3482	-1.41	2075.89
Inflat	760	8.951237	2.056616	3.45	13.18
Edu	760	9.257563	1.354822	5.753905	11.47729
Currency	608	80.99205	46.3626	13.6914	283.4

资料来源：Stata 15 处理所得。

为了更好地对金融结构与经济增长之间的关系进行了解，初步画出了 1992～2010 年样本国家中金融结构——规模、行为和效率与经济增长之间的散点图及拟合曲线（见图 4-4）。首先，无论是在 1992 年还是在 2010 年的横截面数据上，均表明基于规模、行为与效率的金融结构与经济增长之间存在"非线性"效应，即随着金融结构的不断提升，经济增长呈现"先上升—后下降"的变化趋势。其次，一般来说，随着时间的推移，2010 年的经济增长阶段要高于 1992 年的经济增长阶段。通过对比 1992 年与 2010 年的数据会发现，2010 年样本国家的金融结构——规模得到了快速提升，超过该比值 100%的国家由 6 个增加至 13 个，尤其发展中国家提升幅度最高，如印度、哥伦比亚、俄罗斯、印度尼西亚等，但是其经济增长幅度却相对较小。这在一定程度上说明忽视本国经济增长所处阶段，而过度追求金融体系市场化发展，不利于促进经济的发展。再次，2010 年样本国家的金融结构——规模已处于曲线的下行阶段，而金融结构——

行为与金融结构——效率仍处于曲线的上升阶段，这说明相对于提升金融市场的规模，进一步提升金融市场的活跃度与效率水平，更有助于促进经济增长。最后，基于我国规模、行为与效率的金融结构均处于样本均衡曲线的下方，发展程度相对较低；相对于提升金融市场的规模，提升与优化金融市场的基础制度建设、市场活跃度及效率水平，更有助于促进经济增长的进一步提升。

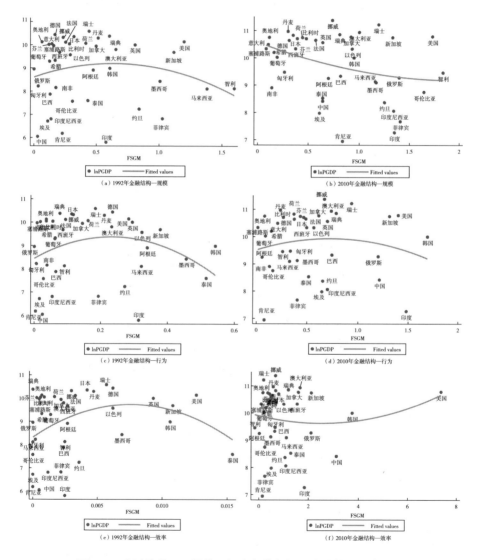

图4-4　金融结构——规模、行为和效率与经济增长之间的关系

第三节　金融结构与经济增长的"非线性"国际实证

本章为了更好地探究金融结构与经济增长之间的"非线性关系"及检验最优金融结构的存在性，从动态模型视角，采用 Two-Step System GMM 分析方法进行分析，其有助于解决金融结构与经济增长之间的互为因果关系及内生性问题。

一、"非线性"动态模型的实证结果

表4-3的六个模型以人均实际 GDP 的对数值作为被解释变量，一方面考虑到一国或地区的金融结构比例，是由其金融中介与金融市场两个融资渠道所决定的，故本章选取金融结构、金融结构平方项、金融中介化、金融市场化的相关变量，主要明确在仅考虑金融发展程度下金融结构与经济增长之间的关系；另一方面经济增长不仅受到金融因素的影响，还会受到其他因素的影响，故引入资本形成率、劳动力供给、人力资本水平及通货膨胀率作为控制变量，旨在为了分析在引入控制变量后的实证结果的稳健性与显著性。整体来看，六个模型设定的拟合优度均相对合理，其 F 统计值的概率均为 0.00；模型中 Hansen 过度识别检验结果均处在 0.80~1.00，说明工具变量是有效的。

表4-3的实证结果显示，在核心解释变量方面，基于规模、行为与效率的金融结构对经济增长存在显著的正向影响，即系数为正值，通过1%显著性检验；同时，基于规模、行为与效率的金融结构平方项对经济增长均存在显著的负向影响，即系数为负值，通过1%显著性检验；即使引入控制变量后，两者的系数方向也并未改变且均在1%检验水平上显著。根据前文所述，基于规模、行为与效率金融结构视角下的动态模型检验结果，均满足金融结构与经济增长之间存在"非线性关系"或"最优金融结构存在性"的 $\beta_1>0$ 且 $\beta_2<0$ 模型假设条件，可认为基于规模、行为与效率的金融结构与经济增长之间均存在非线性关系，即"倒 U 形"关系，这验证了在经济增长过程中存在最优金融结构，这与

理论预期相一致。最优金融结构的存在，可体现出两个特点：一是随着金融结构的提升，即金融市场化程度相对金融中介化程度的提升，对经济增长的影响呈现先促进后抑制的作用；在金融结构达到最优金融结构水平之前，金融结构的提升对经济增长具有促进作用；在金融结构达到最优金融结构点时，经济增长达到最高点；在金融结构超过最优点以后，金融结构的继续提升对经济增长具有抑制作用。二是金融结构若与最优金融结构发生偏离，则会抑制经济增长的提升，偏离程度越大则其抑制效应就越大。

在六个模型中，金融结构的系数大部分为正值且显著，可认为，金融结构无论是其规模指标、行为指标还是效率指标的提升与优化，均有助于促进经济增长；同时，也说明相对于金融中介，金融市场的不断发展有助于促进实体经济的发展。以模型（2）、模型（4）为例，假设金融结构每提升1%，则其促进人均GDP规模提升分别为0.433%、0.133%。正如实证结果显示，金融市场化程度对经济增长规模存在显著的正向影响，在六个模型中均通过1%的显著性检验；而金融中介化程度对经济增长规模的影响，在模型（1）至模型（4）中存在负向影响但不显著，在模型（5）与模型（6）中存在显著负向影响，均通过5%的显著性检验；这在一定程度上说明金融市场化发展相较于金融中介化发展更有利于经济增长。

关于其他控制变量，其回归结果符合理论预期，这说明模型构建相对准确、合理与稳健。资本形成率对人均GDP表现出正相关性，即系数为正值，在模型（2）与模型（4）中分别通过1%与5%的显著性检验。这说明无论是发达经济体还是发展中经济体，进一步提升一国经济的固定资本、存货资本等更有助于促进经济增长。以模型（2）为例，资本形成率每提升1%，将会拉动样本国0.0014%的人均GDP增长。劳动力供给对人均GDP呈现显著正相关关系，即系数为正值，在模型中均通过1%的显著性检验。这说明在全球市场发展中，提升劳动力供给确实有助于促进经济增长。人力资本水平对人均GDP规模呈现正向显著影响，均通过5%的显著性检验。这说明一国或地区劳动力技术创新与吸收能力的提升，即人力资本水平提升，有助于促进经济增长；同时值得关注的是，人力资本水平对人均 GDP 规模的影响明显高于劳动力供给。以模型（4）为例，人力资本水平与劳动力供给每提升 1%，分别促进人均 GDP 提升 0.0238% 与 0.0096%，存在 0.0142% 贡献的差距。通货膨胀率对人均 GDP 存在显著的正向影响，但是影响有限，以模型（2）为例，通货膨胀率每提升 1%，仅提升人均 GDP 0.00007% 的增长。

表 4-3　金融结构与经济增长规模之间关系的动态模型检验：国际样本

金融结构	Two-Step System GMM 动态模型检验（lnPGDP）					
	结构——规模		结构——行为		结构——效率	
	模型（1）	模型（2）	模型（3）	模型（4）	模型（5）	模型（6）
常数项	0.3907***	-0.3913***	0.3813***	-0.1111**	0.3566***	-0.0553
	(6.98)	(-5.71)	(12.09)	(-1.96)	(17.54)	(-0.80)
lnPGDP 滞后一阶	0.9335***	0.9507***	0.9528***	0.9147***	0.9602***	0.9085***
	(129.93)	(95.78)	(259.87)	(157.06)	(396.29)	(111.17)
FS	0.4657***	0.433***	0.2137***	0.133***	0.0247***	0.0037
	(11.31)	(7.21)	(13.68)	(5.30)	(6.16)	(0.77)
FS×FS	-0.2262***	-0.1805***	-0.1365***	-0.1003***	$-1.1e^{-6}$***	$-1.2e^{-6}$***
	(-9.75)	(-7.66)	(-16.33)	(-6.99)	(-6.00)	(-4.44)
FM	0.0013***	0.0005***	0.0006***	0.0006***	0.0009***	0.001***
	(5.38)	(3.03)	(16.58)	(7.98)	(14.15)	(14.72)
FB	-0.00007	-0.00012	-0.00001	-0.00002	-0.0002**	-0.0002**
	(-0.59)	(-1.42)	(-0.47)	(-0.32)	(-8.88)	(-2.39)
Capital		0.0014***		0.0012**		0.0007
		(2.75)		(2.55)		(1.09)
Labor		0.0086***		0.0096***		0.0085***
		(7.20)		(7.37)		(6.23)
Edu		0.0092**		0.0238***		0.0354***
		(2.48)		(5.57)		(7.77)
Inflat		0.00007***		0.00002**		0.00002**
		(9.51)		(2.17)		(2.25)
F 统计概率	0.00	0.00	0.00	0.00	0.00	0.00

续表

Two-Step System GMM 动态模型检验（lnPGDP）						
金融结构	结构——规模		结构——行为		结构——效率	
	模型（1）	模型（2）	模型（3）	模型（4）	模型（5）	模型（6）
AR（1）； AR（2）	-1.70； -2.16	-1.96； -2.65	-2.40； -4.42	-2.34； -4.64	-2.22； -3.97	-2.21； -3.63
Hansen 检验	39.68 （p=0.994）	38.84 （p=0.80）	37.39 （p=84.1）	37.59 （p=0.835）	37.55 （p=0.836）	35.05 （p=0.901）
有效样本	720	720	720	720	702	702

注：括号内数值为 t 统计值检验；其中 ＊＊＊、＊＊、＊ 分别表示在 1%、5%、10% 水平下显著。

二、变换被解释变量的稳健性检验

为验证拟合结果的稳定性，拟对模型进行稳健性检验。本章在实证检验中变换了核心解释变量，在稳健性检验中，采取实际 GDP 的对数值作为被解释变量进行检验。

由表 4-4 可知，在核心解释变量方面，稳健性检验结果基本与前文实证结果保持一致。基于规模、行为与效率的金融结构对经济增长呈现出显著的正向影响，在模型（7）至模型（12）中均通过 1% 显著性检验；基于规模、行为与效率的金额结构的平方项对经济增长呈现显著的负向影响，在模型（7）至模型（12）中均通过 1% 显著性检验。其中，在引入其他控制变量的情况下，金融结构与金融结构平方项也均通过 1% 显著性检验。故可以基本推断金融结构与经济增长之间存在非线性关系，验证了最优金融结构的存在性，即"倒 U 形"关系，这与前文检验结果具有一致性。在控制变量方面，金融市场化程度对经济增长具有显著正向影响，而金融中介化对经济增长具有显著负向影响。资本形成率对经济增长的影响均表现为正向影响。劳动力供给对经济增长表现为正向显著影响。人力资本水平对经济增长存在有限的正向影响。通货膨胀率对经济发展规模表现为显著正向影响。以上控制变量对被解释变量的影响，与前文实证分析结果基本保持一致。

表 4-4　金融结构与经济增长之间关系的稳健性检验：国际样本

非线性动态模型 Two-Step System GMM						
自变量	经济增长规模（lnGDP）					
因变量	结构——规模		结构——行为		结构——效率	
模型	模型（7）	模型（8）	模型（9）	模型（10）	模型（11）	模型（12）
常数项	0.8977*** （20.96）	-0.4973** （-2.48）	0.3962*** （13.54）	0.0187 （0.24）	0.8743*** （28.19）	-0.1716 （-1.02）
ln GDPR 滞后一阶	0.842*** （125.9）	0.8486*** （78.76）	0.9455*** （215.93）	0.9451*** （146.56）	0.8878*** （203.28）	0.8515*** （90.60）
FS	0.7998*** （10.97）	0.7341*** （13.15）	0.4014*** （17.48）	0.356*** （12.16）	0.1035*** （14.80）	0.0711*** （10.16）
FS×FS	-0.4049*** （-11.95）	-0.3371*** （-10.14）	-0.2082*** （-18.83）	-0.1861*** （-9.61）	$-1.5e^{-6}$*** （-9.95）	$-9.3e^{-7}$*** （-5.13）
FM	0.0025*** （8.82）	0.0015*** （4.27）	0.0003*** （4.26）	0.0003*** （4.81）	0.0005*** （6.99）	0.0003*** （2.89）
FB	-0.0005*** （-6.15）	-0.0006*** （-3.77）	-0.0003*** （-6.75）	-0.0005*** （-4.87）	-0.0001*** （-3.00）	-0.0004*** （-4.56）
Capital		0.0011 （0.54）		0.0032*** （5.99）		0.0029*** （3.71）
Labor		0.0204*** （5.58）		0.0053*** （3.12）		0.0176*** （5.59）
Edu		0.0075** （2.06）		-0.0022 （-0.70）		0.0189*** （7.27）
Inflat		0.0002*** （9.82）		0.00005*** （7.86）		0.0001*** （11.51）
F 统计概率	0.00	0.00	0.00	0.00	0.00	0.00
AR（1）； AR（2）	-0.21； -1.51	-0.89； -1.60	-2.34； -3.87	-2.32； -4.04	-2.01； -4.04	-2.04； -4.07
Hansen 检验	36.54 （p=0.906）	36.02 （p=0.916）	38.81 （p=0.828）	37.35 （p=0.842）	38.79 （p=0.852）	37.57 （p=0.883）
有效样本	720	720	720	720	702	702

注：括号内数值为 t 统计值检验；其中 ***、**、* 分别表示在 1%、5%、10% 水平下显著。

第四节　金融结构与经济增长的"门槛效应"国际实证

前文中已通过 GMM 估计验证了金融结构与经济增长之间存在非线性关系，验证了最优金融结构的存在性，因而本节在此基础上进行门槛效应模型检验。通过引入经济增长水平与货币化程度的门槛指标，探究不同国家或地区和同一国家或地区不同发展阶段与货币化程度下金融结构与经济增长之间的内在联系，以及金融结构安排对经济增长效益的影响差异。

一、经济增长水平作为门槛变量的分析

首先，通过 Stata 15 的 Bootstrap 自抽样，可以得到各个模型单一门槛、双重门槛和三重门槛的显著性情况。其次，通过估计系数，得到残差平方和，逐步搜索残差平方和，可以得到最小的残差平方和，对应的数值即为门槛估计值。最后，根据门槛回归结果判断与分析金融结构与经济增长之间的影响效应。

（一）门槛效应的存在性检验

由表 4-5 可知，在经济增长水平作为门槛变量中，基于规模与行为的金融结构作为解释变量，在模型（1）与模型（2）中，对人均实际 GDP 均存在显著性的单一门槛效应，分别在 10% 与 1% 检验水平上显著，故其单一门槛估计值分别为 29251.96 与 30812.05；在模型（4）与模型（5）中，对实际 GDP 均存在显著性的单一门槛效应，在 5% 和 1% 检验水平上显著，故其单一门槛估计值分别为 29251.96 与 30812.05。以效率的金融结构作为解释变量，对人均实际 GDP 与对实际 GDP 不存在显著性水平下的门槛效应，但在模型（3）中存在通过 17% 显著性水平的双重门槛效应，其双重门槛估计值分别为 10221.85 与 30863.06；在模型（6）中存在通过 15% 显著性水平的双重门槛效应，其双重门槛估计值分别为 9504.48 与 30863.06。借助似然比函数图，可更加清晰地看出门槛估计值及其置信区间的生成过程（见图 4-5）。

表 4-5　门槛效应显著性检验及门槛估计值：国际样本

门槛变量		经济增长水平					
被解释变量		人均实际 GDP			实际 GDP		
解释变量		结构——规模	结构——行为	结构——效率	结构——规模	结构——行为	结构——效率
模型		模型（1）	模型（2）	模型（3）	模型（4）	模型（5）	模型（6）
门槛效应	单一	41.86* (0.083)	87.41*** (0.005)	31.88 (0.261)	50.43** (0.033)	100.56*** (0.001)	39.98 (0.135)
	双重	23.97 (0.351)	15.02 (0.511)	25.98 (0.162)	23.97 (0.313)	14.82 (0.54)	28.56 (0.114)
	三重	20.56 (0.475)	7.03 (0.972)	17.61 (0.754)	22.19 (0.603)	11.93 (0.914)	16.40 (0.778)
门槛估计值	Th-1	29251.96	30812.05	30863.06	29251.96	30812.05	30863.06
	Th-21	27572.80	29251.96	30863.06	27572.80	29251.96	30863.06
	Th-22	46570.35	44095.77	10221.85	46570.35	44095.77	9504.48
	Th-3	5163.55	4524.06	48463.30	870.15	4524.06	48463.30

注：门槛效应中提供的是 F 统计值，括号内为 P 值；＊＊＊、＊＊、＊分别表示在 1%、5%、10%水平下显著。

资料来源：根据 Stata 15 模拟分析得到，Bootstrap 自抽样模拟 1000 次得到。

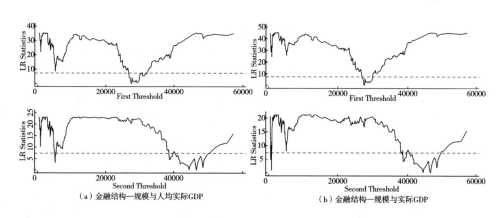

（a）金融结构—规模与人均实际GDP　　（b）金融结构—规模与实际GDP

图 4-5　经济增长水平的似然比函数图：国际样本

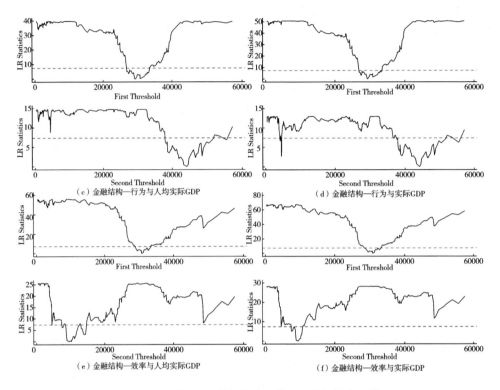

图 4-5　经济增长水平的似然比函数图：国际样本（续图）

（二）门槛效应检验结果分析

搜索出门槛值之后，需要对门槛模型进行估计。本章主要针对以人均实际GDP 为被解释变量的前三个模型进行分析，并以实际 GDP 为被解释变量的后三个模型作为稳健性检验分析（见图 4-6）。整体来看，基于规模与行为的四个模型中，以第一门槛为限，金融结构对经济增长呈现"先负向相关—后正向相关"的关系；而基于效率的两个模型中，以两个门槛为限，金融结构对经济增长呈现"先正向相关—后负向相关—再正向相关"的关系。这说明金融结构与经济增长之间存在基于经济增长水平的门槛效应，进一步验证了随着经济增长阶段的不断提升，金融结构与经济增长之间存在非线性关系。同时，也说明在经济增长初级阶段，即在劳动力比较丰富但技术水平较低、资本供给相对短缺时，银行主导型的金融结构更有利于促进经济增长；在经济增长的高级阶段，即劳动力供给短缺、资本供给相对丰富、技术水平不断创新与提升且产业主要以高技术为主，市场主导型的金融结构更有利于促进经济增长。另外，通过对比规模、行为与效率三类金融结构指标对经济增长的影响程度，其由高到低的次序分别为金融结构——行为、金融结构——效率、金融结构——规模；可以判断，相比于金融结构—规模，随着经济增长水平的不断提升，金融结构的市场活跃度与效率的提升更有利于促进经济增长。

（1）在模型（7）中，当人均实际 GDP 低于 29251.96 元时，金融结构——规模对人均实际 GDP 的负向影响效果呈现逐步降低，即金融结构——规模每提升 1%，其对人均实际 GDP 的负向影响效果由 0.258% 降至 0.0137%；当人均实际 GDP 高于 29251.96 元时，金融结构——规模对人均实际 GDP 呈现正向影响，即金融结构——规模每提升 1%，其对人均实际 GDP 的正向影响效果为 0.1697%。

（2）在模型（8）中，当人均实际 GDP 低于 30812.05 元时，金融结构——行为对人均实际 GDP 呈现负向影响，即金融结构——行为每提升 1%，将导致人均实际 GDP 降低 0.1388%；当人均实际 GDP 高于 30812.05 元时，金融结构——行为对人均实际 GDP 的正向影响效果呈现逐步提升，即金融结构——行为每提升 1%，将带动人均实际 GDP 增长 0.0657%，随着人均实际 GDP 的继续提升，其影响效果将会提升至 0.1983%。

（3）在模型（9）中，当人均实际 GDP 低于 10221.85 元时，金融结构——效率对人均实际 GDP 呈现正向影响，即金融结构——效率每提升 1%，将有利于人均实际 GDP 提升 0.0436%；当人均实际 GDP 介于 10221.85 元与 30863.06 元时，金融结构——效率对人均实际 GDP 呈现负向影响，即金融结构——效率每提升 1%，将导致人均实际 GDP 降低 0.0734%；当人均实际 GDP 超过 30863.06 元时，金融结构——效率对人均实际 GDP 呈现正向影响，即金融结构——效率每提升 1%，将带动人均实际 GDP 增长 0.0325%，随着人均实际 GDP 的继续提升，其影响效果将会提升至 0.1307%。

以实际 GDP 为被解释变量的后三个模型稳健性检验结果与前三个模型具有一致性，保证了检验结果的稳健性与可靠性，故可判断金融结构与经济增长之间存在非线性关系，其影响效果基本为"先负相关—后正相关"的变化关系。其他控制变量：除通货膨胀率对经济增长规模不存在显著性影响以外，其他变量均对经济增长规模存在不同程度的显著性正向影响，并且通过显著性检验。

表4-6　金融结构与经济增长规模门槛效应回归结果：国际样本

被解释变量	经济增长规模					
	人均实际GDP			实际GDP		
解释变量	结构——规模	结构——行为	结构——效率	结构——规模	结构——行为	结构——效率
模型	模型（7）	模型（8）	模型（9）	模型（10）	模型（11）	模型（12）
常数项	2.5765 ***	2.6197 ***	3.1295 ***	-1.0802 ***	-1.1808 ***	-0.6787
	(7.07)	(6.96)	(7.77)	(-2.77)	(-2.97)	(-1.60)
FS—0	-0.258 ***	-0.0206	0.0436 **	-0.5714 ***	-0.0273	0.0467 **
	(-7.53)	(-0.79)	(2.27)	(-6.46)	(-0.67)	(2.28)
FS—1	-0.0137 ***	-0.1388 ***	-0.0734 ***	-0.21 ***	-0.176 ***	-0.0833 ***
	(-4.59)	(-4.67)	(-4.48)	(-6.94)	(-5.62)	(-4.82)
FS—2	-0.0117	0.0657 *	0.0325 ***	-0.0429	0.0717 **	0.0407 ***
	(-0.33)	(1.93)	(2.98)	(-1.17)	(2.00)	(3.52)
FS—3	0.1697 ***	0.1983 ***	0.1307 ***	0.1422 ***	0.2048 ***	0.1412 ***
	(3.24)	(5.96)	(5.30)	(2.59)	(5.83)	(5.40)
FM	0.0026 ***	0.0019 ***	0.0015 ***	0.003 ***	0.0021 ***	0.0017 ***
	(6.94)	(6.16)	(4.98)	(7.50)	(6.56)	(5.09)
FB	0.0009 ***	0.001 ***	0.0011 ***	0.0007 **	0.0009 ***	0.0011 ***
	(3.28)	(3.78)	(4.35)	(2.41)	(3.39)	(4.09)
Capital	0.0204 ***	0.0173 ***	0.0163 ***	0.0147 ***	0.0147 ***	0.0136 ***
	(9.05)	(7.59)	(7.07)	(6.21)	(6.11)	(5.55)
Labor	0.0635 ***	0.0634 ***	0.0532 ***	0.098 ***	0.083 ***	0.0878 ***
	(10.49)	(10.20)	(8.19)	(15.29)	(15.00)	(12.80)
Edu	0.2018 ***	0.2037 ***	0.2251 ***	0.2393 ***	0.243 ***	0.2659 ***
	(15.27)	(14.88)	(16.39)	(17.16)	(16.82)	(18.26)
Inflat	0.0007	0.00008	0.0001 *	0.0001	0.0001 *	0.0002 **
	(1.09)	(1.17)	(1.80)	(1.63)	(1.85)	(2.50)
F统计概率	0.00	0.00	0.00	0.00	0.00	0.00
R^2 – Within	0.6824	0.6739	0.6641	0.7454	0.7383	0.7276
R^2 – Between	0.7114	0.6902	0.6717	0.2241	0.2209	0.22178
R^2 – Overall	0.6997	0.6739	0.6559	0.2557	0.2533	0.2493
有效样本数	760	760	741	760	760	741

注：括号内数值为t统计值检验；其中＊＊＊、＊＊、＊分别表示在1%、5%、10%水平下显著。

二、货币化程度作为门槛变量的分析

首先，通过 Stata 15 的 Bootstrap 自抽样，可以得到各个模型单一门槛、双重门槛和三重门槛的显著性情况。其次，通过估计系数，得到残差平方和，逐步搜索残差平方和，可以得到最小的残差平方和，对应的数值即为门槛估计值。最后，根据门槛回归结果判断与分析金融结构与经济增长之间的分段影响效应。

（一）门槛效应的存在性检验

由于货币化程度指标的部分国家与年份数据缺失，本章选取 32 个国家[①] 1992~2017 年的样本数据进行分析。由表 4-7 可知，在以货币化程度作为门槛变量的显著性检验中，基于规模与效率的金融结构作为解释变量，无论是对人均实际 GDP 影响的模型（1）与模型（3），还是对实际 GDP 影响的模型（4）与模型（6），均在 5%检验水平上显著，存在显著性的单一门槛效应，其中第一门槛估计值均为 147.01，靠二门槛估计值也均为 70.44，其中前者的两个模型中单一门槛估计值分别为 147.01 与 148.55，后者的两个模型中单一门槛估计值分别为 147.01 与 139.17。以行为的金融结构作为解释变量，无论是对人均实际 GDP 影响的模型（2），还是对实际 GDP 影响的模型（5），均在 5%检验水平上显著，存在显著性的双重门槛效应，其中第一门槛体计值均为 147.01，第二门槛估计值也均为 70.44。借助似然比函数图，可更加清晰地了解门槛估计值及其置信区间的生成过程（见图 4-6）。

表 4-7　门槛效应显著性检验及门槛估计值：国际样本

门槛变量		货币化程度					
被解释变量		人均实际 GDP			实际 GDP		
解释变量		结构——规模	结构——行为	结构——效率	结构——规模	结构——行为	结构——效率
模型		模型（1）	模型（2）	模型（3）	模型（4）	模型（5）	模型（6）
门槛效应	单一	39.00[**] (0.026)	49.03[**] (0.018)	43.75[**] (0.043)	37.73[**] (0.028)	48.61[**] (0.024)	36.82[**] (0.050)
	双重	15.67 (0.364)	38.01[**] (0.034)	8.07 (0.680)	11.37 (0.607)	39.69[**] (0.031)	11.56 (0.4167)
	三重	23.61 (0.231)	8.57 (0.709)	6.35 (0.890)	10.5 (0.73)	11.1 (0.522)	9.22 (0.5367)

---

① 由于部分国家缺少货币化程度指标的数据，故本节选取了除法国、西班牙、德国、奥地利、比利时、葡萄牙、加拿大、希腊以外，数据完整的 32 个国家进行门槛检验。

续表

门槛变量		货币化程度					
被解释变量		人均实际 GDP			实际 GDP		
解释变量		结构——规模	结构——行为	结构——效率	结构——规模	结构——行为	结构——效率
模型		模型（1）	模型（2）	模型（3）	模型（4）	模型（5）	模型（6）
门槛估计值	Th-1	147.01	147.01	148.55	147.01	70.4369	139.17
	Th-21	148.55	147.01	147.01	147.01	70.4369	139.17
	Th-22	30.1041	70.4369	81.30	70.4369	147.01	80.80
	Th-3	27.33	201.24	48.17	30.1041	201.24	37.41

注：门槛效应中提供的是 F 统计值，括号内为 P 值；＊＊＊、＊＊、＊分别表示在 1%、5%、10%水平下显著。

资料来源：根据 Stata 15 模拟分析得到，Bootstrap 自抽样模拟 1000 次得到。

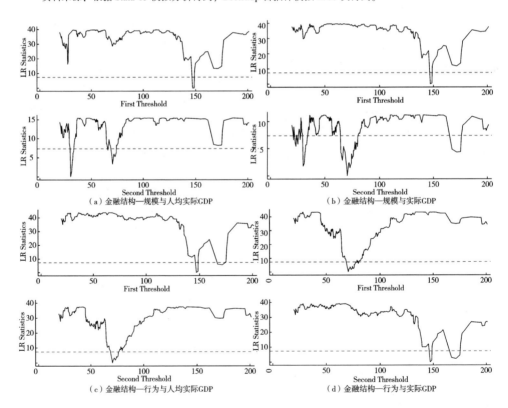

（a）金融结构——规模与人均实际GDP   （b）金融结构——规模与实际GDP

（c）金融结构——行为与人均实际GDP   （d）金融结构——行为与实际GDP

图 4-6　货币化程度门槛变量的似然比函数图：国际样本

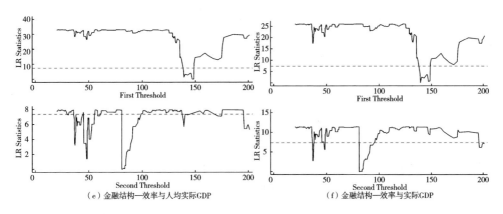

（e）金融结构—效率与人均实际GDP　　　（f）金融结构—效率与实际GDP

图 4-6　货币化程度门槛变量的似然比函数图：国际样本（续图）

（二）门槛效应检验结果分析

搜索出门槛值之后，需要对门槛模型进行估计。本章主要针对以人均实际GDP 为被解释变量的前三个模型进行分析，并以实际 GDP 为被解释变量的后三个模型作为稳健性检验分析（见表 4-8）。整体来看，六个模型中，以第一门槛估计值为限，金融结构对经济增长呈现"先负向相关—后正向相关"的显著影响，这说明金融结构与经济增长之间存在基于货币化程度的门槛效应，也充分验证了随着货币化程度的不断提升，金融结构与经济增长之间存在非线性关系。同时，也说明在货币化程度低水平时，银行主导型金融结构更有利于促进经济增长；在货币化程度高水平时，市场主导型金融结构更有利于促进经济增长。另外，通过对比规模、行为与效率的三类金融结构指标对经济增长的影响程度，其由高到低的次序分别为金融结构——行为、金融结构——规模、金融结构——效率。相比于金融结构——规模与效率，随着货币化程度的不断提升，金融市场活跃度的提升更有利于促进经济增长。

（1）在模型（7）中，当货币化程度低于 147.01% 时，金融结构——规模对人均实际 GDP 存在显著的负向影响，其影响效果呈现"先上升、后下降"的变化趋势，即随着货币化程度的不断提升，金融结构——规模每提升 1%，其对人均实际 GDP 的负向影响效果由 0.1374% 升至 0.4107%，随之降至 0.1456%；当货币化程度大于 147.01% 时，金融结构——规模对人均实际 GDP 存在显著的正向影响，即金融结构——规模每提升1%，其对人均实际GDP的正向影响为0.315%。

（2）在模型（8）中，当货币化程度低于70.44%时，金融结构——行为对人均实际GDP呈现负向影响，即金融结构——行为每提升1%，将导致人均实际GDP降低0.0728%；当货币化程度介于70.44%～147.01%时，金融结构——行为对人均实际GDP的正向影响由最初的0.095%逐步升至0.4412%；当货币化程度大于147.01%时，其正向影响甚至高达1.0384%。

（3）在模型（9）中，当货币化程度低于148.55%时，金融结构——效率对人均实际GDP存在不显著的正向影响；当货币化程度高于148.55%时，金融结构——效率对人均实际GDP存在显著的正向影响，即金融结构——效率每提升1%，其对人均实际GDP的正向影响为0.0262%，随着货币化程度的不断提升，正向影响效果提升至0.1629%。

以实际GDP为被解释变量的后三个模型的稳健性检验结果与前三个模型具有一致性，保证了检验结果的稳健性与可靠性，故可判断金融结构与经济增长之间存在非线性关系。其他控制变量：除通货膨胀率和金融中介化对经济增长规模正向影响不总是显著外，其他变量均对经济增长规模存在显著性正向影响，并且通过1%显著性检验。

表4-8 金融结构与经济增长规模门槛效应回归结果：国际样本

门槛变量	货币化程度					
被解释变量	人均实际GDP			实际GDP		
解释变量	结构——规模	结构——行为	结构——效率	结构——规模	结构——行为	结构——效率
模型	模型（7）	模型（8）	模型（9）	模型（10）	模型（11）	模型（12）
常数项	2.5722*** (6.60)	2.4749*** (6.38)	2.6191*** (6.60)	-0.9033** (-2.16)	-1.1725*** (-3.01)	-0.8962** (-2.11)
FS-0	-0.1374** (-2.20)	-0.0728** (-2.40)	0.0002** (2.35)	-0.2713*** (-4.79)	-0.0927*** (2.87)	0.3275*** (2.99)
FS-1	-0.4107*** (-6.73)	0.095*** (3.17)	0.00002 (0.51)	-0.1689*** (-5.05)	0.1001*** (3.13)	$2.44e^{-6}$ (0.07)

续表

门槛变量	货币化程度					
被解释变量	人均实际GDP			实际GDP		
解释变量	结构——规模	结构——行为	结构——效率	结构——规模	结构——行为	结构——效率
模型	模型（7）	模型（8）	模型（9）	模型（10）	模型（11）	模型（12）
FS－2	-0.1456***	0.4412***	0.0262***	-0.0777	0.4486***	0.0347***
	(-4.77)	(7.79)	(2.74)	(-1.61)	(7.43)	(3.40)
FS－3	0.315***	1.0384***	0.1629***	0.4202***	1.1724***	0.1565***
	(3.86)	(4.82)	(6.88)	(4.41)	(5.11)	(6.75)
FM	0.027***	0.0009***	0.001***	0.0023***	0.001***	0.0011***
	(6.66)	(2.72)	(3.35)	(4.68)	(2.87)	(3.42)
FB	0.0004	0.0009***	0.0013***	0.0003	0.0008**	0.0014***
	(1.22)	(2.76)	(4.18)	(0.88)	(2.33)	(4.03)
Capital	0.0207***	0.02***	0.0213***	0.0179***	0.0175***	0.0185***
	(8.80)	(8.54)	(8.83)	(7.11)	(7.03)	(7.17)
Labor	0.0566***	0.0601***	0.0545***	0.0879***	0.0947***	0.0869***
	(8.29)	(8.80)	(7.83)	(11.98)	(13.01)	(11.68
Edu	0.2384***	0.2242***	0.2404***	0.2822***	0.2679***	0.2756***
	(14.72)	(13.47)	(14.28)	(16.27)	(15.11)	(15.33)
Inflat	0.00009	0.00009	0.0001	0.0001*	0.0001**	0.0002**
	(1.37)	(1.36)	(1.64)	(1.77)	(2.09)	(2.41)
F统计概率	0.00	0.00	0.00	0.00	0.00	0.00
R^2－Within	0.6976	0.6974	0.6780	0.7558	0.7577	0.7413
R^2－Between	0.6911	0.6703	0.6796	0.1908	0.2051	0.1990
R^2－Overall	0.6826	0.6604	0.6689	0.224	0.2385	0.2319
有效样本数	608	608	608	608	608	608

注：括号内数值为t统计值检验；其中＊＊＊、＊＊、＊分别表示在1%、5%、10%水平下显著。

第五节 本章小结

本章基于国际视野，从全球层面与不同发展层次经济体两个方面，针对金

融结构演化趋势进行了分析。此外，本章从静态与动态视角，构建金融结构与
经济增长之间"非线性"模型，选取金融结构的"规模—行为—效率"三类指
标，基于国际层面 40 个国家的 1992~2010 年历史面板数据进行实证分析：一是
采用 System - GMM 面板估计方法对"非线性动态模型"进行实证分析，旨在实
证验证金融结构与经济增长是否存在"非线性"关系，以及检验最优金融结构
的存在性；二是采用门槛效应估计方法对"非线性静态模型"进行实证分析，
从实体经济与金融体系两个角度，分别引入经济增长水平与货币化程度作为门
槛指标，实证检验与探究不同国家或地区和同一国家或地区不同经济增长阶段
与不同货币化程度下金融结构与经济增长之间的内在联系及影响差异性，旨在
将实体经济增长特性变化与金融战略规划和实践指导有效协调发展结合在一起，
为一国或地区的差异化发展制定相适应的金融结构安排提供经验借鉴。

（1）国际视野下的金融结构发展趋势：随着人均 GDP 水平的不断提高，全
球金融体系的银行业与股票市场均得到发展，其中银行业呈现相对较为平稳的
增长，而股票市场呈现快速、剧烈的波动增长；金融体系市场化趋势更加明显，
呈现由银行导向型金融结构向市场导向型金融结构的转变趋势。对于不同层次
的经济体也基本呈现金融体系市场化发展趋势。相对中低收入经济体，截至
2018 年，高收入经济体的金融结构水平明显较高，以市场型金融结构为主；中
等收入经济体以银行导向型金融结构为主，但自 2013 年之后，中等收入经济体
的金融市场活跃度明显高于高收入经济体。

（2）基于"非线性动态模型"实证结果显示，基于规模、行为与效率的金
融结构与经济增长之间均存在"非线性"关系，并验证了最优金融结构的存在
性，即存在"倒 U 形"关系，与理论预期相一致。这说明一国经济体在其经济
增长中存在最优金融结构，并且金融结构与经济增长之间并非简单的线性关系，
而是"倒 U 形"的非线性关系。根据实际金融结构与最优金融结构之间所处区
间及偏离程度，金融结构对经济增长起到促进或抑制作用。最优金融结构的存
在，可体现出两个特点：一是以最优金融结构为界限，随着金融结构的提升，
对经济发展的影响呈现先促进后抑制的作用；二是金融结构若与最优金融结构
发生偏离，则将会抑制经济发展的提升，偏离程度越大则其抑制效应就越大，

这与 Demirguc- Kunt 等（2011）的结论相一致。

（3）基于"非线性静态模型"实证结果显示，基于规模与行为的金融结构与经济增长均存在显著的门槛效应，即存在门槛估计值。基于效率的金融结构与经济增长，在货币化程度作为门槛变量中通过5%显著性检验，说明两者之间存在显著性门槛效应；而在经济增长水平作为门槛变量中通过20%显著性检验，在一定程度上也说明了存在门槛效应。无论是经济发展水平还是货币化程度，均以门槛估计值为限，金融结构对经济增长呈现"先负向相关—后正向相关"的显著影响。这进一步验证了随着经济增长水平与货币化程度的不断提升，金融结构与经济增长之间存在非线性关系。这说明随着经济增长水平与货币化由初级阶段向高级阶段的转变，金融结构的市场化发展对经济增长的影响由抑制效应向促进效应转变。

（4）控制变量的实证结果显示：金融市场化程度对经济增长存在正向影响，即提升金融市场化程度有助于促进经济增长；金融中介化程度对经济增长的影响，在动态模型中仅在基于效率的金融结构模型中存在显著负向效应，通过5%显著性检验，而在静态模型中存在显著正向效应，通过1%显著性检验；即使在正向效应中，金融市场化程度对经济增长的影响程度也明显高于金融中介化程度。资本形成率对经济增长具有显著促进效应；劳动力水平对经济增长具有显著促进效应；人力资本水平对经济增长具有显著促进效应；通货膨胀率对经济增长具有显著促进效应。

—— 第五章 ——

金融结构演变与实体经济：国内检验

国际检验中，基于规模、行为与效率的金融结构与经济增长之间均存在"非线性"关系，验证了最优金融结构的存在性；同时随着经济增长阶段与货币化程度的不断提升，以门槛估计值为限，金融结构对经济增长的影响基本呈现"先负向相关或不显著—后正向相关"的关系。这样的结论在我国省际层面是否也适用？本章将从国内视野，选取 31 个省区市的历史面板数据，采用金融结构的"规模—行为—效率"三类指标，在考虑到金融发展规模约束下，从静态与动态视角出发，实证检验金融结构变迁与经济增长之间的"非线性"关系及不同阶段下的内在联系和影响差异性，研究国内的数据是否也能得出相类似的结论。

第一节　国内层面的金融结构演变趋势

改革开放 40 多年来，我国金融体系逐渐从落后、传统的计划性金融，转变为初具规模的具有现代金融功能特征的市场化金融[①]；在规模上获得快速的扩张，同时在结构上也发生了巨大的变化。

[①] 吴晓求. 改革开放四十年：中国金融的变革与发展［J］. 经济理论与经济管理，2018（11）：5-30.

一、基于全国层面看我国金融结构的演变趋势

整体来看，随着经济增长规模不断提升，我国金融体系已经逐渐由自 1978 年改革开放初的计划性金融向市场化金融转变，基于市场机制的金融市场的影响日益明显。但是，我国金融体系仍然以银行信贷为主导，尚无法定论我国金融结构已经发生了质的变化。

从规模看，我国经济增长水平保持稳定快速的提升，为金融体系市场化发展提供了良好的经济基础。如图 5-1 所示，自 1978 年以来，我国人均 GDP 规模从 1978 年的 385 元提升至 2018 年的 6.46 万元，并且金融体系中的两种融资渠道规模也均呈上升态势。其中，银行信贷规模保持平稳增长的发展趋势，在经济增长中仍然发挥着巨大的推动作用。银行信贷占 GDP 比重由 1978 年的 51.39% 增长至 2018 年的 151.39%，年均增长率为 2.74%。金融市场规模呈现快速发展态势，尤其是在 2005 年股权分置改革之后，这一发展趋势更为显著，但是金融市场的波动性也越发严重。股票市值与债券余额占 GDP 比重由 1981 年的 0.99% 增长至 2018 年的 144.26%，其中在 2007 年达到历史最高点 168.69%，年均增长率为 14.41%；股票与债券成交额占 GDP 比重由 1992 年的 2.51% 增长至 2018 年的 367.34%，年均增长率为 21.14%，但市场波动性越来越严重，其历史波峰从 1997 年的 38.54% 到 2000 年的 60.66%，再到 2007 年的 178.08%，甚至在 2015 年达到 560.16%。

从结构来看，以银行为代表的间接融资仍然处于绝对主导地位，而直接融资比重自 2005 年后快速提升，但其地位尚未巩固。基于股票市值和债券余额与银行信贷之比可知，其由 1981 年的 1.71% 增长至 2018 年的 95.29%，其中在 2007 年达到历史峰值为 174.20%，尤其是我国经济进入新常态以后，该比值持续上升；基于股票和债券成交额与银行信贷之比可知，其由 1992 年的 2.65% 增长至 2018 年的 242.65%，在其发展过程中存在两次波峰，分别为 2007 年的 183.89% 与 2015 年的 410.81%。

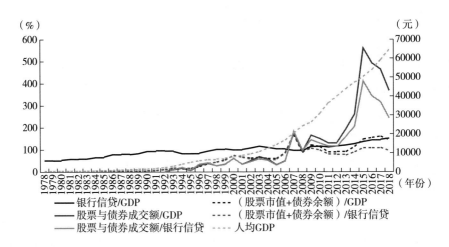

图 5-1　金融体系规模与结构的发展与演变趋势

资料来源：国家统计局、Wind 资讯。

分阶段来看，自 1978 年以来，基于金融脱媒趋势与高科技下金融基因深层渗透，我国金融业态发展大体经历了四个阶段。

第一阶段："单一银行"的金融业态（1978～1991 年）。在改革开放的发展初期，我国金融结构以传统信贷业务的银行体系为主导，金融市场处于自发萌芽阶段，存在少量的国债发行。党的十一届三中全会开启了改革开放历史新时期，我国金融体制改革也实现了巨大突破。银行体系已初步形成，1978～1984 年，我国银行业基本实现了财政资金与信贷资金的分离，打破了"大一统"的银行业格局，奠定了中央银行与专业银行的架构①，形成了专业银行各司其职的体系。1984～1991 年，我国银行业不仅资产规模快速扩张，而且覆盖全国的银行网络格局也初步形成，业务呈现交叉经营；同时，为应对非国有经济与私

---

① 从严格意义上讲，这一架构并非是市场经济体制的金融。中央银行不仅与财政有着千丝万缕的联系，还有盈利目标，中国工商银行、中国农业银行、中国建设银行与中国银行是国家专业银行，其建立并非按照商业银行思路与模式，而是按照计划经济的行业分工安排，分别主要承担工商企业流动资金、农业领域、基础建设领域以及外汇领域的政府职能，不仅具有行政垄断性，而且业务品种和资金价格也由政府决定。

营企业的发展，股份制银行、区域性中小银行等也开始涌现①。金融市场处于探索阶段，股份制企业作为激发企业活力的新尝试开始出现，也促进了金融市场的萌芽发展，但是发行证券种类不规范、二级交易市场尚未形成、缺乏政府指导与支持。在这一阶段，金融体系的三大基本功能，即支付与结算、资源聚集与分配、风险分散与财富管理，基本上只能通过传统的商业银行系统得以实现，其中风险分散与配置功能几乎不存在。少部分的国债发行仅是为了弥补财政预算赤字。根据图 5-1 可知，银行信贷占 GDP 比重由 1978 年的 51.39%升至 1989 年的 82.94%，年均增长率为 4.45%；股票市值与债券余额占 GDP 比重由 1981 年的 0.99%升至 1989 年的 3.69%，年均增长率为 17.88%，发展速度较快；股票市值和债券余额与银行信贷之比仅由 1981 年的 1.71%升至 1989 年的 4.45%。

　　第二阶段："双轨过渡"的金融业态（1992~2004 年）。在改革开放的探索阶段，我国金融业态仍然是以传统信贷业务的商业银行为主导，以股票与债券为代表的金融市场迎来了新的发展，但是仍然缺乏市场机制特征。1990 年与 1991 年沪深两市交易所的设立与运行，标志着我国金融体系"脱媒"趋势的开启，这也意味着我国金融结构逐渐由单一银行主导转变为银行与金融市场"双轨过渡"的初步发展阶段。基于金融逻辑来看，该时期的金融市场发展并未充分体现出针对传统金融业态的"去中介化"，即"脱媒"，并未通过市场化的风险定价机制实现或提升金融资源的配置效率，而仅成为国有企业的另一种融资机制。从融资规模来看，仍然以传统银行信贷为主，金融市场发展规模较小，其股本流向性也不足 1/3。根据图 5-1 可知，银行信贷占 GDP 比重由 1990 年的 92.78%增长至 2004 年的 115.7%，年均增长率为 15.89%；股票市值与债券余额占 GDP 比重由 1990 年的 5.88%升至 2004 年的 60.31%，其年均增长率为

---

　　① 交通银行在 1987 年 4 月正式运行，成为我国第一家全国性的国有股份制商业银行，也是从事银行、保险与证券业务的综合性商业银行。随后涌现了众多股份制银行，如招商银行（1986 年）、深圳发展银行（1987 年）、中信实业银行（1987 年）、烟台住房储蓄银行（1987 年）、蚌埠住房储蓄银行（1987 年）、广发银行（1988 年）、兴业银行（1988 年）、中国光大银行（1992 年）、华夏银行（1992 年）、浦发银行（1993 年）等。

18.58%，较之前一阶段有所提升；股票市值和债券余额与银行信贷之比由 1990
年的 6.34% 提升至 2004 年的 54.78%，股票和债券交易额与银行信贷之比由
1992 年的 2.65% 提升至 2004 年的 52%，两者比例悬殊仍然较大。从上市公司
选择、上市审批机制及市场监管机制等方面，也均体现出计划经济体制的印记。
金融市场在发挥资源配置、风险跨期配置及对经济活动的影响等方面也发挥相
对有限的作用，金融业态或金融结构并未发生本质上的变化。

第三阶段："二元化"的金融业态（2005~2014 年）。在改革开放的深化阶
段，得益于股权分置改革（2005 年），银行业与金融市场均得到较快发展，金
融结构开始呈现出二元化特征，但仍以传统银行信贷为主导。根据图 5-1 可知，
银行信贷占 GDP 比重由 2005 年的 103.94% 提升至 2014 年的 126.83%，年均增
长率为 2.24%；股票市值与债券余额占 GDP 比重由 2005 年的 59.94% 提升至
2014 年的 113.76%，其中在 2007 年达到历史波峰为 168.69%，年均增长率为
7.38%。股权分置改革一方面通过打破银行预算软约束、建立现代市场约束下
的银行治理结构、建立独立的第三方监管体系，构建了商业银行良好的现代公
司治理机制；另一方面通过银行机构、国有企业等股份制改革与上市，以及上
市审核机制（从审批制—核准制的转变）、市场定价机制（从固定价格—相对
固定市盈率—累计投标定价—控制市盈率定价—累计投标询价的转变）与提升
股本流通性等措施，激活了金融市场的资源配置功能，加快了金融"脱媒"趋
势，推动了金融结构的市场化改革。根据图 5-1 可知，股票市值和债券余额与
银行信贷之比由 2005 年的 57.67% 增至 2014 年的 89.69%，其中 2007 年甚至达
到 174.20%；股票和债券成交额与银行信贷之比由 2005 年的 30.83% 增至 2014
年的 205.58%。另外，随着金融"脱媒"趋势的发展，介于银行业与金融市场
之间的交易活动也越来越频繁，社会财富不再局限于储蓄—贷款投资，逐渐通
过以非银行、非保险等为代表的影子银行体系所提供的理财产品、衍生产品等
进行投资。这一行为逐渐加大了金融体系的复杂程度与投资链条，加重了信息
不对称程度，使实体经济资金投资减少。[①] 图 5-2 展示了影子银行体系的融资

① 周莉萍. 金融结构理论：演变与述评 [J]. 经济学家，2017 (3)：79-89.

规模与发展变化。

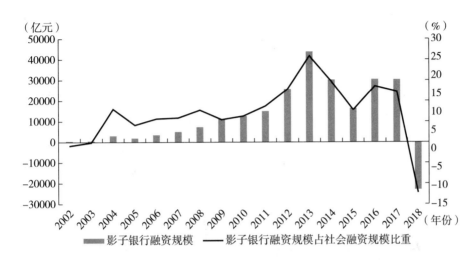

图 5-2 影子银行体系的融资规模发展变化

资料来源：国家统计局。

第四阶段："多元化"的金融业态（2015 年至今）。在改革开放的攻坚阶段，随着金融产业与新技术（如大数据、人工智能、区块链等）的相互渗透与融合，产生了新型金融业态，即互联网金融，促使金融体系迈入"技术脱媒"的多元化发展。互联网金融的发展并未改变金融的本质，但是区别在于其重在数据获取、处理与分析，其有效运行基础是对大数据信息的有效挖掘与整合，主要作用是进一步解决经济活动中信息不对称问题，强化风险识别能力[①]。互联网金融，一方面在支付领域颠覆了传统金融支付功能，另一方面也惠及了传统金融难以涉猎的"长尾客户"，提升了金融的普惠性。图 5-3 展示了互联网金融主要领域的发展规模与变化，但是技术创新下的金融发展也引发了巨大的市场波动，如 2015 年 6 月的股市危机。如图 5-1 所示，2015~2018 年，股票与债券成交额占 GDP 比重呈现断崖式下跌，由 560.16% 下降至 367.34%；股票和债券成交额与银行信贷之比也由 410.81% 下降至 242.65%。时至今日，我国金

① 吴晓求. 改革开放四十年：中国金融的变革与发展 [J]. 经济理论与经济管理，2018
（10）：5-30.

融市场也尚未从此次股市危机中恢复过来，其对我国金融体系与结构改革产生了严重的负面影响；同时，我们也深刻认识到金融市场改革与发展的困难性、复杂性。

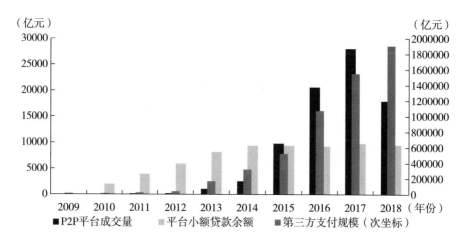

图 5-3　互联网金融中主要产品的发展规模及变化

资料来源：中国人民银行、Wind 资讯、网贷之家。

二、基于区域层面看我国金融结构的演变趋势

从纵向视角看，随着经济增长阶段的不断提升，2001～2017 年我国金融结构在四大区域中均呈现市场化金融的发展趋势，直接融资比重不断提升，但仍然以银行为代表的间接融资为绝对主导。从横向视角看，经济增长水平越高的地区，市场化金融程度也就越高，即东部地区的市场化金融程度最高，其次是中部地区，最后是西部地区与东北地区；自 2015 年以后，受西部大开发政策的倾斜，西部地区的市场化金融发展得以快速提升。

（一）基于规模视角的金融结构区域的演变趋势

总体来看，除 2007 年以外，东中西部与东北地区的金融结构——规模指标均低于 35%，这说明我国金融结构仍然以银行为代表的间接融资为绝对主导，即银行导向型金融结构。从发展趋势来看，金融结构——规模均呈现先下降后上升的趋势，东中西与东北地区的金融结构——规模指标分别由 2001 年的

21.83%、15.01%、19.67% 与 11.47% 下降至 2005 年的 7.72%、5.68%、5.63% 与 4.33% 再升至 2017 年的 21.71%、12.11%、13.35% 与 9.54%。这也说明 2005 年的股权分置改革取得了良好的效果，更进一步促进了金融体系的市场化发展。从区域横向比较来看，2001~2017 年金融结构——规模指标呈现东部地区始终处于最高水平；而中部地区与西部地区相互交错，交替上下；东北地区始终处于最低水平。以 2017 年为例，金融结构——规模指标由高到低的区域是东部地区、西部地区、中部地区及东北地区，分别为 21.71%、13.35%、12.11% 与 9.54%（见图 5-4）。

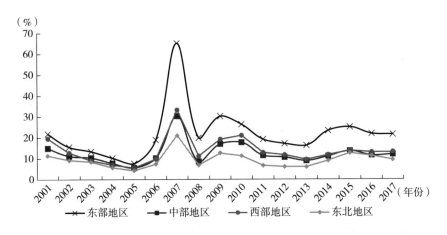

图 5-4　基于规模视角的金融结构区域变化特征

资料来源：国家统计局、Wind 资讯、EPS 数据库，笔者整理所得。

（二）基于行为视角的金融结构区域的演变趋势

总体来看，东中西部及东北地区的金融结构——行为指标均呈现市场化金融的波动变化趋势。2002~2005 年经济快速发展阶段，而股票市场却持续低迷，四大区域均呈现偏向银行导向型的金融结构，其金融结构——行为指标均低于 55%。自 2005 年以后，四大区域金融结构——行为指标呈现快速的市场化金融发展趋势，股票市场活跃度逐渐提升，但其波动性也更加显著。东中西部及东北地区的金融结构——行为指标由 2005 年的 32.91%、28.25%、28.38% 与 26.85% 增长至 2017 年的 198.6%、122.97%、138.94% 与 105.9%，其中存在三次波峰，分别为 2007 年、2009 年及 2015 年，其历史最低点在 2012 年。这在一定程度上也说明随着直接融资比重的不断提升，市场中的投机情绪也在不断增加，市场波动性也相应地变得剧烈。从区域横向比较来看，2001～2017 年金融结构——行为指标也呈现东部地区始终处于最高水平；而中部地区与东北地区相互交错，交替上下；西部地区基本处于最低水平，但西部地区在 2016 年以后得以快速提升。以 2017 年为例，金融结构——行为指标由高到低的区域是东部地区、西部地区、中部地区、东北地区，分别为 198.6%、138.94%、122.97% 与 105.9%（见图 5-5）。

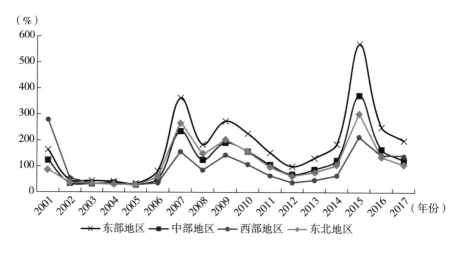

图 5-5 基于行为视角的金融结构区域变化特征
资料来源：国家统计局、Wind 资讯、EPS 数据库，笔者整理所得。

（三）基于效率视角的金融结构区域的演变趋势

总体来看，东中西部及东北地区的金融结构——效率指标也均呈现市场化金融趋势，但是东部地区与其他地区存在巨大差异。东部地区的市场化金融趋势更加明显且变化较大；2002～2006 年，偏向于银行导向型金融结构的演绎倾向，其处于 30%～100%；自 2005 年股权分置改革之后，其市场导向型金融结构倾向明显增加，并且显著领先于其他地区；虽然其在 2008 年次贷危机之后呈现明显下降并在 2012 年降至 102.81%（区间最低点），但后来又呈现快速市场化发展态势，甚至在 2015 年达到历史最高点 747.66%。中西部与东北地区的波动幅度较小，2002~2013 年除了 2007 年与 2009 年受到市场投机情绪高涨的影响出现波峰以外，其他年份均处于 20%~100%；在 2013 年之后才呈现较快的市场化发展，尤其是西部地区在 2015 年以后，与中部和东北地区出现分化，市场化发展更加明显，甚至超过东部地区，在 2017 年达到 379.14%（见图 5-6）。

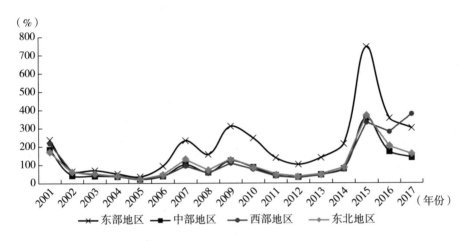

图 5-6　基于效率视角的金融结构区域变化特征

资料来源：国家统计局、Wind 资讯、EPS 数据库，笔者整理所得。

第二节　金融结构与经济增长的"非线性"检验

为了更好地探究金融结构与经济增长之间的"非线性关系"及检验最优金融结构的存在性，本节从动态模型视角，采用 Two-Step System GMM 分析方法进行分析，其有助于解决金融结构与经济增长之间的互为因果关系及内生性问题。

一、变量选取与指标描述

与国际检验选择的变量基本保持一致，选择人均实际 GDP 作为主要的被解释变量，根据我国省际数据的可获得性，选择股票市值/（贷款余额+存款余

额）、股票市场交易额/银行贷款余额、股票市场交易额/GDP×银行净利差①作
为核心解释变量，控制变量中除了人力资本水平由笔者计算所得外，其他控制
变量的定义与国际检验中的相同（见表 5-1）。本节的数据主要来源于国家统计
局、中国人民银行、中国金融学会等，由 EPS DATA 整理所得。

表 5-1　变量指标选取及数据说明

	变量指标	指标量化描述
被解释 变量	人均实际 GDP（ln PGDP）	实际 GDP/总人口的对数值（2010 年不变价）
	国内生产总值（ln GDP）	实际国内生产总值的对数值（2010 年不变价）
解释 变量	金融结构——规模（FSGM）	股票市值/（贷款余额+存款余额）
	金融结构——行为（FSXW）	股票市场交易额/银行贷款余额
	金融结构——效率（FSXL）	股票市场交易额/GDP×银行净利差
控制 变量	金融市场化程度（FMD）	股市市值占 GDP 比重
	金融中介化程度（FBD）	银行贷款与银行存款占 GDP 比重
	人力资本水平（Edu）	平均受教育期限（笔者计算所得）
	资本形成率（Capital）	资本形成总额占 GDP 比重
	劳动力供给（Labor）	15~65 岁适工人口占总人口比重
	通货膨胀率（Inflat）	居民消费物价指数
门槛 变量	经济增长水平（PGDP）	实际 GDP/总人口
	货币化程度（Currency）	银行存款余额占 GDP 比重

表 5-2 展示了主要变量的描述性统计结果。

----

① 国内净利差，本书采用（各省贷款余额×全国平均贷款利率−各省存款余额×全国平均
存款利率）/（各省存款余额+各省贷款余额）来衡量，由笔者整理计算所得。

表 5-2　变量的描述性统计结果

变量	样本数	平均值	标准差	最小值	最大值
ln PGDP	527	10.09718	0.6962466	8.190228	11.58123
ln GDP	527	8.966262	1.127632	5.182173	11.22451
FSGM	527	0.1606476	0.216916	0.0223556	3.625247
FSXW	527	1.323213	1.527275	0.1002044	16.18428
FSXL	527	1.407976	2.0303	−1.095731	24.08877
FMD	527	0.5708651	1.374782	0.0452267	22.31035
FBD	527	2.8145	1.096362	1.400482	7.900649
Capital	527	57.85262	17.29816	30.9	148.4671
Labor	527	72.92125	3.651685	63.46009	83.84523
Inflat	527	2.388745	1.978969	−2.3462	10.0865
Edu	527	8.441052	1.119445	4.193831	12.04506
PGDP	527	30499.72	20784	3605.545	107069.6
Currency	527	1.638948	0.7203396	0.8220438	5.428297

资料来源：Stata 15 处理所得。

为了更好地对金融结构与经济增长之间的关系进行了解，初步画出了 2017 年基于规模、行为和效率的金融结构与经济增长之间的散点图及拟合曲线，如图所示。从图 5-7 中可以得到：一是 2017 年基于规模、行为与效率的金融结构与经济增长之间存在"非线性"关系，即随着金融结构的不断提升，经济增长呈现"先上升—后下降"的变化趋势。二是我国各省份均处于正向效应区间，这说明随着经济增长的不断提升，金融体系市场化发展有助于进一步促进经济增长。三是在全国区域层面，无论是经济增长水平还是金融结构水平，均呈现发展不平衡现象，东部地区的北京、上海、广东、浙江等居于第一层次，经济增长水平较高，金融市场化程度也较高，倾向于市场导向型金融结构，而西部地区的广西、云南、甘肃等居于较低层次，经济增长水平不高，金融市场化程度也相对较低，倾向于银行导向型金融结构。

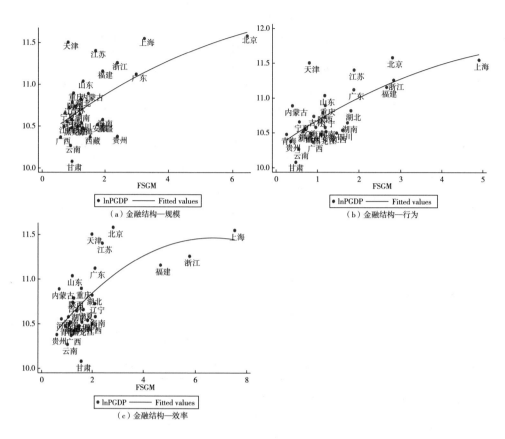

图 5-7　2017 年金融结构——规模、行为和效率与经济增长之间的关系

二、非线性动态模型的实证结果分析

实证分析的六个模型以人均实际 GDP 的对数值作为被解释变量，一方面考虑到区域金融结构比例，是由金融中介与金融市场两个融资渠道所决定的，本章选取金融结构、金融结构平方项、金融中介化程度及市场化程度等相关指标，主要明确在仅考虑金融发展程度下金融结构与经济增长之间的关系；另一方面经济增长不仅受到金融因素的影响，还会受到其他因素的影响，故引入资本形成率、劳动力供给、人力资本水平及通货膨胀率作为控制变量，旨在为了分析在引入控制变量后的实证结果的稳健性与显著性。整体来看，六个模型设定的拟合优度均相对合理，其 F 统计值的概率均为 0.00；模型中 Hansen 过度识别检

验结果均处在 0.89~0.95，说明工具变量是有效的。

　　表 5-3 的实证结果显示，在核心解释变量方面：基于规模、行为与效率的金融结构对经济增长均存在显著影响，通过 1% 或 5% 的显著性检验，其中在模型（3）与模型（4）中存在显著性正向影响，在其他模型中存在显著性负向影响。基于规模、行为与效率的金融结构平方项对经济增长均存在显著影响，通过 1% 显著性检验，其中在模型（1）至模型（4）中存在显著性负向影响，即系数为负值；在模型（5）与模型（6）中存在显著性正向影响，即系数为正值。即使在引入控制变量后，两者系数方向也并未改变且结果显著。根据前文所述，基于规模、行为与效率的金融结构视角下的动态模型检验结果，均满足金融结构与经济增长之间存在"非线性关系"的模型假设条件，可认为基于规模、行为与效率的金融结构与经济增长之间均存在非线性关系。在基于行为的金融结构模型中满足 $\beta_1>0$，$\beta_2<0$ 的模型假设条件，可认为基于行为的金融结构与经济增长之间存在最优金融结构；在基于效率的金融结构模型中满足 $\beta_1<0$，$\beta_2>0$ 的模型假设条件，可认为基于效率的金融结构与经济增长之间存在"正 U 形"关系；在基于规模的金融结构模型中满足 $\beta_1<0$，$\beta_2<0$ 的条件，可知基于规模的金融结构与经济增长之间存在负相关关系，这与理论预期不符。

　　金融市场化程度对经济增长存在显著正向影响，六个模型均通过 1% 显著性检验。以模型（2）为例，金融市场化每提升 1%，将带动经济增长 0.0534%。金融中介化程度对经济增长存在显著性负向影响，并且在模型（1）、模型（2）、模型（5）与模型（6）中通过 1% 显著性检验。以模型（2）为例，金融中介化每提升 1%，将会导致经济增长降低 0.0207%。这说明相比于金融中介化发展，金融市场化发展更有助于促进经济增长。对于我国金融中介化对经济增长的负向效应问题，这可能是因为，我国金融机构倾向于向国有企业、大型企业贷款，导致金融资源过度集中于大型企业和国有企业（刘瑞明，2011），而该类企业的生产效率相对较低，再加上"规模摩擦+制度摩擦"的双重作用下，造成金融结构与经济结构的资源错配，引发金融资源的低效运行，进而导致社会总产出的增速放缓。

　　关于其他控制变量，其回归结果基本符合理论预期，这说明模型构建相对准确、合理与稳健。资本形成率对经济增长表现出正相关性，即系数为正值，在模型（2）与模型（6）中通过 1% 显著性检验。这说明进一步提升地区经济的固定资本、存货资本等有助于促进经济增长。以模型（2）为例，资本形成率每提升1%，将会拉动经济增长0.0005%。劳动力供给对人均GDP呈现显著的正相关关系，即系数为正值，在模型中均通过10%显著性检验。这说明提升劳动力供给确实有助于促进经济增长。人力资本水平对经济增长呈现显著的正向影响，均通过1%的显著性检验。这说明各地区劳动力技术创新能力的提升，即人力资本水平提升，有助于促进经济增长；同时值得关注的是，人力资本水平对经济增长的影响水平明显高于劳动力供给。以模型（2）为例，人力资本水平与劳动力供给每提升1%，分别促进经济增长0.0108%与0.0016%，存在0.0092%贡献的差距。通货膨胀率对人均GDP规模存在正向显著影响，以模型（2）为例，通货膨胀率每提升1%，人均GDP将会增长0.0049%。

表5-3　金融结构与经济增长规模关系的动态模型检验：国内样本

被解释变量	结构——规模		结构——行为		结构——效率	
	Two-Step System GMM 动态模型检验（ln PGDP）					
模型	模型（1）	模型（2）	模型（3）	模型（4）	模型（5）	模型（6）
常数项	0.7921***	0.6603***	0.7867***	0.5465***	0.686***	0.6229***
	(30.32)	(15.51)	(44.76)	(9.79)	(26.34)	(14.00)
ln PGDP 滞后一阶	0.9362***	0.9244***	0.9305***	0.9346***	0.9461***	0.9102***
	(323.6)	(297.56)	(433.79)	(160.23)	(314.56)	(157.03)
FS	-0.0915***	-0.1115***	0.0086***	0.0062**	-0.0222***	-0.0097***
	(-4.64)	(-3.06)	(4.49)	(2.23)	(-10.42)	(-3.71)
FS×FS	-0.066***	-0.054***	-0.001***	-0.0011***	0.0025***	0.0018***
	(-15.77)	(-3.07)	(-4.80)	(-2.72)	(7.85)	(5.37)
FM	0.0571***	0.0534***	0.0048***	0.0038***	0.0071***	0.0041***
	(12.65)	(3.37)	(6.49)	(3.07)	(12.17)	(3.45)
FB	-0.023***	-0.0207***	0.0003	-0.0032	-0.0121***	-0.0148***
	(-9.99)	(-3.69)	(0.18)	(-1.25)	(-6.60)	(-3.75)
Capital		0.0005***		0.0001		0.0003***
		(3.49)		(0.77)		(3.10)
Labor		0.0016***		0.0014*		0.0019**
		(2.57)		(1.68)		(2.18)
Edu		0.0108***		0.0109***		0.0297***
		(4.47)		(2.69)		(10.68)

续表

Two-Step System GMM 动态模型检验（ln PGDP）						
被解释变量	结构——规模		结构——行为		结构——效率	
模型	模型（1）	模型（2）	模型（3）	模型（4）	模型（5）	模型（6）
Inflat		0.0049*** (13.78)		0.005*** (11.52)		0.0051*** (12.85)
F 统计概率	0.00	0.00	0.00	0.00	0.00	0.00
AR（1）；AR（2）	−2.81；0.82	−2.79；0.55	−2.94；−0.07	−2.83；−0.82	−1.72；−1.49	−1.85；−1.72
Hansen 检验	30.69（p=0.92）	29.73（p=0.94）	30.81（p=0.92）	30.31（p=0.89）	30.84（p=0.92）	30.53（p=0.92）
有效样本	496	496	496	496	496	496

注：括号内数值为 t 统计值检验；其中***、**、*分别表示在1%、5%、10%水平下显著。

三、变换被解释变量的稳健性检验

为验证拟合结果的稳定性，拟对模型进行稳健性检验。本章在实证检验中变换了核心解释变量，在稳健性检验中，采取实际 GDP 作为被解释变量进行检验。

由表5-4可知，在核心解释变量方面，除了金融结构——效率指标以外，金融结构——规模与行为的平方项指标均对经济增长呈现出显著负向影响，均通过1%显著性检验。根据前文所述，基于金融结构——规模与行为视角下的动态模型检验结果，均满足金融结构与经济增长之间存在非线性关系的 $\beta_2<0$ 的模型假设条件。但是根据金融结构的系数取值来看，金融结构——行为指标对经济增长存在显著正向影响，即系数为正值，均通过1%显著性检验，符合 $\beta_1>0$ 的假设条件，故可知金融结构——行为指标与经济增长之间存在非线性关系，并验证了最优金融结构的存在性；而金额结构——规模对经济增长呈现显著负向影响，即系数为负值，通过1%显著性检验，不符合 $\beta_1>0$ 的假设条件，故金融结构——规模与经济增长之间存在非线性关系，但不存在规模视角下的最优金融结构。这与前文检验结果具有一致性。在控制变量方面，金融市场化程度对经济增长均呈现显著的正向影响，而金融中介化程度对经济增长均呈现显著的负向影响。资本形成率对经济增长的影响均表现为显著负向影响。劳动力供给对经济增长并不存在显著影响。人力资本水平对经济增长存在显著的正向影响。通货膨胀率对经济增长存在显著的正向影响。以上控制变量对被解释变量的影响，与前文实证分析结果基本保持一致。

表5-4　金融结构与经济增长关系的稳健性检验：国内样本

解释变量	非线性动态模型 Two-Step System GMM（ln GDP）					
	结构——规模		结构——行为		结构——效率	
模型	模型（7）	模型（8）	模型（9）	模型（10）	模型（11）	模型（12）
常数项	0.606*** （44.89）	0.5699*** （9.47）	0.5999*** （31.64）	0.5112*** （8.82）	0.5384*** （23.21）	0.4996*** （10.76）
ln GDP 滞后一阶	0.9544*** （817.90）	0.9589*** （311.35）	0.9479*** （367.35）	0.9521*** （280.54）	0.9591*** （328.53）	0.9545*** （246.23）
FS	-0.0507*** （-3.87）	-0.081*** （-3.09）	0.014*** （9.34）	0.0082*** （3.03）	-0.0159*** （-8.42）	-0.0078*** （-3.15）
FS×FS	-0.0752*** （-9.02）	-0.0764*** （-4.56）	-0.002*** （-8.87）	-0.001*** （-3.36）	0.0017*** （5.86）	0.0011*** （3.32）
FM	0.058*** （10.06）	0.0609*** （4.92）	0.0075*** （9.39）	0.0031*** （4.35）	0.0088*** （7.91）	0.0042*** （4.63）
FB	-0.04*** （-15.97）	-0.0406*** （9.90）	-0.0158*** （-10.00）	-0.017*** （-11.66）	-0.0216*** （-10.03）	-0.0242*** （-9.75）
Capital		-0.0006*** （-3.90）		-0.001*** （-5.69）		-0.001*** （-5.7）
Labor		-0.0014 （-1.60）		-0.001 （-1.28）		-0.0014** （-2.05）
Edu		0.0147*** （5.40）		0.0208*** （7.03）		0.0265*** （10.09）
Inflat		0.0053*** （17.76）		0.0057*** （16.93）		0.0057*** （21.11）
F 统计概率	0.00	0.00	0.00	0.00	0.00	0.00
AR（1）; AR（2）	-2.65; -3.40	-2.12; -3.16	-2.84; -2.66	-2.27; -3.34	-2.25; -3.34	-2.00; -3.53
Hansen 检验	30.74 （p=0.92）	30.63 （p=0.92）	30.80 （p=0.92）	37.35 （p=0.842）	30.89 （p=0.92）	30.63 （p=0.921）
有效样本数	496	496	496	496	496	496

注：括号内数值为 t 统计值检验；其中 ***、**、* 分别表示在1%、5%、10%水平下显著。

第三节　金融结构与经济增长的"门槛效应"检验

前文中已通过 Two-Step System GMM 估计验证了金融结构与经济增长之间存在非线性关系。故本节在此基础上进行门槛效应模型检验，进一步确认金融结构与经济增长之间的关系。本节主要引入经济增长水平、货币化程度的门槛指标，探究不同地区和同一地区的不同发展阶段与货币化程度下金融结构与经济增长之间的内在联系，以及金融结构安排对经济效益的影响。

一、经济增长水平作为门槛变量的分析

首先，通过 Stata15 的 Bootstrap 自抽样，可以得到各个模型单一门槛、双重门槛和三重门槛的显著性情况。其次，通过估计系数，得到残差平方和，逐步搜索残差平方和，可以得到最小的残差平方和，对应的数值即为门槛估计值。最后，根据门槛回归结果判断与分析金融结构与经济增长规模之间的影响效应。

（一）门槛效应的存在性检验

由表 5-5 可知，以经济增长水平作为门槛变量，规模、行为与效率的金融结构作为解释变量，在以人均实际 GDP 为被解释变量的模型（1）至模型（3）中，均存在显著性的双重门槛效应，并且均通过 5% 显著性检验，其第一门槛估计值分别为 11485.55、6435.6489 与 12912.94，第二门槛估计值分别为 29577.26、31958.47 与 31958.47。以规模与效率的金融结构作为解释变量，在以实际 GDP 为被解释变量的模型（4）与模型（6）中，均存在显著性的双重门槛效应，并且均通过 5% 显著性检验，其第一门槛估计值分别为 11485.55 与 12912.94，第二门槛估计值分别为 29577.26 与 31958.47；以行为的金融结构作为解释变量，在模型（5）中，存在显著性的单一门槛效应，并且通过 1% 显著性检验，其单一门槛值为 31958.47 元。借助似然比函数图，可更好地看出门槛估计值及其置信区间的生成过程（见图 5-8）。

表5-5 门槛效应显著性检验及门槛估计值：国内样本

门槛变量		经济增长水平					
被解释变量		人均实际GDP			实际GDP		
解释变量		结构——规模	结构——行为	结构——效率	结构——规模	结构——行为	结构——效率
模型		模型（1）	模型（2）	模型（3）	模型（4）	模型（5）	模型（6）
门槛效应	单一	59.84*** （0.003）	32.56*** （0.003）	69.57*** （0.000）	48.22* （0.076）	45.59*** （0.003）	92.30*** （0.000）
	双重	57.26*** （0.003）	22.38** （0.026）	53.15*** （0.000）	47.85** （0.03）	15.5 （0.11）	43.36*** （0.003）
	三重	37.19 （0.773）	14.41 （0.703）	17.26 （0.583）	27.13 （0.937）	5.79 （0.67）	11.94 （0.513）
门槛估计值	Th-1	11485.55	31958.47	31958.47	29577.26	31958.47	31958.47
	Th-21	11485.55	31958.47	31958.47	29577.26	31958.47	31958.47
	Th-22	29577.26	6435.6489	12912.94	11485.55	6435.6489	12912.94
	Th-3	6435.65	67615.20	6435.64	72089.76	89186.62	89186.62

注：门槛效应中提供的是 F 统计值，括号内为 P 值；***、**、* 分别表示在 1%、5%、10% 水平下显著。

资料来源：根据 Stata 15 模拟分析得到，Bootstrap 自抽样模拟 300 次得到。

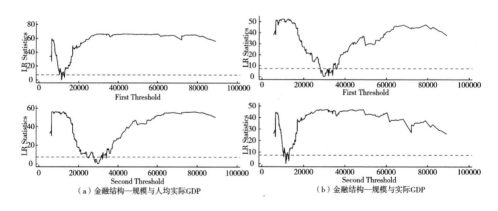

（a）金融结构—规模与人均实际GDP　　　　（b）金融结构—规模与实际GDP

图5-8 经济增长水平的似然比函数图：国内样本

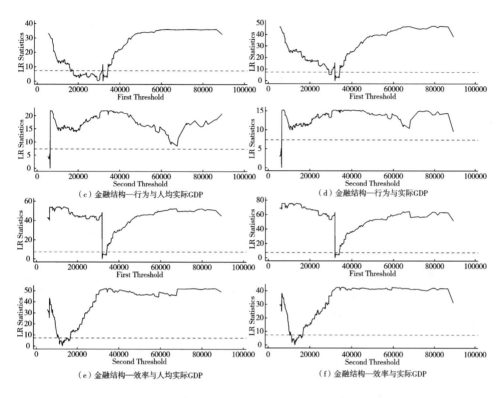

图 5-8　经济增长水平的似然比函数图：国内样本（续图）

（二）门槛效应检验结果分析

搜索出门槛值之后，需要对门槛模型进行估计。本章主要以人均实际 GDP 为被解释变量的前三个模型进行分析，并以实际 GDP 为被解释变量的后三个模型作为稳健性检验分析（见表 5-6）。整体来看，在六个模型中，以第一门槛估计值为限，金融结构对经济增长呈现"先负向相关—后正向相关"的关系，以第二门槛估计值为限，金融结构对经济增长呈现显著性正向效应提升趋势。这样充分验证了：随着经济增长阶段的不断提升，金融结构与经济增长之间存在非线性关系，这与国际数据检验结果具有一致性。同时，也说明在经济增长初级阶段时，即劳动力比较丰富但技术水平较低、资本供给相对短缺时，银行主导型的金融结构更有利于促进经济增长；在经济增长的高级阶段时，即劳动力供给短缺、资本供给相对丰富、技术水平不断提升，市场主导型的金融结构更有利于促进经济增长。

（1）在模型（7）中，当人均实际 GDP 低于 11485. 55 元时，金融结构——规模对人均实际 GDP 存在显著负向影响，并且随着经济增长水平的逐渐提高，金融结构——规模对人均实际 GDP 的负向影响效果逐步降低，即金融结构——规模每提升 1%，其对人均实际 GDP 的负向影响由 5. 1627% 降至 1. 0143%；当人均实际 GDP 介于 11485. 55 ~ 29577. 26 元时，金融结构——规模对人均实际 GDP 呈现正向影响，即金融结构——规模每提升 1%，其对人均实际 GDP 的正向影响为 0. 7619%；当人均实际 GDP 大于 29577. 26 元时，金融结构——规模对人均实际 GDP 的正向影响效果更大，即金融结构——规模每提升 1%，其对人均实际 GDP 的正向影响效果由 0. 7619% 增长至 2. 0781%。

（2）在模型（8）中，当人均实际 GDP 低于 6435. 6489 元时，金融结构——行为对人均实际 GDP 呈现显著负向影响，即金融结构——行为每提升 1%，将导致人均实际 GDP 降低 0. 5035%；当人均实际 GDP 介于 6435. 6489 ~ 31958. 47 元时，金融结构——行为对人均实际 GDP 的正向影响效果并不显著；当人均实际 GDP 大于 31958. 47 元时，金融结构——行为对人均实际 GDP 存在显著正向影响，即金融结构——行为每提升 1%，将导致人均实际 GDP 提升 0. 1192%，但随着人均实际 GDP 的继续提升，其影响效果降至 0. 0633%。

（3）在模型（9）中，当人均实际 GDP 低于 12912. 94 元时，金融结构——效率对人均实际 GDP 呈现显著负向影响，并且随着经济增长水平的逐渐提高，负向影响效果逐步降低，即金融结构——规模每提升 1%，其对人均实际 GDP 的负向影响效果由 0. 4449% 降至 0. 1517%；当人均实际 GDP 介于 12912. 94 ~ 31958. 47 元时，金融结构——行为对人均实际 GDP 的负向影响效果并不显著；当人均实际 GDP 大于 31958. 47 元时，金融结构——行为对人均实际 GDP 存在显著正向影响，即金融结构——行为每提升 1%，将导致人均实际 GDP 提升 0. 0716%。

以实际 GDP 为被解释变量的后三个模型的稳健性检验结果与前三个模型基本保持一致，保证了检验结果的稳健性与可靠性，故可判断金融结构与经济增长之间存在非线性关系，并且以门槛值为限，呈现"先负向相关—后正向相关"的趋势。其他控制变量中，除金融市场化程度与劳动力供给对经济增长存在显著负向影响以外，其他变量均对经济增长规模存在不同程度的显著性正向影响。

表 5-6　金融结构与经济增长的门槛效应回归结果：国内样本

被解释变量	人均实际 GDP			实际 GDP		
解释变量	结构——规模	结构——行为	结构——效率	结构——规模	结构——行为	结构——效率
模型	模型（7）	模型（8）	模型（9）	模型（10）	模型（11）	模型（12）
常数项	4.9665*** （10.93）	3.9895*** （8.78）	4.6386*** （10.42）	3.3083*** （6.72）	2.0712*** （4.38）	2.6154*** （5.68）
FS-0	-5.1627*** （-6.69）	-0.5035*** （-4.44）	-0.4449*** （-6.05）	-0.6534** （-2.08）	-0.4311*** （-3.67）	-0.1588*** （-6.86）
FS-1	-1.0143*** （-3.54）	0.0169 （1.60）	-0.1517*** （-6.69）	1.1058*** （4.66）	0.0117 （1.08）	-0.0038 （-0.43）
FS-2	0.7619*** （3.65）	0.1192*** （9.19）	-0.0003 （-0.04）	2.6078*** （8.30）	0.1*** （9.40）	0.0759*** （9.23）
FS-3	2.0781*** （7.75）	0.0633*** （5.16）	0.0716*** （9.08）	3.2618*** （8.43）	0.1506*** （6.78）	0.1353*** （7.34）
FM	-0.3252*** （-7.06）	-0.01 （-0.87）	0.0144 （1.35）	-0.4216*** （-7.73）	-0.0061 （-0.51）	0.018 （1.64）
FB	0.1559*** （6.27）	0.0742*** （2.92）	0.0478* （1.74）	0.2095*** （7.83）	0.1039*** （3.93）	0.0947*** （3.26）
Capital	0.0058*** （5.49）	0.0103*** （9.78）	0.0089*** （8.71）	0.0068*** （5.88）	0.0107*** （9.95）	0.0087*** （8.20）
Labor	-0.025*** （-3.30）	-0.0189** （-2.39）	-0.0238*** （-3.14）	-0.0213*** （-2.63）	-0.0115 （-1.40）	-0.016** （-2.04）
Edu	0.7296*** （20.94）	0.7797*** （21.90）	0.7693*** （22.48）	0.7278*** （19.14）	0.7949*** （21.63）	0.7891*** （22.38）
Inflat	0.0072 （1.31）	0.0123** （2.17）	0.0091* （1.67）	0.0165*** （2.81）	0.0159*** （2.72）	0.0156*** （2.77）
F 统计概率	0.00	0.00	0.00	0.00	0.00	0.00
R^2-Within	0.8451	0.8302	0.8437	0.8412	0.8376	0.8507
R^2-Between	0.6016	0.5784	0.5906	0.167	0.1553	0.1726
R^2-Overall	0.6389	0.6204	0.6343	0.2928	0.2793	0.2988
有效样本数	527	527	527	527	527	527

注：括号内数值为 t 统计值检验；其中 ***、**、* 分别表示在 1%、5%、10% 水平下显著。

二、货币化程度作为门槛变量的分析

首先，通过 Stata 15 的 Bootstrap 自抽样，可以得到各个模型单一门槛、双重门槛和三重门槛的显著性情况。其次，通过估计系数，得到残差平方和，逐步搜索残差平方和，可以得到最小的残差平方和，对应的数值即为门槛估计值。最后，根据门槛回归结果判断与分析金融结构与经济增长规模之间的分段影响效应。

（一）门槛效应的存在性检验

由表 5-7 可知，以货币化程度作为门槛变量，基于规模、行为与效率的金融结构作为解释变量，无论是对人均实际 GDP 影响的模型（1）至模型（3），还是对实际 GDP 影响的模型（4）至模型（6）中均存在显著性的双重门槛效应，并且均通过 10% 显著性检验。其中，以人均实际 GDP 作为被解释变量的三个模型中，第一门槛估计值分别为 129.52、145.78 与 133.29，第二门槛估计值分别为 234.56、234.56 与 234.56；以实际 GDP 作为被解释变量的三个模型中，第一门槛估计值分别为 129.52、145.78 与 133.29，第二门槛估计值分别为 234.56、234.56 与 234.56。借助似然比函数图，可更加清晰地看出门槛估计值及其置信区间的生成过程（见图 5-9）。

表 5-7　门槛效应显著性检验及门槛估计值：国内样本

门槛变量		货币化程度					
被解释变量		人均实际 GDP			实际 GDP		
解释变量		结构——规模	结构——行为	结构——效率	结构——规模	结构——行为	结构——效率
模型		模型（1）	模型（2）	模型（3）	模型（4）	模型（5）	模型（6）
门槛效应	单一	25.75*	19.46**	31.97***	19.47	12.03	31.61***
		(0.053)	(0.05)	(0.003)	(0.153)	(0.2167)	(0.003)
	双重	16.24*	21.15*	25.41**	16.98*	18.26*	21.40*
		(0.083)	(0.06)	(0.020)	(0.057)	(0.0733)	(0.060)
	三重	17.34	7.72	7.43	14.87	6.81	11.03
		(0.82)	(0.877)	(0.506)	(0.83)	(0.900)	(0.237)

续表

门槛变量		货币化程度					
被解释变量		人均实际 GDP			实际 GDP		
解释变量		结构——规模	结构——行为	结构——效率	结构——规模	结构——行为	结构——效率
模型		模型（1）	模型（2）	模型（3）	模型（4）	模型（5）	模型（6）
门槛估计值	Th—1	129.52	234.56	226.59	129.52	234.56	226.59
	Th—21	129.52	234.56	234.56	129.52	234.56	226.59
	Th—22	234.56	145.78	133.29	234.56	145.78	133.29
	Th—3	197.35	124.65	392.41	197.35	124.65	392.41

注：门槛效应中提供的是 F 统计值，括号内为 P 值；＊＊＊、＊＊、＊分别表示在 1%、5%、10%水平下显著。

资料来源：根据 Stata 15 模拟分析得到，Bootstrap 自抽样模拟 300 次得到。

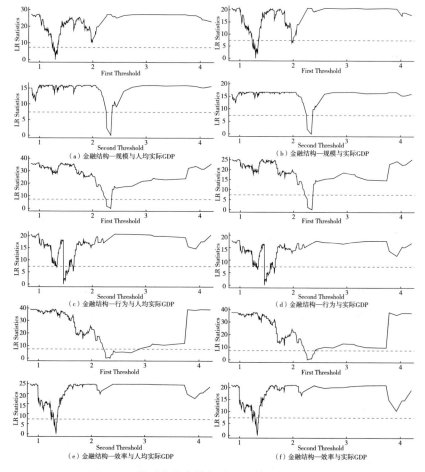

图 5-9　货币化程度的似然比函数图：国内样本

（二）门槛效应检验结果分析

搜索出门槛值之后，需要对门槛模型进行估计。本章主要以人均实际 GDP 为被解释变量的前三个模型进行分析，并以实际 GDP 为被解释变量的后三个模型作为稳健性检验分析（见表 5-8）。整体来看，在六个模型中，以第一门槛值为限，金融结构对经济增长呈现显著的负向影响或正向不显著的影响，而后呈现显著的正向影响，以第二门槛值为限，进而呈现显著的正向影响或负向不显著的影响。这样在一定程度上验证了：随着货币化程度的不断提升，金融结构与经济增长之间存在非线性关系。同时，也说明在货币化程度的初级阶段，银行主导型的金融结构更有利于促进经济增长；在货币化程度的高级阶段，市场主导型的金融结构更有利于促进经济增长。

（1）在模型（7）中，当货币化程度低于 129.52% 时，金融结构——规模对人均实际 GDP 存在显著的负向影响，即金融结构——规模每提升 1%，将会导致人均实际 GDP 降低 0.9138%；当货币化程度介于 129.52% ~ 234.56% 时，金融结构——规模对人均实际 GDP 存在显著的正向影响，即金融结构——规模每提升 1%，其对人均实际 GDP 的正向影响为 0.4358%；当货币化程度大于 234.56% 时，金融结构——规模对人均实际 GDP 的正向影响效果更加显著，即金融结构——规模每提升 1%，其对人均实际 GDP 的正向影响为 1.5166%。

（2）在模型（8）中，当货币化程度低于 145.78% 时，金融结构——行为对人均实际 GDP 的影响系数为正值但不显著；当货币化程度介于 145.78% ~ 234.56% 时，金融结构——行为对人均实际 GDP 存在显著的正向影响，即金融结构——规模每提升 1%，对人均实际 GDP 的正向影响为 0.0687%；当货币化程度大于 234.56% 时，金融结构——行为对人均实际 GDP 的正向影响效果更加显著，即金融结构——行为每提升 1%，对人均实际 GDP 的正向影响为 0.0789%。

（3）在模型（9）中，当货币化程度低于 133.29% 时，金融结构——效率对人均实际 GDP 的影响系数为负值但不显著；当货币化程度介于 133.29% ~ 234.56% 时，金融结构——效率对人均实际 GDP 存在显著的正向影响，即金融结构——效率每提升 1%，对人均实际 GDP 的正向影响为 0.0673%；当货币化程度大于 234.56% 时，金融结构——效率对人均实际 GDP 存在显著的正向影

响，但其影响效果有所降低，即金融结构——效率每提升 1%，对人均实际
GDP 的正向影响为 0.0268%。

以实际 GDP 为被解释变量的后三个模型的稳健性检验结果与前三个模型具
有一致性，保证了检验结果的稳健性与可靠性，故可判断金融结构与经济增长
之间存在非线性关系，并且以门槛值为限，呈现"先负向相关或不显著，后正
向相关"的趋势。其他控制变量：除金融市场化程度对经济增长不存在显著影
响、劳动力供给对经济增长存在负面影响外，其他变量均对经济增长存在显著
性正向影响，并且通过显著性检验。

表 5-8　金融结构与经济增长的门槛效应回归结果：国内样本

被解释变量	人均实际 GDP			实际 GDP		
解释变量	结构——规模	结构——行为	结构——效率	结构——规模	结构——行为	结构——效率
模型	模型（7）	模型（8）	模型（9）	模型（10）	模型（11）	模型（12）
常数项	3.8947***	3.503***	3.5729***	2.0575***	1.7063***	1.7269***
	(8.05)	(7.58)	(7.72)	(4.04)	(3.50)	(3.58)
FS-0	-0.9138***	0.001	-0.0251	-0.9589***	0.0091	-0.0187
	(-2.82)	(0.05)	(-1.35)	(-2.81)	(0.39)	(-0.96)
FS-1	0.4358*	0.0687***	0.0673***	0.2788	0.0768***	0.0682***
	(1.75)	(4.10)	(7.58)	(1.06)	(4.41)	(7.53)
FS-2	1.5166***	0.0789***	-0.0126	1.3316***	0.0827***	-0.0148
	(4.22)	(7.54)	(-1.27)	(3.52)	(7.59)	(-1.42)
FS-3	-0.3558	0.0008	0.0268*	-0.5959	0.019	0.0347**
	(-0.83)	(0.05)	(1.83)	(-1.33)	(1.19)	(2.26)
FM	0.0661	0.0097	0.0119	0.1082	0.0079	0.0144
	(0.94)	(0.81)	(1.04)	(1.46)	(0.64)	(1.21)
FB	0.079***	0.1182***	0.0754**	0.1419***	0.1728***	0.1491***
	(2.76)	(4.16)	(2.46)	(4.71)	(5.85)	(4.61)
Capital	0.0113***	0.0114***	0.0106***	0.0106***	0.0108***	0.0098***
	(10.12)	(10.42)	(10.03)	(9.06)	(9.53)	(8.86)
Labor	-0.0234***	-0.0178**	-0.0195**	-0.018**	-0.0119	-0.0143*
	(-2.76)	(-2.70)	(-2.41)	(-2.01)	(-1.39)	(-1.69)

续表

被解释变量	人均实际 GDP			实际 GDP		
解释变量	结构——规模	结构——行为	结构——效率	结构——规模	结构——行为	结构——效率
模型	模型（7）	模型（8）	模型（9）	模型（10）	模型（11）	模型（12）
Edu	0.8249***	0.7995***	0.8324***	0.843***	0.8156***	0.8511***
	(21.64)	(21.72)	(23.12)	(21.03)	(21.28)	(22.71)
Inflat	0.0146**	0.0161***	0.0151***	0.0211***	0.0216***	0.0220***
	(2.48)	(2.70)	(2.59)	(3.42)	(3.48)	(3.61)
F 统计概率	0.00	0.00	0.00	0.00	0.00	0.00
R^2-Within	0.8159	0.8180	0.8211	0.8181	0.8238	0.8267
R^2-Between	0.4983	0.5372	0.5317	0.1053	0.1191	0.1353
R^2-Overall	0.5646	0.59	0.5789	0.2227	0.2396	0.2524
有效样本数	527	527	527	527	527	527

注：括号内数值为 t 统计值检验；其中＊＊＊、＊＊、＊分别表示在 1%、5%、10%水平下显著。

第四节　本章小结

本章基于国内视野，从全国层面与区域层面两个方面，针对我国金融结构演化的发展特征进行分析。从静态视角与动态视角，选取金融结构的"规模—行为—效率"三类指标，基于国内层面 31 个省份的 2001～2017 年历史面板数据，采取 Two-Step System GMM 面板估计与门槛效应估计的方法，针对金融结构与经济增长之间的关系进行分析。

（1）国内视野下金融结构的发展趋势。①全国层面：我国金融体系逐渐由计划性金融转变为市场化金融，直接融资与间接融资的规模均呈上升态势。同时，基于市场机制的金融市场的影响日益明显，但是仍然以银行信贷为绝对主导，尚无法定论我国金融结构已经发生了质的变化。②分阶段来看，自 1978 年以来，基于金融脱媒趋势与高科技下的金融基因深层渗透，我国金融业态发展大体经历了"单一银行""双轨过渡""二元化"发展及"多元化"发展四个阶段。③区域层面：经济增长水平越高的地区，市场化金融程度也就越高，即东部地区的市场化金融程度最高，其次是中部地区，最后是西部地区与东北地区。自 2015 年后，受西部大开发政策倾斜，西部地区的市场化金融发展得以快速提升。

（2）基于"非线性动态模型"实证结果显示，基于规模、行为与效率的金融结构与经济增长之间均存在"非线性"关系，并且仅在基于行为的金融结构下验证了最优金融结构的存在性，即"倒 U 形"关系，与理论预期相一致；在基于效率的金融结构模型中，金融结构与经济增长之间存在"正 U 形"关系，这与理论预期结果存在一定偏差；在基于规模的金融结构模型中，金融结构与经济增长之间存在负相关关系。这一实证结果可能与我国金融结构发展水平相对较低有关。这可通过基于规模、行为与效率的金融结构与经济增长的散点图得以证明，绝大多数省份均集中于较低经济增长水平与较低金融结构水平区间。同时，我国金融市场化对经济增长具有显著的促进作用，均通过 1% 显著的性检验；而金融中介化程度对经济增长具有抑制作用。这进一步说明，相比于金融中介化发展，金融市场化发展更有助于促进经济增长。

（3）"非线性静态模型"实证结果显示，基于规模、行为和效率的金融结构与经济增长，在经济增长水平和货币化程度上，大都存在显著性的双重门槛效应，即存在双重门槛估计值。①在经济增长水平作为门槛变量中，以第一门槛估计值为限，金融结构对经济增长呈现"先负向相关—后正向相关"的关系，以第二门槛估计值为限，金融结构对经济增长呈现显著性正向效应提升趋势。这样充分验证了随着经济增长阶段的不断提升，金融结构与经济增长之间存在非线性关系，这与国际数据检验结果具有一致性。②在货币化程度作为门槛变量中，以第一门槛值为限，金融结构对经济增长呈现显著的负向影响或正向不显著的影响，而后呈现显著的正向影响，以第二门槛值为限，进而呈现显著的正向影响或负向不显著的影响，这与国际数据检验结果基本保持一致。对于我国来说，随着经济增长水平与货币化程度不断提升，进一步提升金融结构的市场化水平有助于促进经济增长。

（4）控制变量的实证结果显示：金融市场化程度与金融中介化程度对经济增长的影响，在动态模型与静态模型中均存在差异。其中，金融市场化在动态模型中存在显著的正向效应，而在静态模型中存在部分显著的负向效应；金融中介化在动态模型中存在显著的负向效应，在静态模型中存在显著的正向效应。除了劳动力供给以外，资本形成率、人力资本水平及通货膨胀率均对经济增长具有显著的正向效应。劳动力供给对经济增长的影响，在动态模型中具有显著的正向效应，而在静态模型中具有显著的负向效应。

———— 第六章 ————

引入实体与金融的内在特征的实证分析

前文已从静态与动态视角，采用国际与国内层面的历史面板数据，实证检验了金融结构与经济增长之间的"非线性"关系，验证了最优金融结构的存在性，以及不同经济增长水平与货币化程度下金融结构对经济增长的影响差异。为进一步增进对金融结构与经济增长之间内在理论逻辑的深入理解，本章将在前文的基础上，引入实体经济与金融体系内在深层次特征做进一步分析：一是引入产业结构与技术创新的中介变量，进一步探究金融结构通过何种机制或渠道来促进经济增长；二是引入银行业与股票市场的深层结构特征，探究金融体系内在深层次结构如何优化才能更有助于促进经济增长；三是引入金融创新下影子银行体系特征，探究影子银行体系将如何影响金融结构对经济增长的促进效应。考虑到本书旨在为我国深化金融体制改革、提升金融服务实体经济能力提供经验支持，故本章采用国内层面的历史数据，针对金融结构与经济增长之间的内在深层次特征作用进行实证分析。

第一节　引入实体经济内在特征的实证分析

本节在前文研究的基础上，通过引入产业结构与技术创新两个中介变量，选取 31 个省份的 2001~2017 年历史数据，进一步探究金融结构通过何种机制或渠道来促进经济增长。

一、模型设计与变量选取

在理论分析中，本书发现处于不同经济增长阶段的同一经济体具有不同的要素禀赋结构，并由此产生了技术水平与技术结构的变迁路径，进而决定了与经济增长相适应的最优产业结构，而差异化的产业结构又具有不同的规模和风险特征及融资需求与信息特征①。这些实体经济的时变特征对金融服务需求有所差异，最终需要与之相匹配的金融结构为其提供差异化服务。龚强等（2014）认为随着经济增长由低级阶段向高级阶段的转变，产业结构也呈现不断升级的趋势，与之相匹配相适应的金融结构也必将随之变迁。一般来说，产业结构的优化与升级主要体现在两个方面：一是三次产业结构的优化升级。三次产业结构的调整，无论是在规模上还是在结构上，均会促进实体经济趋于合理化；在这一过程中，对于金融体系的产品与服务的需求也会出现变化，在规模上呈现增长态势，在结构上促使储蓄动员倾向、风险投资与分散转移等方面的变化。二是产业发展的技术创新与升级。随着高新技术产业的提升与发展，技术创新活跃度也相应地提高，同时企业所面临的技术创新风险也就越高，因而实体经济对于市场化融资需求、风险管理和风险资产配置的需求也会随之增加。综合来看，本书认为金融结构之所以能够促进实体经济的发展，主要体现在两个方面：①通过适应产业结构优化与升级来满足金融服务需求，进而促进经济增长；②通过分散产业技术创新的投资风险，使高风险、高收益的长期投资项目获得充足的资金支持，进一步促进创新型投资活动（Robert & Levine，1993）。

（一）模型构建

为了验证上述影响机制，本节进一步引入产业结构与技术创新两个中介

---

① 张志强. 金融结构与经济发展的影响机制：基于"新结构主义"和"金融服务"视角的分析 [J]. 商业研究，2019（4）：60-68.

变量与金融结构的交叉项。引入交叉项的重要性在于[①]：一是进一步证实金融结构对经济增长的异质性效果，从而可以基于此探究金融结构影响效应的作用机制；二是能够排除金融结构与经济增长由第三个未知因素同时决定的担忧，同时解决了遗漏变量偏误的问题。对于产业结构的度量，根据克拉克定律，传统研究一般采用非农业产值比重来衡量，故本章采用第一产业增加值占 GDP 比重来衡量，该指标值越小，表示工业与服务业在经济中的比重越高，实体产业就越趋向于技术密集型与资本密集型产业。对于技术创新的度量，本章借鉴吴勇民等的研究成果[②]，采用技术市场成交额占 GDP 的比重来衡量。模型构建如下：

$$Y_{ij} = c + \beta_0 Y_{i-k,j} + \beta_1 \times FS_{ij} + \beta_2 FS_{ij}^2 + \beta_3 FS_{ij} \times E_{ij} +$$

$$\beta_4 FM_{ij} + \beta_5 FB_{ij} + \beta_6 X_{ij} + \mu_i + \upsilon_j + \varepsilon_{ij} \tag{6-1}$$

其中，Y_{ij} 为经济增长水平，FS_{ij} 为金融结构，$FS_{ij} \times E_{ij}$ 为金融结构与产业结构或技术创新的交叉项，E_{ij} 为产业结构或技术创新，FB_{ij} 为金融中介化程度，FM_{ij} 为金融市场化程度，X_{ij} 为控制变量，μ_i 为时间干扰项，υ_j 为地区干扰项，ε_{ij} 为时间与地区的相互作用误差项，i 与 j 分别表示时间项与地区项，i = 1，2，…，N，j = 1，2，…，T，k 表示被解释变量的滞后阶数，k = 1，2，…，K，其中 K<N。

（二）变量选取

与前文国内实证选择的变量基本保持一致，选择人均实际 GDP 作为主要的被解释变量，并采用实际 GDP 作为稳健性检验的被解释变量；根据我国省际数据的可获得性，选择股票市值/（贷款余额+存款余额）、股票市场交易额/银行贷款余额、（股票市场交易额/GDP）×净利差作为核心解释变量，控制变量中除了平均受教育期限由笔者计算所得外，其他控制变量的定义与国际检验中的相同；采用农业增加值占 GDP 比重作为产业结构与技术市场成交额占 GDP 的

① 刘晓光，苟琴，姜天予. 金融结构、经济波动与经济增长：基于最优产业配置框架的分析 [J]. 管理世界，2019（5）：29-43+198.

② 吴勇民，纪玉山，吕永刚. 中日科技创新与金融结构协同演化的实证分析与比较研究 [J]. 中国科技论坛，2014（7）：155-160.

比重作为技术创新的度量指标（见表6-1）。本章数据样本涵盖31个省份2001~2017年的历史面板数据，主要来源于国家统计局、中国人民银行、中国金融学会等，由 EPS DATA 整理所得。

表 6-1　变量指标选取及数据说明

	变量指标	指标量化描述
被解释变量	人均实际 GDP（lnPGDP）	实际 GDP/总人口的对数值（2010 年不变价）
	国内生产总值（lnGDP）	实际国内生产总值的对数值（2010 年不变价）
解释变量	金融结构——规模（FSGM）	股票市值/（贷款余额+存款余额）
	金融结构——行为（FSXW）	股票市场交易额/银行贷款余额
	金融结构——效率（FSXL）	（股票市场交易额/GDP）×净利差
控制变量	金融市场化程度（FMD）	股市市值占 GDP 比重
	金融中介化程度（FBD）	银行贷款与银行存款占 GDP 比重
	人力资本水平（Edu）	平均受教育期限（笔者计算所得）
	资本形成率（Capital）	资本形成总额占 GDP 比重
	劳动力供给（Labor）	15~65 岁适工人口占总人口比重
	通货膨胀率（Inflat）	居民消费物价指数
中介变量	产业结构（Ecostr）	农业增加值占 GDP 的比重
	技术创新（Tech）	技术市场成交额占 GDP 的比重

表 6-2 展示了主要变量的描述性统计结果。

表 6-2　变量的描述性统计结果

变量	样本数	平均值	标准差	最小值	最大值
ln PGDP	527	10.09718	0.6962466	8.190228	11.58123
ln GDP	527	8.966262	1.127632	5.182173	11.22451
FSGM	527	0.1606476	0.216916	0.0223556	3.625247
FSXW	527	1.323213	1.527275	0.1002044	16.18428
FSXL	527	1.407976	2.0303	−1.095731	24.08877
FMD	527	0.5708651	1.374782	0.0452267	22.31035

续表

变量	样本数	平均值	标准差	最小值	最大值
FBD	527	2.8145	1.096362	1.400482	7.900649
Capital	527	57.85262	17.29816	30.9	148.4671
Labor	527	72.92125	3.651685	63.46009	83.84523
Inflat	527	2.388745	1.978969	-2.3462	10.0865
Edu	527	8.441052	1.119445	4.193831	12.04506
Ecostr	527	12.241	6.455657	0.3616	37.9
Tech	527	2.470556	6.241568	0.00	47.91809

资料来源：Stata 15 处理所得。

二、实证结果与分析

表 6-3 给出了以人均实际 GDP 的对数值作为被解释变量，加入产业结构与技术创新分别与金融结构——规模、行为及效率进行交叉之后的回归结果。

（1）针对金融结构与金融发展的指标分析。模型（1）至模型（6）的回归结果显示，在引入产业结构与技术创新的中介变量之后，金融结构的平方项对经济增长的影响效果与前文（第五章）非线性检验的国内实证结果保持一致；这进一步检验了前文实证拟合结果的稳健性，验证了基于规模与行为的金融结构与经济增长之间的非线性关系。值得关注的是，在引入产业结构中介变量的模型（1）回归结果中，相对于前文（第五章）国内实证检验结果，金融结构—规模对经济增长的影响系数由负值转变为正值，并且在 1% 检验水平上显著，这说明在考虑到产业结构因素下，基于规模的金融结构与经济增长之间存在最优金融结构，即存在"倒 U 形"关系。在模型（3）、模型（4）、模型（6）中，金融市场化程度对经济增长的影响系数为正值，并且通过 5% 显著性检验，其他模型均未通过显著性检验。这说明金融市场化的发展有利于促进经济增长。在六个模型中，金融中介化程度对经济增长的影响系数均为负值，并且均通过 1% 显著性检验。这说明金融中介化发展不利于促进经济增长，进一步验证了我国银行业当前发展不平衡与不合理的问题，存在银行资本资源配置低效的情况。

（2）针对引入产业结构中介变量的指标分析。模型（1）至模型（3）的回归结果显示，无论采用基于规模的金融结构指标、基于行为的金融结构指标还是基于效率的金融结构指标，产业结构与金融结构的交叉项系数均为负值，分别通过1%、1%与5%的显著性检验。这说明农业占比越高的地区，在金融结构的影响下更不利于地区经济的快速增长。换言之，随着工业与服务业占比的不断提高，在金融结构的影响下更有利于地区经济的快速增长，即金融结构通过适应与匹配产业结构下的金融服务需求，进而促进经济增长。考虑到工业与服务业属于技术密集型与资本密集型产业，那么随着一地区更趋向于技术密集型与资本密集型的产业分布，相对于金融中介化程度，金融市场化程度的不断提升更有利于经济增长，即市场导向型金融结构更有利于促进经济增长。如前文所述的随着经济增长由低级阶段向高级阶段转变，金融结构对经济增长的影响效应可能更是通过这种机制来实现资源优化配置的。

（3）针对引入技术创新中介变量的指标分析。模型（4）至模型（6）的回归结果显示，无论采用基于规模的金融结构指标、基于行为的金融结构指标还是基于效率的金融结构指标，技术创新与金融结构的交叉项系数均为正值，分别通过5%、1%与1%的显著性检验。这说明一地区经济的技术创新活跃度越高，在金融结构的影响下更有利于经济增长，即金融结构通过支持与促进技术升级与创新型项目投资，进而促进经济增长。换言之，相对于金融中介化发展，金融市场化发展更有利于支持与促进技术创新和发展。这与前文理论预期保持一致。创新项目投资存在着技术创新是否成功、产品创新是否有潜在需求市场等方面的不确定性风险，这与银行体系下信贷发放的可偿还性、稳定收益性、低风险性等原则相悖，而金融市场中多层次的融资渠道为高新技术企业提供了必要的长期流动性资金支持和大额融资的风险分散机制，在促进投资者扩大财富的同时实现长期资本投资下的技术创新与产业升级。

表6-3　金融结构促进经济增长的影响机制回归结果

	Two–Step System GMM 动态模型检验（ln PGDP）					
中介变量	产业结构			技术创新		
被解释变量	结构——规模	结构——行为	结构——效率	结构——规模	结构——行为	结构——效率
模型	模型（1）	模型（2）	模型（3）	模型（4）	模型（5）	模型（6）
常数项	0.9079 *** (12.09)	1.0345 *** (10.67)	0.6691 *** (11.80)	0.6541 *** (12.94)	0.7908 *** (15.64)	0.6056 *** (11.21)
Ln PGDP 滞后一阶	0.9183 *** (173.24)	0.8893 *** (144.08)	0.9205 *** (184.36)	0.9381 *** (221.60)	0.9283 *** (150.29)	0.9299 *** (143.76)
FS	0.4841 *** (2.90)	0.1109 *** (10.77)	0.0043 (0.64)	-0.1178 ** (-2.28)	0.024 *** (11.55)	-0.0137 *** (-2.76)
FS×FS	-0.0865 *** (-3.09)	-0.0078 *** (-10.47)	0.0011 *** (3.29)	-0.0617 *** (-3.96)	-0.0073 *** (-15.64)	0.0013 *** (3.91)
FS×Ecostr	-0.0333 *** (-4.05)	-0.0067 *** (-8.20)	-0.0013 ** (-2.28)			
FS×Tech				0.007 ** (2.40)	0.0065 *** (5.67)	0.0016 *** (3.81)
FM	-0.0212 (-0.77)	-0.0077 (-1.51)	0.0104 *** (3.54)	0.0417 ** (2.52)	0.0035 (1.45)	0.0135 *** (3.87)
FB	-0.0265 *** (-5.09)	-0.0349 *** (-7.90)	-0.0291 *** (-6.08)	-0.0376 *** (-10.83)	-0.042 ** (-9.52)	-0.0325 *** (-8.60)
Capital	0.0007 *** (4.29)	0.0013 *** (7.28)	0.0006 *** (5.00)	0.0005 *** (3.24)	0.0006 *** (3.62)	0.0004 *** (3.23)
Labor	-0.0007 (-0.82)	-0.00002 (-0.02)	0.0009 (1.20)	0.00096 (1.47)	0.0017 (1.47)	0.0014 ** (2.00)
Edu	0.0099 *** (3.89)	0.0191 *** (3.30)	0.0233 *** (5.27)	0.0063 *** (2.41)	-0.0059 (-1.07)	0.0181 *** (3.97)
Inflat	0.0042 *** (9.49)	0.0037 *** (6.56)	0.0039 *** (7.94)	0.0038 *** (10.52)	0.0032 *** (5.97)	0.0039 *** (8.08)
F 统计概率	0.00	0.00	0.00	0.00	0.00	0.00
AR（1）; AR（2）	-2.40; 0.49	-2.19; -1.01	-2.61; -1.61	-2.98; -0.35	-1.66; -1.25	-2.46; -1.30
Hansen 检验	30.17 (p=0.996)	29.07 (p=0.899)	29.96 (p=0.876)	30.19 (p=0.996)	30.67 (p=0.856)	30.29 (p=0.867)
有效样本	496	496	496	496	496	496

注：括号内数值为 t 统计值检验；其中 * * *、* *、* 分别表示在1%、5%、10%水平下显著。

三、稳健性检验

为验证拟合结果的稳定性，拟对模型进行稳健性检验。本章在实证检验中变换了核心解释变量，在稳健性检验中，拟采取实际 GDP 作为被解释变量进行检验。由表 6-4 可知，基于规模、行为与效率的金融结构与产业结构的交叉项对经济增长的影响系数为负值，并且均在 1% 检验水平上显著；基于规模、行为与效率的金融结构与技术创新的交叉项对经济增长的影响系数为正值，并且均在 1% 检验水平上显著。这与前文的实证检验结果保持高度的一致性，进一步检验了前文实证拟合结果的稳健性。基于规模与行为的金融结构平方项对经济增长的影响系数为负值，并且通过 10% 显著性检验，与前文结果基本保持一致，进一步验证了基于规模与行为的金融结构与经济增长之间的非线性关系。金融市场化发展对经济增长存在显著正向影响，而金融中介化发展对经济增长存在显著负向影响。

表 6-4 金融结构促进经济增长的影响机制回归结果

中介变量	产业结构			技术创新		
被解释变量	结构——规模	结构——行为	结构——效率	结构——规模	结构——行为	结构——效率
模型	模型（7）	模型（8）	模型（9）	模型（10）	模型（11）	模型（12）
常数项	0.9142*** (17.75)	0.9474*** (20.78)	0.6897*** (9.82)	0.6636*** (12.98)	0.6612*** (10.89)	0.5702*** (11.42)
ln GDP 滞后一阶	0.9521*** (272.55)	0.9486*** (209.97)	0.9632*** (330.89)	0.9648*** (232.57)	0.9642*** (172.87)	0.9738*** (238.59)
FS	0.4861** (2.53)	0.0777*** (5.70)	0.0029 (0.50)	−0.0897 (−1.17)	0.0019 (0.43)	−0.0226*** (−6.19)
FS×FS	−0.0764*** (−4.44)	−0.0055*** (−4.30)	0.001*** (2.90)	−0.0282* (−1.90)	−0.0033*** (−4.73)	0.0007** (2.21)
FS×Ecostr	−0.0347*** (−4.21)	−0.0053*** (−6.50)	−0.0019*** (−3.27)			

续表

<table>
<tr><th colspan="7">Two-Step System GMM 动态模型检验（ln GDP）</th></tr>
<tr><td>中介变量</td><td colspan="3">产业结构</td><td colspan="3">技术创新</td></tr>
<tr><td>被解释变量</td><td>结构——规模</td><td>结构——行为</td><td>结构——效率</td><td>结构——规模</td><td>结构——行为</td><td>结构——效率</td></tr>
<tr><td>模型</td><td>模型（7）</td><td>模型（8）</td><td>模型（9）</td><td>模型（10）</td><td>模型（11）</td><td>模型（12）</td></tr>
<tr><td rowspan="2">FS×Tech</td><td></td><td></td><td></td><td>0.0164 * * *</td><td>0.0052 * * *</td><td>0.0033 * * *</td></tr>
<tr><td></td><td></td><td></td><td>（3.33）</td><td>（6.24）</td><td>（5.99）</td></tr>
<tr><td rowspan="2">FM</td><td>−0.016</td><td>0.0178 * * *</td><td>0.0243 * * *</td><td>0.0068</td><td>0.0126 * * *</td><td>0.0248 * * *</td></tr>
<tr><td>（−0.43）</td><td>（3.42）</td><td>（4.17）</td><td>（0.24）</td><td>（2.75）</td><td>（8.24）</td></tr>
<tr><td rowspan="2">FB</td><td>−0.0319 * * *</td><td>−0.0447 * * *</td><td>−0.0284 * * *</td><td>−0.0348 * * *</td><td>−0.0441 * * *</td><td>−0.0303 * * *</td></tr>
<tr><td>（−4.66）</td><td>（−6.66）</td><td>（−7.35）</td><td>（−6.86）</td><td>（−6.54）</td><td>（−4.64）</td></tr>
<tr><td rowspan="2">Capital</td><td>−0.0008 * * *</td><td>−0.0005 * * *</td><td>−0.0006 * * *</td><td>−0.0006 * * *</td><td>−0.0005 *</td><td>−0.0007 * * *</td></tr>
<tr><td>（−3.07）</td><td>（−2.76）</td><td>（−3.68）</td><td>（−3.05）</td><td>（−1.89）</td><td>（−3.42）</td></tr>
<tr><td rowspan="2">Labor</td><td>−0.0048 * * *</td><td>−0.0051 * * *</td><td>−0.0036 * * *</td><td>−0.0017 * *</td><td>−0.0014</td><td>−0.0016 *</td></tr>
<tr><td>（−5.93）</td><td>（−6.57）</td><td>（−3.85）</td><td>（−2.11）</td><td>（−1.47）</td><td>（−1.76）</td></tr>
<tr><td rowspan="2">Edu</td><td>0.0095 * * *</td><td>0.0132 * * *</td><td>0.0127 * * *</td><td>−0.0006</td><td>−0.0013</td><td>−0.0004</td></tr>
<tr><td>（3.13）</td><td>（4.02）</td><td>（4.31）</td><td>（−0.15）</td><td>（−0.26）</td><td>（−0.06）</td></tr>
<tr><td rowspan="2">Inflat</td><td>0.006 * * *</td><td>0.006 * * *</td><td>0.0052 * * *</td><td>0.0059 * * *</td><td>0.0052 * * *</td><td>0.0054 * * *</td></tr>
<tr><td>（19.04）</td><td>（19.51）</td><td>（10.51）</td><td>（15.85）</td><td>（12.37）</td><td>（12.09）</td></tr>
<tr><td>F 统计概率</td><td>0.00</td><td>0.00</td><td>0.00</td><td>0.00</td><td>0.00</td><td>0.00</td></tr>
<tr><td>AR（1）；
AR（2）</td><td>−2.74；
−2.57</td><td>−2.98；
−2.65</td><td>−2.71；
−3.06</td><td>−2.65；
−2.66</td><td>−1.63；
−2.01</td><td>−1.78；
−2.58</td></tr>
<tr><td>Hansen
检验</td><td>30.39
（p=0.864）</td><td>30.25
（p=0.868）</td><td>30.38
（p=0.864）</td><td>30.39
（p=0.864）</td><td>30.51
（p=0.996）</td><td>30.52
（p=0.996）</td></tr>
<tr><td>有效样本</td><td>496</td><td>496</td><td>496</td><td>496</td><td>496</td><td>496</td></tr>
</table>

注：括号内数值为 t 统计值检验；其中 * * *、* *、* 分别表示在 1%、5%、10%水平下显著。

第二节　引入金融体系内在特征的实证分析

本节在前文的基础上，通过引入银行业与股票市场的内在深层次结构特征，选取 2006~2017 年 31 个省份的历史数据，探究金融体系内在深层次结构如何优化才能更有助于促进经济增长，旨在为如何安排金融体系内在结构的优化与调整才能更好地促进经济增长提供经验借鉴。

一、模型设计与变量选取

前文已通过实证分析发现，相比于银行导向型金融结构，市场导向型金融结构更有利于优化市场的资源配置进而促进经济增长。为进一步强化对其内在理论逻辑的理解，本节在前文研究的基础上，通过引入银行业与股票市场的内在深层次结构特征，结合前文研究结果进行"综合与交叉"分析，从而对本书的研究问题进行金融体系内在深层次结构的考察与探究。本节深层次结构特征分析的模型构建如下：

$$Y_{ij}=c+\beta_0 Y_{i-k,j}+\beta_1\times FS_{ij}+\beta_2 FS_{ij}^2+\beta_3 FS_{ij}\times Bcentr_{ij}+\beta_4 Bcentr_{ij}+$$

$$\beta_5 FS_{ij}\times Mcirc_{ij}+\beta_6 Mcirc_{ij}+\beta_7 FM_{ij}+\beta_8 FB_{ij}+\beta_9 X_{ij}+\mu_i+\upsilon_j+\varepsilon_{ij} \qquad (6-2)$$

其中，$Bcentr_{ij}$ 与 $Mcirc_{ij}$ 分别表示 i 时刻 j 地区的银行业结构与股市结构的特征变量，其他变量均与前文定义相同，β_3 与 β_5 是本节重点研究的指标系数。具体指标选取：针对银行业内在结构特征，参考林毅夫和姜烨（2006）的研究文献，采用银行业集中度作为衡量指标，即大型商业银行资产/银行业总资产；该指标在一定程度上反映了银行业的垄断、竞争状况，大小银行的对比状况等；其数据来源于 31 个省份 2006~2017 年的金融运行报告，由笔者整理所得。针对股票市场的内在结构特征，文献中尚未有统一的衡量指标，一般会根据研究目的差异而针对性选取，故本章选取股票流通率作为衡量指标，即股票市场交易额/股票市值；其数据来源于 EPS 数据库。具体指标选取如表 6-5 所示。

表 6-5　变量指标选取及说明

变量指标		指标量化描述
被解释变量	人均实际 GDP（lnPGDP）	实际 GDP/总人口的对数值（2010 年不变价）
	国内生产总值（lnGDP）	实际国内生产总值的对数值（2010 年不变价）
解释变量	金融结构——规模（FSGM）	股票市值/（贷款余额+存款余额）
	金融结构——行为（FSXW）	股票市场交易额/银行贷款余额
	金融结构——效率（FSXL）	（股票市场交易额/GDP）×净利差

续表

变量指标		指标量化描述
控制变量	金融市场化程度（FMD）	股市市值占 GDP 比重
	金融中介化程度（FBD）	银行贷款与银行存款占 GDP 比重
	人力资本水平（Edu）	平均受教育期限（笔者计算所得）
	资本形成率（Capital）	资本形成总额占 GDP 比重
	劳动力供给（Labor）	15~65 岁适工人口占总人口比重
	通货膨胀率（Inflat）	居民消费物价指数
内在特征	银行集中度（Bcentr）	大型商业银行资产/银行业总资产
	股票流通率（Mcirc）	股票市场交易额/股票市值

表 6-6 展示了主要变量的描述性统计结果。

表 6-6　变量的描述性统计结果

变量	样本数	平均值	标准差	最小值	最大值
ln PGDP	372	10. 37854	0. 536193	8. 81452	11. 58123
ln GDP	372	9. 267344	1. 033527	5. 797011	11. 22451
FSGM	372	0. 1806086	0. 2502566	0. 0344269	3. 625247
FSXW	372	1. 606084	1. 503506	0. 1002044	14. 6276
FSXL	372	1. 666673	2. 287213	−1. 095731	24. 08877
FMD	372	0. 6752916	1. 609576	0. 0597493	22. 31035
FBD	372	2. 907692	1. 15228	1. 400482	7. 900649
Capital	372	61. 60923	18. 04713	35. 9	148. 4671
Labor	372	73. 5901	3. 518479	64. 48087	83. 84523
Inflat	372	2. 807931	1. 954578	−2. 3462	10. 0865
Edu	372	8. 653846	1. 076561	4. 56925	12. 04506
Bcentr	372	43. 67885	11. 16913	18. 11233	96. 65971
Mcirc	372	4. 748487	3. 289372	0. 1675363	22. 75772

资料来源：Stata 15 处理所得。

二、实证结果与分析

表 6-7 给出了以人均实际 GDP 的对数值作为被解释变量，引入银行业与股票市场的内在深层次结构特征的回归结果。首先，在不考虑其他因素（控制变量）的情况下，仅在金融发展程度下引入银行集中度、股票流通率及其与金融结构的交叉项，明确金融体系内在深层次结构特征是如何影响金融结构对经济增长的影响效应的。其次，经济增长不仅受到金融因素的影响，还会受到其他因素的影响，故引入资本形成率、劳动力供给、人力资本水平及通货膨胀率作为控制变量，旨在为分析在引入控制变量后实证结果的稳健性与显著性。整体来看，六个模型设定的拟合优度均相对合理，其 F 统计值的概率均为 0.00；模型中 Hansen 过度识别检验结果均处在 0.17~0.71，均不显著，说明工具变量是有效的。

（1）针对金融结构与金融发展的指标分析。模型（1）至模型（6）的回归结果显示，无论加入控制变量与否，在引入银行集中度与股票流通率的深层次结构因素之后，金融结构的平方项对经济增长的影响效果与前文实证结果保持一致；这进一步检验了前文实证拟合结果的稳健性，验证了基于规模与行为的金融结构与经济增长之间的非线性关系。值得关注的是，模型（1）与模型（3）的回归结果中，相对于前文实证检验结果，金融结构——规模与行为对经济增长的影响系数均为正值，这说明在考虑金融体系深层次结构因素下，基于规模与行为的金融结构与经济增长之间存在最优金融结构，即存在"倒 U 形"关系。在六个模型中，金融市场化程度对经济增长的影响系数均为正值，除了模型（4）之外均通过 1% 显著性检验。这说明金融市场化的发展有利于促进经济增长。同时，金融中介化程度对经济增长的影响系数均为负值，大都通过 5%显著性检验。这说明金融中介化发展并不利于促进经济增长，再一次验证了我国银行业当前发展不平衡与不合理的问题，存在银行资本资源配置低效的情况。

（2）针对银行业深层结构特征的指标分析。金融结构与银行集中度的交叉项，在模型（1）与模型（3）中对经济增长的影响通过 5%显著性检验，并且系数为负值；在引入控制变量的情况下，仅在模型（2）中对经济增长的影响通过 1% 显著性检验，并且系数为负值；其他模型中对经济增长的影响未通过显著性检验。这表明在银行集中度因素的影响下，基于规模的金融结构对经济增长存在负向显著影响；基于行为的金融结构对经济增长在一定程度上存在负向显著影响；而基于效率的金融结构对经济增长的影响无法有效判断。在六个模型中，银行集中度对经济增长的影响系数均为正值，并且除了模型（4）以外均通过 1% 显著性检验。这说明银行集中度的提升有利于促进经济增长。学者们对银行集中度与经济增长关系的研究一直存在两个不同的观点（刘晓光等，2019），而本章研究发现为其提供了更多的经验证据。一是基于信息经济学理论，市场并非完全有效，而是存在信息不完全性与信息成本外化现象。具备较强垄断优势的银行更易与企业建立长期、稳定的"银企关系"，凭借其掌握的大量市场信息，可以显著地缓解因信息不对称问题导致的信息溢价问题，规避信贷行为中的道德风险与逆向选择风险；同时，银行通过识别具有可行性的高价值、高效率的投资项目并为该项目提供贷款支持，进而提升了资源配置效率，实现经济增长（Robert & Levine，1993；Petersen & Rajan，1995）。二是基于产业组织理论，具备垄断地位的大型银行因缺乏竞争威胁，凭借其垄断优势与规模优势可在一定程度上控制存贷利差，即高贷款利率、低存款利率，从而降低社会储蓄率且极易实现信贷配给，将信贷发放给资金充足、效率相对较低的国企或大型企业，引发金融资源的低效运行，进而导致社会总产出的增速放缓（Dewatripont & Maskin，1995；Guzman，2000a）。同时，张一林等（2019）认为相对于规模较小的银行，大型银行在甄别软信息（如企业家经营能力）方面不具有比较优势，大型银行为了防范企业家风险，需严格要求抵押品质量与数量并实施严格的违约清算，而这一特性难以为中小企业提供有效的金融支持。

（3）针对股票市场深层结构特征的指标分析。金融结构与股票流通率的交叉项，在基于规模与行为的金融结构下的模型（1）至模型（4）中，无论加入控制变量与否，对经济增长的影响系数均为正值，并且通过 1% 显著性检验；而在基于效率的金融结构下的模型（5）与模型（6）中，对经济增长的影响均未通过显著性检验，但系数为负值。这说明股票市场的效率与活力的提升对金融结构促进经济增长的加速作用具有强化效应。但是在六个模型中，股票流通率的提升对经济增长的影响系数均为负值，并且均在1%检验水平上显著，这说明我国股票流通率的提升并不利于促进经济增长。导致这一实证结果可能存在以下原因①：一是我国金融市场发展尚处于初级阶段，直接融资渠道尚不完善，主要表现在股票市场与实体经济之间的资本配置机制尚显不足，使得金融资本进入实体经济的比例降低，或者进入实体经济的链条拉长、速度减慢、成本提高。二是随着经济金融化的快速发展，大量的资金、人才等资源乐于在虚拟经济中自我循环，致使金融偏离服务实体经济的本质。一方面，金融资金在体系内循环，金融机构之间出现同业融资、同业投资、表外业务大幅增长的现象，或者金融资本直接被投入具有金融属性的房地产，造成金融自我繁荣；另一方面，大量实体企业将资金从生产经营领域转投到金融市场和房地产领域，造成市场投机炒作和经济泡沫。三是投资主体的散户化，机构投资者比重较低，存在投机行为，虽然提升了市场的流动性，但是也增加了市场的泡沫风险。

表 6-7　金融结构与经济增长规模之间的动态模型检验

被解释变量	Two-Step System GMM 动态模型检验 （lnPGDP）					
	结构——规模		结构——行为		结构——效率	
模型	模型（1）	模型（2）	模型（3）	模型（4）	模型（5）	模型（6）
常数项	1.8705*** (9.35)	0.7788*** (3.53)	0.9678*** (8.29)	0.8785*** (7.60)	1.0107*** (18.94)	0.3654*** (3.84)
ln PGDP 滞后一阶	0.8148*** (51.38)	0.9381*** (42.97)	0.9139*** (93.41)	0.8996*** (55.29)	0.9165*** (156.29)	0.9737*** (65.61)
FS	1.4073*** (7.91)	1.2832*** (5.29)	0.0198* (1.65)	0.0115 (0.62)	-0.0118* (-1.67)	0.0033 (0.29)
FS×FS	-0.0558* (-1.65)	-0.108*** (-3.36)	-0.003*** (-4.85)	-0.003*** (-3.02)	0.0015*** (2.96)	0.0002 (1.08)
FS×Bcentr	-0.044*** (-8.11)	-0.035*** (-6.38)	-0.0005** (-2.19)	-0.0001 (-0.19)	0.0002 (1.32)	0.0003 (1.28)

① 马晶晶. 金融与实体经济发展失衡探讨 [J]. 合作经济与科技, 2017 (13): 46-47.

续表

	Two-Step System GMM 动态模型检验（lnPGDP）					
被解释变量	结构——规模		结构——行为		结构——效率	
模型	模型（1）	模型（2）	模型（3）	模型（4）	模型（5）	模型（6）
Bcentr	0.0057***	0.0047***	0.0019***	0.0002	0.0005***	0.0023***
	(4.89)	(2.91)	(2.67)	(0.44)	(4.17)	(3.06)
FS×Mcirc	0.1187***	0.0554***	0.0039***	0.0028***	−0.0002	−0.0006
	(7.86)	(3.79)	(6.91)	(3.09)	(−0.39)	(−1.17)
Mcirc	−0.028***	−0.016***	−0.017***	−0.0131***	−0.0059***	−0.006***
	(−13.89)	(−6.51)	(−12.25)	(−7.79)	(−5.77)	(−4.29)
FM	0.1255***	0.1264***	0.0056***	0.0017*	0.0082***	0.0067***
	(3.61)	(4.60)	(4.10)	(1.80)	(14.37)	(7.71)
FB	−0.0106	−0.068***	−0.0061**	−0.0065*	−0.0216***	−0.0353***
	(−1.42)	(−7.36)	(−1.97)	(−1.94)	(−6.75)	(−9.79)
Capital		0.0005*		−0.0001		0.00001
		(1.79)		(−0.79)		(0.06)
Labor		0.0029**		0.0014		−0.0031**
		(2.04)		(1.39)		(−2.09)
Edu		−0.032***		0.0213***		0.0257***
		(−5.13)		(4.16)		(5.16)
Inflat		0.0004		0.0025***		0.0022***
		(0.53)		(4.38)		(5.28)
F 统计概率	0.00	0.00	0.00	0.00	0.00	0.00
AR（1）；AR（2）	−2.66；−1.38	−2.50；−1.54	−3.45；0.40	−2.67；0.96	−1.28；0.75	−2.11；0.27
Hansen 检验	29.95（p=0.52）	28.94（p=0.67）	30.55（p=0.59）	28.15（0.71）	30.42（p=0.17）	28.12（p=0.35）
有效样本	341	341	341	341	341	341

注：括号内数值为 t 统计值检验；其中＊＊＊、＊＊、＊分别表示在1%、5%、10%水平下显著。

三、稳健性检验

为验证拟合结果的稳定性，拟对模型进行稳健性检验。本章在实证检验中变换了核心解释变量，在稳健性检验中，拟采取实际 GDP 作为被解释变量进行检验。由表 6-8 可知，稳健性检验的实证结果与前文实证结果保持高度的一致性，进一步检验了前文实证拟合结果的稳健性。具体分析如下：①基于规模、行为与效率的金融结构与银行集中度的交叉项对经济增长的影响系数均为负值，并且在模型（7）至模型（10）中通过显著性检验，在模型（11）与模型（12）中结果不显著。在六个模型中，银行集中度对经济增长的影响系数均为正值，并且均通过 1%或 5%的显著性检验。这进一步检验了在银行集中度因素的影响下，金融结构的提升不利于促进经济增长，而银行集中度的提升有利于促进经济增长。②金融结构与股票流通率的交叉项，在模型（7）至模型（10）中，对经济增长的影响系数均为正值，并且通过 1%显著性检验；而在基于效率的金融结构下模型（11）和模型（12），对经济增长的影响均未通过显著性检验，但系数为负值。股票流通率对经济增长的影响系数均为负值，并且通过显著性检验。这进一步检验了在股票流通率因素的影响下，金融结构的提升有利于促进经济增长，而股票流通率的提升并非有利于经济增长。③基于规模与行为的金融结构平方项对经济增长的影响系数为负值，并且通过 10%与 1%的显著性检验，与前文结果基本保持一致，进一步验证了基于规模与行为的金融结构与经济增长之间的非线性关系；同时，基于规模与行为的金融结构对经济增长的影响系数为正值，并且通过 1%显著性检验。这进一步检验了在考虑金融体系深层次结构因素下，基于规模与行为的金融结构与经济增长之间存在最优金融结构，即存在"倒 U 形"关系。金融市场化发展对经济增长存在正向显著影响，而金融中介化发展对经济增长存在负向显著影响。

表 6-8　引入银行业与股市内部结构特征的动态模型检验

被解释变量	Two-Step System GMM 动态模型检验（lnGDP）					
	结构——规模		结构——行为		结构——效率	
模型	模型（7）	模型（8）	模型（9）	模型（10）	模型（11）	模型（12）
常数项	0.2809*** (2.95)	−0.028 (−0.17)	0.2376*** (2.77)	0.5133** (2.00)	0.4223*** (2.85)	0.2843 (1.49)

续表

	Two-Step System GMM 动态模型检验（lnGDP）					
被解释变量	结构——规模		结构——行为		结构——效率	
模型	模型（7）	模型（8）	模型（9）	模型（10）	模型（11）	模型（12）
ln GDP 滞后一阶	0.9675***	1.0153***	0.9809***	1.0481***	0.97***	0.9901***
	(128.37)	(102.56)	(110.15)	(52.52)	(73.99)	(65.89)
FS	0.7961***	1.1229***	0.0211***	0.0832***	0.0114	0.0404
	(4.06)	(3.92)	(3.35)	(3.76)	(0.28)	(1.07)
FS×FS	−0.0726*	−0.0679***	−0.0071***	−0.0086***	0.0027	0.0017
	(−1.70)	(−4.32)	(−5.11)	(−2.97)	(1.04)	(0.60)
FS×Bcentr	−0.0165***	−0.025***	−0.0003*	−0.0011***	−0.00006	−0.00003
	(−5.17)	(−4.41)	(−1.80)	(−2.61)	(−0.08)	(−0.04)
Bcentr	0.0049***	0.0067***	0.0036***	0.008***	0.0024***	0.0032**
	(6.11)	(6.13)	(5.94)	(6.05)	(3.03)	(2.37)
FS×Mcirc	0.0253***	0.0233**	0.0061***	0.0056***	−0.0018	−0.0027
	(4.09)	(2.02)	(7.59)	(3.18)	(−0.58)	(0.406)
Mcirc	−0.0079***	−0.0097***	−0.0202***	−0.0254***	−0.0076*	−0.011**
	(−8.04)	(−5.46)	(−12.70)	(−4.88)	(−1.71)	(−2.10)
FM	0.0259*	0.03***	0.0099*	0.0026	0.0104***	0.009*
	(1.73)	(4.01)	(1.88)	(0.2)	(3.38)	(1.94)
FB	−0.0322***	−0.0409***	−0.0261***	−0.0209**	−0.0476***	−0.054***
	(−7.70)	(−5.96)	(−4.05)	(−1.99)	(−2.84)	(−4.72)
Capital		0.0006***		0.001*		0.00007
		(3.04)		(1.86)		(0.15)
Labor		−0.002		−0.0195***		−0.0055**
		(−1.53)		(−6.42)		(−2.35)
Edu		−0.0109**		0.0275*		0.034**
		(−2.31)		(1.69)		(2.38)
Inflat		0.0063***		0.0097***		0.008***
		(14.14)		(14.05)		(4.94)
F 统计概率	0.00	0.00	0.00	0.00	0.00	0.00
AR（1）；AR（2）	−2.49；−2.06	−1.97；−1.63	−3.10；−3.20	−1.72；−2.30	−1.76；−1.35	−1.89；−1.26
Hansen 检验	30.04 (p=0.71)	27.25 (p=0.20)	30.73 (p=0.48)	28.16 (p=0.40)	30.56 (p=0.17)	28.39 (p=0.24)
有效样本	341	341	341	341	341	341

注：括号内数值为 t 统计值检验；其中 * * *、* *、* 分别表示在 1%、5%、10%水平下显著。

第三节　引入金融创新下影子银行体系的实证分析

本节在前文研究的基础上，通过引入金融创新下影子银行体系的发展，进一步探究影子银行、金融结构和经济增长的动态关系。

一、模型选择与变量选取

综观全球金融发展，金融结构的变迁不仅是由经济增长和产业结构调整带来的需求变化所导致，也是一系列金融创新产品持续供给的推动结果。[①] 进入21世纪以后，现代金融体系内部结构演化也更加复杂，银行体系与金融市场之间的交叉融合趋势比较明显，市场中出现了大量的证券化金融中介，即影子银行体系，如非银行、非保险等非银行类金融机构。在金融结构市场化变迁中，影子银行体系是一个重要环节，也是推动金融结构变迁的重要推力之一。影子银行体系的出现，对传统金融中介（商业银行）的地位发起了挑战，同时也促使银行的业务模式呈现市场化转变，如信息处理外部化、银企长期稳定关系逐渐弱化、更多的青睐市场评级识别企业信用；其经营模式由"发起—持有"向"发起—分销"转变，如做市商业务、投资银行业务、资产证券化及信用风险管理等[②]。由此可见，影子银行体系在推进银行向市场型结构融入的过程中扮演着重要的角色，并且影子银行体系的发展也在一定程度上在银行体系与金融市场之间培育了一种共生生态圈（付海燕，2016）。陈雨露和马勇（2008）认为，在21世纪，市场导向型金融结构将会逐步成为全球金融体系的发展趋势，在这一演变过程中金融创新下的影子银行体系，即脱媒后的资金以多元化的间接方式服务实体经济，在推进银行体系市场化发展与金融市场扩张方面发挥着

[①] 周新辉，李富有. 金融创新、金融结构演进与影子银行的发展 [J]. 甘肃社会科学，2016（4）：219-223.

[②] 周莉萍. 金融结构理论：演变与述评 [J]. 经济学家，2017（3）：79-89.

重要作用。按照金融稳定理事会的定义，影子银行是指游离于银行监管体系之外、可能引发系统性风险和监管套利等问题的信用中介体系（包括各类相关机构和业务活动）。可见，影子银行体系在推动银行体系与金融市场融合发展促进经济增长的同时，也会引发大量的系统性风险，如期限错配风险、流动性转换风险、信用转换风险和高杠杆风险等，进而引发经济波动，阻碍经济增长。那么，金融创新下影子银行体系的不断发展，将会如何影响金融结构对经济增长的作用效应？该如何调整与优化金融结构才能够更好把控"防风险，稳增长"的平衡，进一步促进经济增长？对此，本节在前文研究的基础上，通过引入金融创新下影子银行体系的发展，进一步探究影子银行、金融结构和经济增长的动态关系。

本节选取 VAR 模型，从序列平稳性检验、协整检验、因果关系、脉冲冲击、方差分解等方面，分析影子银行、金融结构和经济增长的动态关系。将影子银行标记为"ln Shadow"，在我国规避监管的功能视角下，可将"影子银行"划分为三种形式：银行理财产品、非银行金融机构贷款产品和民间借贷；考虑数据的可获得性，基于国内社会融资的增量法，采用委托贷款、信托贷款及未贴现银行承兑汇票的总额的对数值来衡量；将金融结构标记为 FS，采用（非金融企业境内股票融资+企业债券）/银行国内外贷款来衡量；采用以 2002 年为基准的人均实际 GDP 的对数值来衡量经济增长，以消除 VAR 模型中的价格影响因素。相关数据来源于 Wind 资讯和国家统计局。

在进行实证建模前，需要先对相关变量进行统计描述，已反映各变量在样本区间内的整体运行状况，初步观察变量间的关联性（见图 6-1）。在样本区间内，经济增长、金融结构与影子银行融资规模占比均呈现上升趋势，但是金融结构与影子银行之间存在两种状态：一种是同步上升趋势，另一种是相反变动趋势。

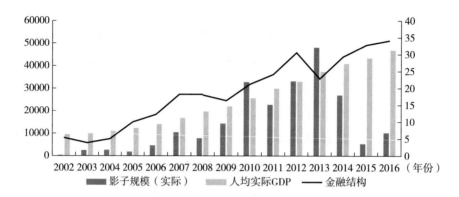

图 6-1　2002~2016 年经济增长、金融结构与影子银行的发展情况

资料来源：Wind 资讯、国家统计局，笔者整理所得。

二、基于 VAR 模型的平稳性与协整检验

（一）序列平稳性检验

VAR 模型建立基础需要保证指标变量的平稳性。故本章采用 ADF 单位根检验，其中对具有单位根的序列进行差分后再检验。依据 ADF 的检验方法，表 6-9 展示了相关变量的检验结果。由表 6-9 可知，ln PGDP 与 FS 的 ADF 值分别为 -0.666 与 0.536，大于其 5% 水平上的临界值，因此，这两个时间序列变量属于不平稳序列；ln Shadow 的 ADF 值为 -3.555，小于 5% 水平上的临界值，故属于平稳序列。ln PGDP 的二阶差分及 FS 和 ln Shadow 的一阶差分 ADF 值分别为 -3.605、-5.377 和 -4.711，小于 5% 水平上的临界值，且在 1% 水平上显著，故其一阶或二阶差分属于稳定序列。

表 6-9　主要变量的 ADF 单位根检验结果

变量	ADF 值	检验类型 (c, t, k)	临界值 (5%)	临界值 (10%)	结论
ln PGDP	-0.666	(c, t, 0)	-3.000	-2.630	不平稳
D (2) . ln PGDP	-3.605***	(c, t, 0)	-3.000	-2.630	平稳

续表

变量	ADF 值	检验类型 (c, t, k)	临界值 (5%)	临界值 (10%)	结论
FS	−0.536	(c, t, 4)	−3.000	−2.630	不平稳
D. FS	−5.377***	(c, t, 4)	−3.000	−2.630	平稳
ln Shadow	−3.555***	(c, t, 3)	−3.000	−2.630	平稳
D. ln Shadow	−4.711***	(c, t, 3)	−3.000	−2.630	平稳

注：D 代表一阶差分；c 表明截距项；t 表示趋势项；k 是滞后项，由 SIC 准则确定。其中***、**、*分别表示在 1%、5%、10%水平下显著。

(二) 协整检验：长短期作用关系分析

为考察所选变量间最根本的关系，需对相关变量进行协整检验，对具有协整关系的变量建立协整模型，以分析变量间的长期作用程度，并通过误差修正模型考察短期作用强度。在此处采取 OLS 估计长期均衡关系，即 "EG－ADF 两步法" 协整检验；采用 Johansen 的 MLE 方法估计该系统的向量误差修正模型（VECM），即 VEC 协整检验。

1. "EG－ADF 两步法" 协整检验

考虑到 ln PGDP、FS 与 ln Shadow 为滞后一阶或二阶单整变量，故本书运用 "EG－ADF 两步法" 对三个变量进行协整检验。其协整回归方程为：

$$\ln PGDP = \alpha + \beta \times \ln Shadow + \gamma \times FS + \varepsilon \tag{6-3}$$

OLS 估计此长期均衡关系的回归分析结果如表 6-10 所示。

表 6-10 "EG-ADF 两步法" 的回归结果

变量	系数	方差	t 统计值	P 值
常数	8.516556***	0.2425634	35.11	0.000
ln Shadow	0.0642022*	0.0326658	1.97	0.073
FS	0.0469775***	0.004706	9.98	0.000

注：***、**、*分别表示在 1%、5%、10%水平下显著。

对残差值 ε 进行 ADF 单位根检验，结果如表 6-11 所示。

表 6-11　残差 ADF 单位根检验

变量	ADF 值	临界值（1%）	临界值（5%）	临界值（10%）	结论
残差 ε	-3.562***	-3.750	-3.000	-2.630	平稳

注：***、**、*分别表示在 1%、5%、10%水平下显著。

依据表 6-10 可得出长期均衡关系的协整回归方程为：

$$\ln PGDP = 8.516556 + 0.0642022 \times \ln Shadow + 0.0469775 \times FS \qquad (6\text{-}4)$$

由表 6-11 可知，残差 ε 的 ADF 值为-3.562，小于-3.000 和-2.630 的临界值，并且结果显著，故此残差 ε 属于平稳变量。这说明经济增长与影子银行和金融结构之间存在协整关系，即存在长期稳定的作用关系。协整方程表明，在其他变量不变的情况下，金融结构水平每增加 1%，经济增长将增加 0.047%；影子银行融资规模比重每提升 1%，经济增长将增加 0.0642%。在样本区间内，我国股市发展加速，对经济增长的影响程度变大，而影子银行规模虽然也在不断提升，但国家对其的监管力度近年来也在不断强化。因此，实证分析结果与我国经济增长的实际情况相符，并可以看出金融结构市场化将会是我国的发展趋势。

2. "VECM 模型"协整检验

协整方程描述了变量间的长期关系，为考察变量间的短期作用关系，需建立短期动态方程。根据 AIC 和 SC 准则，确定最优滞后期为 1。依据上述分析，可建立经济增长与影子银行和金融结构之间的 VECM 模型。如下所示：

$$D.\ (\ln PGDP) = \alpha + \beta_1 \times \ln Shadow + \beta_2 \times D.\ FS + \beta_3 \times \varepsilon_{t-1} + \mu_i \qquad (6\text{-}5)$$

表 6-12 展示了 VECM 模型回归结果。

表 6-12　VECM 模型回归结果

变量	系数	标准误	t 统计值	P 值
常数	-0.0968333	—	—	—
ln Shadow	0.0073481	0.0047768	1.54	0.124
D. FS	0.0129281	0.0204947	0.63	0.528
D. ε	0.3341249	0.4581619	0.73	0.466

根据表 6-12, 得出 VECM 回归方程:

D.（ln PGDP）= -0.0968333+0.0073481×ln Shadow+

0.0129281×D. FS+0.3341249×ε_{t-1}　　　　　　　　　　　　　　　(6-6)

针对 VECM 模型的稳定性进行检验, 发现除了 VECM 模型本身所假设的单位根之外, 伴随矩阵的所有特征值均落在单位圆之中, 故是稳定的（见图6-2）; 但有 1 个处于单位圆上, 这意味着有些冲击有较强的持续性。根据各变量系数可知, 当影子银行融资规模提升 1 单位时, 经济增长水平增加 0.0073481; 当金融结构水平提升 1 单位时, 经济增长水平增加 0.0129281; 当短期波动偏离长期均衡时, 将会以 0.3341249 的力度从非均衡状态调整为均衡状态。

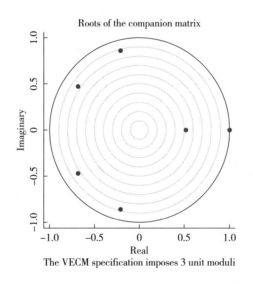

图 6-2　VECM 系统稳定性的判别

(三) 格兰杰因果关系检验

由上文可知, 经济增长与影子银行和金融结构之间存在协整关系, 有必要进一步明确变量间的因果关系。下面将针对三者进行 Granger 因果关系检验（见表6-13）。

表 6-13　Granger 因果关系检验结果

原假设	F 统计值	相伴概率（α=0.1）
ln PGDP 不是 FS 的 Granger 原因	1.2332	0.2956
ln PGDP 不是 ln Shadow 的 Granger 原因	5.1831**	0.0488
FS 不是 ln Shadow 的 Granger 原因	4.2872*	0.0683
FS 不是 ln PGDP 的 Granger 原因	1.5573	0.2436
ln Shadow 不是 ln PGDP 的 Granger 原因	1.8046	0.212
ln Shadow 不是 FS 的 Granger 原因	3.3979*	0.0984

注：＊＊＊、＊＊、＊分别表示在1%、5%、10%水平下显著。

由表 6-13 可知，金融结构与影子银行之间存在单向 Granger 因果关系，即经济增长对影子银行的 F 统计值为 5.1831，通过 5%显著性检验，拒绝原假设，故经济增长变动是影子银行变动的原因。金融结构与影子银行之间存在双向 Granger 因果关系，即金融结构对影子银行的 F 统计值为 4.2872，通过 10%显著性检验，而影子银行对金融结构的 F 统计值为 3.3979，通过 10%显著性检验，拒绝原假设，故金融结构与影子银行之间互为变动原因。综上所述，经济增长、金融结构与影子银行之间存在影响链条，即经济增长—影子银行—金融结构—影子银行。这说明随着经济增长的不断变化，影子银行发展也会随之变动，并进一步引发金融结构与影子银行之间的相互影响。

三、基于 VAR 模型的脉冲响应与方差分解

为了更好地深入探究经济增长、影子银行与金融结构之间的动态关系，接下来将基于脉冲响应冲击和预测方差分解①来确定变量间的冲击变动（见图 6-3 和图 6-4）。

（一）脉冲响应结果

从图 6-3 的脉冲响应结果可知：①经济增长对金融结构的脉冲响应呈现

———————

① 脉冲响应函数描述的是 VAR 模型中一个变量的冲击给其他变量所带来的影响；而方差分解通过分析每一个冲击对变量变化的贡献度，进一步评价不同冲击的相对重要性。

"快速上升—缓慢下降"的趋势，即脉冲响应初始值在第 0 期为 0，随后在第 2~3 期达到最高点，随后呈现缓慢的下降，并无限趋近于 0；金融结构对经济增长的影响均为正向效应，这说明金融结构水平的提升有助于促进经济增长。②经济增长对影子银行的脉冲响应也呈现"上升—下降"的趋势，即脉冲响应初始值在第 1 期为 0，随后在第 1~2 期达到最高点，随后缓慢下降；其与金融结构的差异在于脉冲响应最高值明显低于金融结构，由正向效应转变为负向效应，并保持在负向效应区间。③影子银行对经济增长的脉冲响应呈现持续"快速—缓慢—快速—缓慢"的下降趋势，即脉冲响应初始值在第 0 期约为 0.35，随后在第 1 期快速降至约 0.21，并在第 2~3 期保持相对稳定，然后在第 3~5 期快速下降，并在第 5 期之后无限趋近于 0；经济增长对影子银行的影响均为正向效应，这说明经济增长的提升有助于影子银行的发展。④金融结构对影子银行的脉冲响应呈现"快速下降—快速上升—缓慢趋近于 0"的趋势，即脉冲响应初始值在第 0 期为 0，随后在第 1 期快速下降并达到最低点，并在第 2~3 期快速上升，突破 0 点并达到最高点，变为正向效应，此后缓慢下降趋近于 0；整体来看，影子银行对金融结构的影响呈现"负向效应—正向效应"，这说明影子银行的快速发展在短期对金融结构市场化发展具有抑制作用，长期具有促进效应，并且边际效用递减。

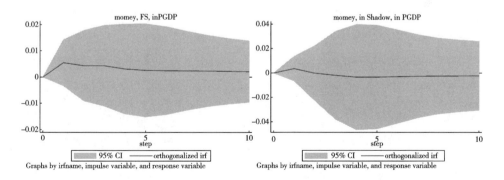

图 6-3　经济增长对金融结构与影子银行冲击的脉冲响应曲线

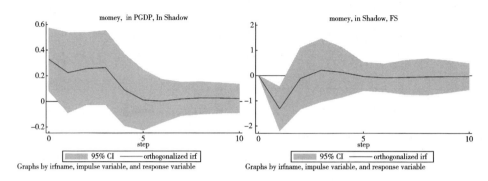

图6-3　经济增长对金融结构与影子银行冲击的脉冲响应曲线（续图）

注：右下图为金融结构对影子银行冲击的脉冲响应曲线。

（二）方差分解结果

从图6-4的预测方差分解结果反映了预测期内金融结构与影子银行的冲击作用对经济增长预测误差的相对贡献度。整体来看，影子银行与金融结构对经济增长的贡献率均为正向效应。

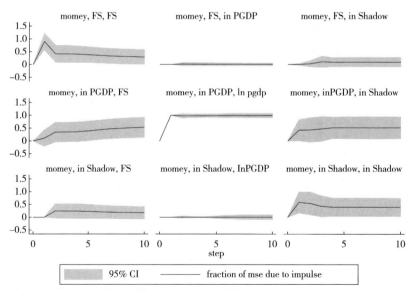

图6-4　所有变量的预测方差解析

（1）第 1 列的三个图分别显示了金融结构、经济增长与影子银行对金融结构的方差贡献率。根据方差贡献率由大到小依次是，在短期为金融结构、经济增长与影子银行，而长期是经济增长、金融结构与影子银行。其中，金融结构来自自身的贡献率呈现"上升—下降"的收敛趋势，由第 0 期的 0 上升至第 1 期的 0.8955，随后下降至第 10 期的 0.2933；经济增长对金融结构的方差贡献率呈现稳步上升趋势，由第 1 期的 0.1045 上升至第 10 期的 0.5308；影子银行对金融结构的方差贡献率呈现"上升—下降"的收敛趋势，由第 1 期与第 2 期的 0 上升至第 3 期的 0.2456，随后稳步降至第 10 期的 0.1759。

（2）第 2 列的三个图分别显示了金融结构、经济增长与影子银行对经济增长的方差贡献率。根据方差贡献率由大到小依次是经济增长、金融结构与影子银行。其中，金融结构对经济增长的方差贡献率呈现"小幅上升—稳步下降"的趋势，由第 1 期与第 2 期的 0 上升至第 3 期的 0.01661（最高点），随后稳步降至第 10 期的 0.0071；经济增长来自自身的贡献率呈现快速上升并保持的趋势，由第 0 期的 0 上升至第 1 期的 1，随即保持在 0.9900 左右；影子银行对经济增长的方差贡献率呈现"小幅下降—小幅上升"的趋势，由第 1 期的 0.0071 降至第 4 期的 0.00279，随即小幅上升至第 10 期的 0.00442。

（3）第 3 列的三个图分别显示了金融结构、经济增长与影子银行对影子银行的方差贡献率。根据方差贡献率由大到小依次是经济增长、影子银行与金融结构。其中，金融结构对影子银行的方差贡献率呈现上升收敛趋势，由第 1 期的 0.001538 上升至 0.1064，随即基本保持在 0.0922；经济增长对影子银行的方差贡献率呈现上升收敛趋势，由第 1 期的 0.417538 升至第 10 期的 0.513762；影子银行对自身的方差贡献率呈现"上升—下降"的收敛趋势，由第 0 期的 0 升至第 1 期的 0.5809，随即下降收敛于 0.3940。

综合来看，经济增长、金融结构与影子银行之间存在一定的影响关系，即经济增长—影子银行—金融结构—影子银行。这说明随着经济增长的不断变化，影子银行发展也会随之变动，并进一步引发金融结构与影子银行之间的相互影响。根据脉冲响应与方差分解结果，影子银行虽然对金融结构产生影响，但是方差贡献率在三者之中最低，并且其对金融结构的影响呈现"负向效应—正向效应"，短期波动影响较大，长期影响趋近于 0。金融结构对经济增长存在正向效应的影响，短期内小幅上升，长期内小幅降低。经济增长对金融结构与影子银行均存在正向效应的影响，并且随着时间的推移，方差贡献率逐步提升，但是相较于影子银行来说，经济增长对金融结构的影响效果更大。对此，基本可以判断，随着经济增长的不断提升，金融结构的市场化发展有助于促进经济增长，而经济增长又会直接影响金融结构，或通过影响影子银行间接影响金融结构的市场化发展。这与协整分析结果基本保持一致。

第四节　本章小结

前文已从静态与动态视角，采用国际与国内层面的历史面板数据，实证检验了金融结构与经济增长之间的"非线性"关系，验证了最优金融结构的存在性，以及不同经济增长水平与货币化程度下金融结构对经济增长的影响差异。为进一步增进对金融结构与经济增长之间内在理论逻辑的深入理解，本章在前文的基础上，引入实体经济与金融体系内在深层次特征做进一步分析，所得结论如下：

（1）通过引入产业结构与技术创新两个中介变量，进一步探究金融结构通过何种机制或渠道来促进经济增长。分析发现，以第一产业占比衡量的产业结构对金融结构与经济增长之间的关系存在负向影响；技术创新的提升对金融结构与经济增长之间的关系存在正向影响。这表明金融结构通过不断适应与匹配产业结构与技术创新下的金融服务需求，进而促进经济增长。换言之，随着工业与服务业占比的不断提高及技术创新水平的不断优化，金融结构市场化发展更有利于经济增长。这与前文经济增长与金融结构之间"负相关—正相关"的实证结果具有一致性。同时，研究也发现，引入实体经济内在特征后，基于规模与行为的金融结构与经济增长之间存在最优金融结构，即存在"倒 U 形"关系。

（2）通过引入银行业与股票市场的内在深层次结构特征，探究金融体系内在深层次结构如何优化才能更有助于促进经济增长。分析发现，虽然银行集中度对经济增长具有促进作用，但是却助推了金融结构对经济增长的负向效应，即不利于金融结构市场化发展。股票流通率对经济增长具有抑制作用，而有助于促进金融结构对经济增长的正向效应，即有利于金融结构市场化发展。同时，研究也发现，引入金融体系内在特征后，基于规模与行为的金融结构与经济增长之间存在最优金融结构，即存在"倒U形"关系。

（3）经济增长、金融结构与影子银行之间存在一定的影响关系，即经济增长—影子银行—金融结构—影子银行。这说明随着经济增长的不断变化，影子银行发展也会随之变动，并进一步引发金融结构与影子银行之间的相互影响。根据脉冲响应与方差分解结果，影子银行对金融结构的影响基本呈现"负向效应—正向效应"，再缓慢趋近于0；金融结构对经济增长的影响均为正向效应，影响效果呈现"快速上升—缓慢下降"的趋势；经济增长对影子银行的影响均为正向效应，影响效果呈现持续"快速—缓慢—快速—缓慢"的下降趋势。

（4）控制变量实证结果显示，金融市场化有助于促进经济增长，而金融中介化发展却不利于促进经济增长。资本形成率对经济增长存在负向影响。劳动力供给对经济增长存在正向与负向差异，即在引入实体特征的模型中存在负向效应，而在引入金融特征的模型中存在正向效应。人力资本水平与通货膨胀率对经济增长存在正向影响。

—— 第七章 ——

金融结构优化的选择与设计：国际经验比较

前文已经针对金融结构与经济增长之间的关系及引入实体与金融的内在特征等方面做了较为翔实的实证分析，但对于正处于增速换挡的中国需要何种金融体系、如何稳妥推进金融体系升级的问题尚未解决。党的十八大以来，党中央高度重视"深化金融供给侧结构性改革"，强调"要以金融体系结构调整优化为重点"①，尤其是明确提出"促进多层次资本市场健康稳定发展，提高直接融资特别是股权融资比重"②。可见，中国金融体系结构升级与优化已迫在眉睫。纵观历史，任何经济体金融体系结构的选择与设计具有其偶然性，也具有其必然性。偶然性在于政府对于"驱动事件③"的不同政策反应，导致了两种不同的金融体系结构变迁轨迹；必然性在于支持这一政策决策的驱动因素与各国长期形成并持续发展的政治、文化、经济与社会环境等"国家禀赋"密不可分。由于不同国家的"国家禀赋"存在差异化，故其金融体系结构的选择与设

① 资料来源于《习近平在中共中央政治局第十三次集体学习时强调　深化金融供给侧结构性改革　增强金融服务实体经济能力》。

② 资料来源于《政府工作报告——2019 年 3 月 5 日在第十三届全国人民代表大会第二次会议》。

③ 据史料记载，最早建立金融制度可追溯到公元前 6 世纪的欧洲金融中心——希腊，并延续到 18 世纪初，其是以货币兑换商与银行为主导，以实现重金属货币的支付与流通手段为目的。1719~1920 年欧洲爆发了两个相互关联的泡沫事件——"南海泡沫"事件（英国）与"密西西比泡沫"事件（法国），各国政府对这一事件的政策反应，导致英国走向市场导向型金融体系结构，而法国走向银行导向型金融体系结构。

计也必然存在一定差异。正是偶然性事件与必然性因素相互作用，最终形成了多种差异化的金融体系结构。将宏观法的直接融资占比①作为金融结构衡量指标，以 2018 年为例，美国约为 77.45%，即市场导向型；日本约为 52.89%，即混合导向型；德国约为 38.68%，即银行导向型。对此，本章选取美国、德国与日本三国作为典型样本，通过梳理与分析其金融体系结构变迁轨迹和经验教训，为探索适合中国国情的金融体系结构选择与设计提供借鉴经验。

第一节　主要发达国家金融结构优化的变迁轨迹

通过比较美国、日本与德国的金融结构变迁轨迹，发现一些共性规律：金融结构变迁存在较强的路径依赖，即直接融资比重不断提升的发展趋势，并经历"被动提升"和"主动提升"两个阶段。在"被动提升"阶段，伴随新产业兴起、金融自由化、金融国际化，这一阶段间接融资仍占主导，直接融资比重缓慢上升；在"主动提升"阶段，随着实体经济产业的技术创新与转型升级，直接融资比重超过间接融资，成为企业融资的主导方式，但两者既存在竞争替代又存在功能互补。②

一、"美国模式"：市场导向型金融体系结构

美国金融市场高度发达，1975 年以来，其直接融资占比基本保持在 45% 以上，甚至在 2018 年高达 77.45%，属于典型的市场导向型金融结构。其中，以"大萧条"事件（1929~1933 年）作为美国市场导向型金融结构形成的重要标志；20 世纪 90 年代的信息技术革命促进了美国金融结构市场化发展由"被动提升"向"主动提升"的转变（见图 7-1）。

---

① 直接融资占比的计算公式为：从规模视角下计算（上市公司市场资本总额+非金融企业债券）/（上市公司市场资本总额+非金融企业债券+银行提供给私营部门的国内信贷）。

② 任泽平，方思元，杨薛融．理财子公司影响全解析及发展展望［J］．债券，2019（10）：12-18.

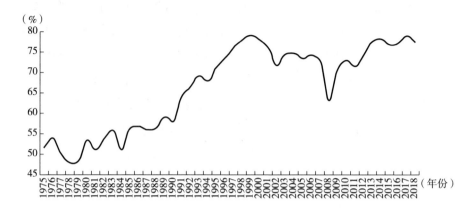

图 7-1　1975～2018 年美国直接融资占比演变轨迹

资料来源：笔者整理所得。

整体来看，美国金融体系结构的发展轨迹基本可以划分为四个阶段。

（一）政治因素导致的金融自由放任发展

自美国独立战争以后，美国逐渐从农业国家向工业国家转变，形成了南方发达的农业经济与北方新兴的工业经济的发展格局。随着西欧工业化的发展，特别是纺织工业的发展，一方面南方农业经济作为原材料供应方承受着巨大的供给压力，急需大量劳动力的支撑；另一方面北方新兴工业经济承受着巨大的竞争压力，急需贸易保护支持。这一南北经济基础的发展矛盾逐步上升至南北政治矛盾。作为南方经济实力的代理人，美国前总统杰克逊为支持南方经济增长，于 1836 年解散了美国第二银行（中央银行）。这标志着美国金融系统迈入没有统一市场规划和管制的无政府状态，既为银行业与金融市场的快速孕育与发展创造了良好的自由环境，同时也为 1837 年经济危机及南北战争爆发埋下了伏笔。在这一时期，美国实行"单一银行制"，明确限制银行跨州经营和设立分支机构，导致银行业态呈现机构小、数量多且分散分布，形成了自由准入、高度竞争的格局，难以形成垄断优势，同时缺乏央行监管，"银行挤兑"危机时有发生。银行业的高度竞争与缺乏垄断优势，难以满足城镇化、工业化发展下对长期资本的巨大需求，尤其是在美国独立战争后，美国奉行自由竞争，反对特许经营和垄断，更是为金融市场的发展创造了巨大空间。① 同时，18 世纪末在美国兴起的工业革命，更是促进了融资性股票与债券的发行与投资，进一步催生了证券交易所的发展；但是由于政府监管与市场规范化发展的缺失，最终仅在具备一定经济基础的大城市中，交易所才能得以生存，如纽约证券交易所与美国证券交易所，两者均逐步发展为最具影响力的全国性场内交易所。

（二）金融危机触发市场导向型被动发展

进入 20 世纪以后，美国先后爆发了三次具有代表性意义的金融危机，进而被动式地促进了美国金融市场的发展。

第一，1907 年的银行危机，催生了美联储的诞生。这一危机爆发的原因主要是美国金融系统因缺乏统一的监管制度与有力的调控机构，未能及时有效地协调货币市场进行紧急流动性支持。为此，1913 年美国通过了《联邦储备法案》，成立联邦储蓄银行，即美联储，这标志着美国银行业迈入监管时代。

第二，1929 年的大萧条，决定了美国证监会的诞生。针对这一危机的爆发原因，学者们普遍认为是由于美联储在面对危机时未能及时增加流动性和货币供给，以及对股票市场缺乏监管经验，甚至忽视了股票市场的重要性。为此，美国在 1933 年通过了《紧急银行法案》，向银行业提供援助；通过了《格拉斯-斯蒂格尔法案》，明确了投资银行与商业银行的分业经营及 "Q 条例" 利率管制②，并成立联邦储蓄保险公司，以保证银行存款的安全。这标志着美国银行业进入强监管时代。同时，针对金融市场，美国通过了《1933 证券法》《1934 年证券交易法》等法案③，成立了美国证监会，有效保障了金融市场秩序、业务规范运行及市场化机制的完善，为金融市场的发展提供了法律与制度保障。在 "金融脱媒" 趋势下，金融体系向直接融资倾斜，1945~1972 年直接融资比重维持在 70%以上，平均达 76.2%。

第三，20 世纪 70 年代的两次石油危机，促进了银行监管放松与利率市场

---

① 任泽平的《大国金融体系升级》。

② 禁止对活期存款支付利息及对储蓄和定期存款设定利率上限，即 "Q 条例" 利率管制。

③ 1933 年通过了《1933 年证券法》，制定了一系列关于证券发行、信息披露和证券欺诈行为的规定，并成立了美国证监会；1934 年通过了《1934 年证券交易法》，制定了关于上市公司股票交易、上市公司信息披露、操纵股票市场和内幕交易有关的规定。

化发展，进一步催生了证券机构的迅速崛起。这一时期，美国经济长期处于"滞胀"的阴影下，平均每 3 年就出现一次经济衰退，实际 GDP 平均增长速度只有 2.9%。与此同时通货膨胀率前所未有地高涨，年平均通货膨胀率达到 10.46%（见图 7-2）。对此，美国在 20 世纪 80 年代实施了以放松银行管制为代表的金融改革，实现利率市场化，打破了自 20 世纪 30 年代以来对存贷款利率的一系列限制[①]，实现各类金融机构的公平竞争，使得金融产品可以自由定价、金融创新不断涌现，各类金融机构业务交叉及金融市场国际化趋势加强。在这一时期，直接融资比重出现两次大幅降低，从 1976 年的 53.91% 下降至 1978 年的 47.83% 和从 1983 年的 55.88% 下降至 51.12%。

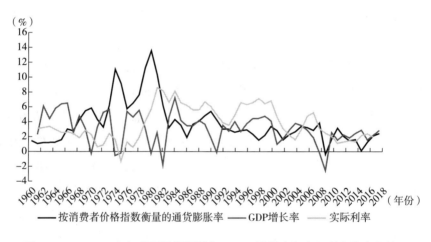

图 7-2　1960~2018 年美国通货膨胀率、GDP 增长率与实际利率的变化情况

资料来源：笔者整理所得。

（三）技术革命引领市场导向型主动发展

20 世纪 90 年代美国鼓励发展信息技术产业，短短五年时间其行业增加值占 GDP 比重从 1995 年的 3.7% 上升至 2000 年的 6.2%，催生互联网科技上市潮，纳斯达克证券交易所通过吸引苹果、微软等明星企业上市，从原来的场外电子报价平台一跃成为大型交易所集团。[②] 另外，起源于 20 世纪 80 年代金融自

---

① 《1980 年存款机构放松管制和货币控制法》《佳恩-圣杰曼存款机构法》取消了"Q 条例"，甚至扩大储蓄机构经营范围及取消贷款利率上限等。

② 任泽平的《大国金融体系升级》。

由化改革的金融创新得到快速发展，商业银行经营业务已然突破了传统信贷业务，逐步向金融服务业务转变，全方位地进入证券类业务领域，如证券承销、投资理财及并购等，已然成为衍生产品市场、资产证券化交易的重要主体，实现了银行表内与表外业务资金的循环周转。金融衍生技术与资产证券化技术为银行内部"影子"资产的扩张提供了技术保障。对此，1999 年美国颁布了《金融服务现代化法》，提出了"效率与竞争"的法律新观念，并打破了银行、证券、保险业之间的业务分割，确立了混业经营模式，实行全能银行模式；强调银行业与工商业的分离，实现金融体制的现代化发展；加强对小企业和农业企业提供金融服务。同时，构建与混业经营相适应的以功能监管为重点的金融监管体制，注重金融风险的防范与管理。在这一时期，证券业、保险业、资产管理行业呈现爆发式增长，直接融资比重迅速恢复，从 1991 年的 57.96% 升至 1999 年的 79.15%。同时，股票交易总额占 GDP 比重大幅增加，从 1990 年的 51.87% 提高到 1999 年的 153.44%，同时期银行提供的私人部门国内信贷占 GDP 比重仅维持在 50% 左右，说明美国直接融资已经取代间接融资，成为美国企业主要的融资方式（见图 7-3）。

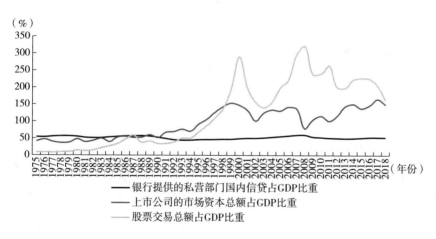

图 7-3　1975~2018 年美国股市与银行信贷占 GDP 比重的变化

资料来源：世界银行。

（四）金融创新下的市场乱象与融资困境

进入 21 世纪之后，美国的金融市场日趋成熟，在全球金融体系中占据着主导地位，其金融结构已完全转变为市场导向型。在这一时期，美国银行、证券、保险业之间的混业经营模式，促使其金融体系内部结构演化更加复杂，银行体系与金融市场之间的交叉融合趋势比较明显。这助推了商业银行的市场化发展，导致影子银行规模的迅速发展壮大，更多的资金流入影子银行领域，引发股票市场资产规模的降低。如图 7-1 所示，直接融资占比由 1999 年的 79.15%降至 2008 年的 63.24%。据不完全统计，截至 2008 年 3 月，美国"影子银行"的负债规模一度创下 21 万亿美元的历史新高，而当时传统银行的负债规模仅 13 万亿美元。影子银行的过度发展，不仅导致资金脱离实体经济、企业财务陷入困境及财务造假现象频出，甚至引发了 2008 年的"次贷危机"。对此，美国为遏制财务造假出台了《萨班斯法案》《多德-弗兰克华尔街改革与消费者保护法案》，加强对金融机构的监管，保护消费者和投资者不受不当金融行为的损害，赋予政府应对金融危机所必需的政策工具及提高企业信息披露成本。但这一系列措施导致中小企业上市难、融资难的问题凸显。这一时期的直接融资占比波动性较大，由 1999 年的 79.15%降至 2008 年的 63.24%。随后 2012 年美国颁布《乔布斯法案》，简化新兴成长企业 IPO 发行程序，推出公众小额集资豁免注册，美国 IPO 数量和筹资规模明显上升。

二、"日本模式"：混合导向型金融体系结构

日本金融体系结构整体呈现从"政府主导型"转变为"混合导向型"。如图 7-4 所示，日本直接融资占比由 1977 年的 2.52%增长至 2017 年的 54.47%。"日本模式"起源于其"二战"期间的"战时金融管制"，"战时金融管制"在此后日本经济增长与金融体系构建中发挥着重要作用。随后在"泡沫"冲击与银行"僵化"的背景下，日本通过借鉴英美市场化发展模式，金融市场也呈现"被动提升—主动提升"的变化，最终构建了"市场型间接融资"模式。

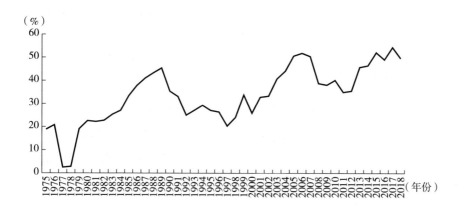

图 7-4　1975~2018 年日本直接融资占比演变轨迹

资料来源：世界银行。

日本金融体系的发展轨迹基本可以划分为三个阶段。

（一）"战时金融管制"影响下的银行绝对主导

20 世纪 70 年代前，日本建立"银行中心主义"模式，间接融资占据绝对主导地位。这一制度基础可追溯到"二战"期间"政府主导型体制"下的"战时金融管制"。"二战"期间，日本政府针对金融领域，颁布多部银行法令，对于金融机构贷款实施管制，优先对军需企业投资，推进直接金融向间接金融的转变，并通过操控银行资金分配间接控制民间企业。"战时金融管制"严重限制了日本金融市场的发展，而日本在战败后的经济重建中，也绝大部分延续了"战时金融管制"制度。"二战"之后，日本实行经济复兴计划，先救助金融机构，后采用"倾斜生产方式"重建国家基础产业，即通过银行间接金融体系与有计划的投融资政策来控制资金分配，如资金配给、利率管制、外汇管制与银行窗口限制等，进而掌握资源分配，帮助基础产业集中资源，引进先进生产设备，修建新型基础设施，促进经济快速增长。

（二）危机冲击下的金融市场得以被动提升

20 世纪 70 年代的石油危机，结束了日本高速增长的时代，GDP 增速从 10% 下移至 4% 左右。日本经济结构迈入转型阶段，逐步实现从资源密集型向节能型、技术密集型、高附加值型的转变。为顺应形势发展，日本政府在 20 世纪 70 年代末 80 年代初启动了以金融自由化为主的渐进式金融改革：一是逐步实现了利率市场化发展。20 世纪七八十年代，日本存贷款利率出现两次大幅降低，其中 1985 年《广场协议》促使日元升值，央行将存款利率从 3.5% 下调至 1.76%，银行低成本资金优势消失，资金加速从实体经济向股市汇聚，进一步促进了金融市场的发展。二是有价证券的大量发行。为实现经济结构由出口型转向国际协调型，日本提出了刺激内需的财政金融政策。一方面，扩大公共财政支出，促进民间投资，如放松发债标准，新添可转债、附认股权证债券等品种，大量发行债券，在 1987 年股市泡沫催化下转化为直接融资工具，债券市场活跃发展；另一方面，废止小额储蓄优待税制与实施减税政策。为应对美国减税行为，1987 年 5 月，日本政府通过了总规模达 6 万亿日元，减税 1 万亿日元的大型紧急经济对策。三是各金融机构突破原有专业化分工。四是外汇管制取消下金融机构的国际化发展。这一阶段的特点是直接融资快速兴起，但仍以间接融资为主，即"银行主导市场型金融体系"。间接融资比重从 1975 年的 81% 缓慢下降到 1990 年 74%，平均每年下降 0.5 个百分点。但在这一阶段，银行提供的私人部门国内信贷占 GDP 比重和股票交易总额占 GDP 比重出现同步上升的局面，说明两者仍是互补关系，直接融资扩大了企业的资金来源（见图 7-5）。

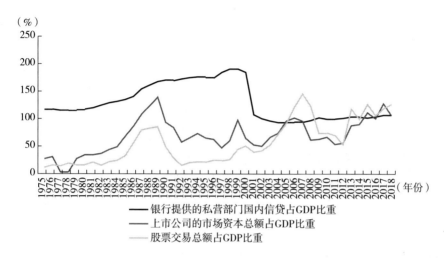

图7-5　1975~2018年日本银行信贷、上市公司的市场资本总额与

股票交易额占 GDP 比重的变化情况

资料来源：世界银行。

（三）银行"僵化"下金融市场发展得以主动提升

20 世纪 90 年代低速增长期与银行"僵化"，促进市场包容银行，直接融资比重反超。深受泡沫破裂与长期熊市的影响，企业倒闭叠加股票资产大幅缩水，这令主银行制度的日本银行陷入不良债权的深渊，不良资产率与企业杠杆高企，系统性风险积聚，大批金融机构纷纷倒闭。据统计，日本银行机构不良债权从1996 年的 50 万亿日元增长至 1999 年 3 月底的 80.6 万亿日元；1991~1996 年，共计 21 家金融机构破产；1997~1998 年，历史悠久的北海道拓殖银行、日本债券信用银行、日本长期信用银行相继倒闭。日本于 1996 年开启了以自由化、公正化和国际化为原则的"金融大爆炸"改革：一是打破金融业务界限，由分业经营变为混业经营。一方面，修改禁止垄断法，促进证券业自由化竞争。通过《金融制度改革相关法》（1992 年）允许构建金融控股公司，实现金融业务渗透，并且券商资格于 1998 年由许可制向注册制转变；另一方面，允许银行直接从事证券交易及保单销售等活动，向全能银行转变，同时在新《日本银行法》中增强日本央行的独立性与透明性。二是重塑金融市场监管体系，构建金融混业监管模式。1998 年《金融系统改革法》以"确保市场诚信，保护投资者利

益"作为监管的目标，负责监管的部门由独裁的大藏省转为内阁府。最终于
2001 年形成以金融厅①为核心、独立的中央银行和存款保险机构共同参与、地
方金融局等受托监管的新金融监管体制框架。三是优化金融法律体系，强化银
行监管、规范公司治理及完善直接融资法。在 1997 年亚洲金融危机后，日本全
面引入 BIS 资本充足率规则，严格限制银企交叉持股比例②；于 2003 年修订商
法，明确设置监察委员会、任免提名委员会和薪酬委员会，强化公司治理；于
2006 年出台《金融商品交易法》，明确将具有投资属性的金融产品纳入统一监
管框架，并推行日本版萨班斯法案，提高信息披露和投资者保护。在这一阶段，
直接融资比重从 1991 年的 26%上升至 2018 年的 52.89%，直接融资比重超过间
接融资。同时，银行提供的私人部门国内信贷占 GDP 比重呈现逐年递减趋势，
这意味着直接融资与间接融资从互补关系走向替代关系，争夺存量融资需求。

三、"德国模式"：银行导向型金融体系结构

德国长期秉持以金融混业经营为核心的全能型银行发展之路，间接融资始
终处于主导地位，属于典型的银行导向型金融结构。如图 7-6 所示，德国直接
融资比重呈现波动、稳步的提升，由 1975 年的 13.95%增长至 2018 年的
36.25%。"德国模式"深受"法国标本"的影响，以"密西西比泡沫"事件作
为重要标志；针对这一事件，法国政府加强股票市场的监管，并开创性地发展
了"产业银行"模式。德国全能型银行不仅经营商业银行业务，构建了银行与
企业长期的战略合作关系机制，同时也兼具投资银行、保险业务及证券发行等
各类金融业务，与实体产业深度融合，进一步限制了金融市场的发展。

---

① 金融厅（FSA）于 2000 年 7 月改组成立，承接原属于大藏省的金融政策制定权等。
2001 年 1 月 6 日，日本政府机构全面改革，大藏省改制为财务省和金融厅。金融厅升级为内
阁府的外设局，独立、全面的负责金融监管。
② 1999 年 3 月，日本全面引进国际 BIS 资本充足率规则；2001 年 9 月，日本出台《银行
持股限制法》，限制银行持股总额不能超过其自有资本。

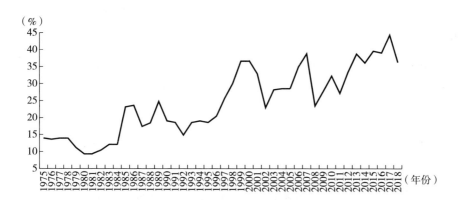

图 7-6 1975~2018 年德国直接融资占比演变轨迹

资料来源：世界银行。

德国金融体系的发展轨迹基本可以划分为三个阶段。

（一）工业化大发展催生全能银行兴起

19 世纪 30 年代以来，德国开启了工业化革命道路，相较于英法两国起步较晚；对此，德国采取了国家干预下的工业化模式，使重工业优先发展。工业化发展增加了对长期、巨额的资金需求。对于金融市场相对薄弱的德国来说，银行信贷成为企业重要的资金来源。这取决于四个原因：一是强大的中央集权体制；二是受"法国标本"的"产业银行"模式的影响；三是文化背景下理性与谨慎态度的影响；四是贸易保护政策下的资本流通限制。德意志银行等一些综合性银行从建立之初就是为了铁路等重化工业部门融资而产生和发展壮大的。由于当时法律上并没有严格限制产业融合及政府对银行从事交叉业务的宽容态度，促使这些银行将分散在投资者手中的资金集中用于大规模的工业建设和商业投机中，导致大小银行之间建立了利益共同体，甚至出现了垄断性银行。据统计，1873~1906 年，德意志银行先后吞并 32 家银行，控股 87 家银行，控制了 30 亿马克资本，以及 1909 年柏林的 9 家银行已占全国银行总资本的 80%。[1]垄断性大银行的形成，也促进德国银行逐步将经营业务延伸至投资银行、信托

① 资料来源于《德国工业化赶超英法的主要经验》。

机构及证券发行等领域，最终逐步演变成为企业资金融通提供全方位服务的全能型银行。基于此，许多综合性的全能银行相继建立，不但保证了德国工业化较高的增长率，也奠定了金融系统的主体地位，为德国国民经济增长发挥了重要的作用。

(二) 战后经济恢复强化全能型银行建设

"二战"之后，德国为更好地促进经济的恢复与发展，其金融体系经历了由混业经营到分业经营，再到混业经营的转变过程，进一步强化了全能型银行的建设与发展。这一转变，得益于有关全能型银行法律体系的不断健全与发展。一是德国于 1957 年出台了《联邦银行法》，明确了中央银行体系的高度独立性，为联邦金融体系的稳定运行提供了重要保障。二是拓宽了银行业务范围，不仅涉及传统商业银行业务，还涉足投资银行业务。1961 年德国出台了《银行法》，赋予了银行为企业提供贸易结算、证券发行等"一揽子"的金融服务职能；甚至在 20 世纪 80 年代末，德国银行进一步与人寿保险交叉融合，并创造了"全功能金融服务"的概念。这标志着德国混业经营体制的最终形成。三是构建了"1+3"的分业监管体系。以中央银行——德意志联邦银行为统领，由联邦银行监管局、联邦保险监管局与证券监管局三者分别负责对银行、保险与证券业务进行监管。这一时期，全能型银行金融体制的完善与发展为德国战后经济恢复、持续稳定健康发展做出了重要贡献。

(三) 金融自由化浪潮推动金融市场被动发展

20 世纪 90 年代以来，德国注重建设金融市场，直接融资比重提高。伴随金融自由化浪潮的兴起，政府逐步放松管制。1997 年，德国提出《第三次振兴金融市场法案》，加快对股票市场、信托业及金融集团等进行自由化改革，建立"新市场"，以降低上市公司的准入标准和信息披露要求。2002 年 5 月，德国联邦金融监管局成立，合并了原银证保三个监管机构，形成了统一的监管格局。2004 年，德国颁布《投资现代化法》批准银行可通过 SPV 发行资产证券化产品；2006 年，德国颁布《金融市场促进计划》等多项法规，取消了金融衍生品的交易限制，大型银行越来越多地将资源配置在非传统业务领域。直接融资比重从 1990 年的 21.6%缓慢上升到 2017 年的 45.5%，平均每年上升 0.88 个百分点。

第二节　主要发达国家金融结构优化的经验启示

通过比较美国、日本与德国的金融结构优化经验与教训发现，深化金融体系市场化发展、优化与调整法律监管规则、构建多层次金融市场及引入机构投资与风险投资等是实现金融结构优化与保持金融体系健康稳定的发展之道。

一、在金融体系建设理念中存在差异且各具优势

美国和日本在最初的金融体系建设理念中存在巨大差异，其中美国始终秉持市场机制、尊崇自由竞争的发展之路，日本由最初的政府主导逐步向市场竞争转变。德国在其发展之路中兼具竞争与调控并存，尊崇理性与谨慎的理念。

（1）美国尊崇自由竞争与契约精神，秉持市场机制发展规律。美国在政治上实行"三权分立"的联邦制，崇尚自由民主，重视程序的正义性、规则的正当性与透明度，追求权力平等[1]，反对特许经营和垄断。这为市场机制在金融体系建设中奠定了良好的政治基础。在金融系统建设中，由最初自由放任的无政府状态，到实行高度竞争的"单一银行制"，再到 20 世纪二三十年代的银行强监管与市场的规范经营，以及 20 世纪七八十年代的金融自由化改革和 90 年代末的混业经营改革等，均为金融市场的发展创造了巨大的空间。随之，金融市场出现爆炸式增长，直接融资比重迅速恢复，并逐渐取代间接融资，成为美国企业的主要融资方式。

（2）日本深受集体主义文化影响，注重市场导向型间接融资。日本金融体系受"战时金融管制"的影响，为尽快复苏国民经济，采取政府主导的"银行中心主义"模式，奠定了间接融资的主导地位。在政治上，建立了政府主导追

---

① 陈雨露，马勇. 大金融论纲 [M]. 北京：中国人民大学出版社，2013.

赶型经济体；在文化上，深受中国儒家文化的影响，竞争意识较弱、社会分工明确、风险偏好较低、储蓄意愿较强；在经济上，银行渗透到公司治理、经营决策、人员管理等各个方面，既充当企业债权人，也充当股权人。由于银行的低风险偏好，追求资金安全和稳定收益，难以对日本经济形成高风险科技创新激励。自20世纪70年代以来，受石油危机、日美贸易危机和金融危机的冲击，日本"银行中心主义"模式"僵化"，难以适应国内外的经济发展环境；日本吸取20世纪90年代金融体系改革滞后于20世纪80年代的经验教训，进行了较为彻底的金融革新，扫清了直接融资发展的障碍，探索出一条"市场导向型间接融资体系"道路，促进金融体系健康发展。

（3）德国尊崇理性与谨慎的文化，秉持竞争与调控并存。深受欧洲大陆"精英文化"和"制度文化"的影响，德国金融体制注重权威与道德，讲究规则与平衡；民众也普遍秉持风险规避的理性和谨慎、强烈的法制观念和权利保护意识。正是这一文化决定了德国走向了兼具竞争与调控并存的"第三条道路"，即以法律限定下的自由竞争为基础，强调政府致力于经济秩序稳定的有限干预与调控的重要性，该模式被称作"莱茵模式"。为更好地发展本国经济与追赶英美的需要，德国注重发展实体经济和家族企业，保守对待虚拟经济，构建了独具特色的以全能型银行为主导的金融制度①，进而为工业化发展提供融资和保障金融体系的稳定运行。

二、在金融法律与监管制度上采取不同的策略

在金融法律与监管制度上，美国、日本与德国均采取了不同的策略，其中美国遵循判例法传统，注重法治的规范性、透明度及政策的灵活调整；德国实施"双支柱"监管模式，注重保护债权人利益；日本兼顾大陆法系与英美法系特点，促进银行与市场融合。

（1）美国遵循判例法传统，注重监管的灵活调整。在金融法律与监管制度上，美国始终坚持法治的规范性、透明度及政策的灵活调整。美国的金融法律

---

① 陈和午. 独具特色的德国金融体制 [J]. 金融博览，2014（8）：11-12.

与监管呈现"强—松—强"的发展趋势。一是"大萧条"后，多部法律共同规范金融市场。《1933 年证券法》《1934 年证券交易法》有效保障了金融市场秩序、业务规范运行及市场化机制的完善，为金融市场的发展提供了法律与制度保障，奠定了现代金融市场的法律基石。二是"滞胀"时期，银行业由严格管制转变为放松监管，实现利率市场化发展。《1980 年存款机构放松管制和货币控制法》《佳恩—圣杰曼存款机构法》打破了《格拉斯—斯蒂格尔法案》的"Q 条例"利率管制，实现了银行在利率竞争中同其他金融机构的公平竞争。三是 20 世纪 90 年代金融自由化改革，促使金融业由分业经营转变为混业经营。1999 年《金融服务现代化法》将金融活动确立为混业经营模式，把金融监管的重点从金融活动转变到管理和防范金融风险，提出了"效率与竞争"的金融法律新观念。四是 2000 年之后为遏制财务造假而出台的《萨班斯法案》《多德-弗兰克华尔街改革与消费者保护法案》，加强对金融体系的全方面监管，保护市场主体的合法权益，进而提高了企业信息披露成本，但这些举措导致中小企业上市难、融资难问题凸显。《乔布斯法案》适时松绑了中小企业直接融资的途径，对现行法律规则进行了修改，及时拓宽了小型公司与市场对接的通道。[1]

（2）德国实施"双支柱"监管模式，注重保护债权人利益。德国金融监管模式由最初的分业监管逐步转变为混业监管，形成了以中央银行——德意志联邦银行和德国联邦金融监管局为核心的"双支柱"监管模式[2]。在 2002 年之前，德国金融监管实施混业经营的"1+3"分业监管，即以中央银行——德意志联邦银行为统领，由联邦银行监管局、联邦保险监管局与证券监管局三者分别对银行、保险与证券业务进行监管。直到 2002 年，为适应混业监管与全能型银行的发展需要，德国设立德国联邦金融监管局，实施统一监管，进一步提升了监管效率和金融国际竞争力。另外，在具体的法律与监管要求上，充分授权全能型银行。德国全能型银行不仅经营商业银行业务，构建了银行与企业长期

---

① 资料来源于任泽平的《大国金融体系升级》。

② 在"双支柱"模式下，德国中央银行——德意志联邦银行具有其独立性，以稳定货币为基本职能，通过制定与实施货币政策来支持政府的经济政策，并对银行机构实施日常监督，包括评估金融报告和审计报告及开展现场检查与评定；金融服务监管局主要对银行、保险与证券等金融机构的业务进行监管与管理，尤其是针对银行机构的法律规范性、合规性等方面的监管与惩处。

的战略合作关系机制，同时也兼具投资银行、保险业务及证券发行等各类金融业务，与实体产业深度融合，可持有企业股权①。更加注重保护债权人的利益，德国的企业与会计法律法规偏重企业偿债能力的提升，强调债权人利益的保护，但忽视了投资者的权益保护，甚至限制了企业的股利分派行为。

（3）日本融合大陆法系与英美法系，构建市场化间接融资格局。在日本法律体系构建过程中，先照搬德国大陆法系，为战后经济复苏提供了重要保障；后借鉴英美法系的判例法制度，为摆脱经济衰退提供了发展动力。整体来看，日本当前的法律体系兼具融合了大陆法系与英美法律的特征，为其金融体系从"银行主导型"转变为"混合导向型"奠定了坚实的法律基础。虽然在日本法律条文中尚未明确规定法官在审判中适用判例，但是在司法实践阶段，判例却发挥着先例约束力的作用。2006年，日本重新修订《金融商品交易法》，从而取缔《证券交易法》，旨在促进直接融资渠道的提升，进一步发挥与完善金融市场的定价功能与机制，进而形成以市场价格机制为核心的金融产品与服务交易行为。在该法律中，一方面修改了金融规制的适用范围，将具有投资性的金融产品与服务纳入规制范围，并且仅做原则性的规定；另一方面重新界定了各类金融产品与服务的法律关系。

三、构建服务企业全生命周期的多层次金融市场

建立金融市场的过程中，各国均注重市场板块层次定位，设置灵活的转板机制。美日德证券交易所均实行注册制，构建服务企业全生命周期的多层次金融市场，并打通板块升降级通道，提升直接融资渠道的效率。

（1）美国构建了多层次、全方位的金融市场体系。美国金融市场是自发形成的，是在竞争中发展壮大起来的，其金融市场层次的形成是根据现实经济需要不断调整的结果。经过长期发展，美国资本市场形成集中与分散相统一、全国性与区域性相协调、场内交易与场外交易相结合的多层次、全方位的市场体系，从而处在不同发展阶段的企业可以根据企业发展的实际状况选择不同层级的金

---

①《德国银行法》第1条规定，银行的经营形态是百货公司式金融服务，可以从事存款、信贷、贴现、证券、保险、投资、担保、清算八种业务资格，而且可持有企业股权，业务延伸到社会生产的各个领域。

融市场。一是场内市场上市标准较高、层次分明、竞争互补，形成以纽约证券交易所和纳斯达克证券交易所为主的场内市场，旨在为大企业提供股权融资；以美国证券交易所和纳斯达克小型资本市场为主的全国性市场，旨在为中小企业提供股权融资服务；以太平洋交易所、波士顿证券交易所、芝加哥证券交易所等为主的地方性企业证券交易市场，旨在服务地方性中小企业。二是场外市场上市标准较低、规模庞大。以场外柜台交易市场和美国场外交易市场为主，是专门为中小型公司提供报价和交易的市场。场外柜台交易市场因监管要求过高，基本与场内市场无异，吸引力日渐萎缩。美国场外交易市场因先进的报价系统后来居上，按照信息披露的程度和公司质量分为美国柜台交易市场①，美国中级场外交易市场和粉单市场。三是灵活的转板制度，有效激励企业发展。美国在场外交易市场与纳斯达克、纽交所之间建立了转板机制，即升板和降板两类机制。不同市场层次的规模与水平，以及企业的经营业绩与管理水平，均可以通过这样的方式得到激励。例如，企业的净资产达到 500 万美元或年税后利润超过 75 万美元，抑或市值达 5000 万美元，均可申请转板，2016～2018 年美国企业从场外交易市场转入纽交所和纳斯达克的分别为 35 家、63 家、58 家。

（2）德国构建了服务企业全生命周期的金融市场。德国多层次金融市场以证券交易所为核心，现已发展成为集交易、清算、交收、存管、市场数据和信息技术服务、初创企业风险投资与培育于一体的集团化运营机构，即德意志交易所集团。在德国的证券交易所中，法兰克福证券交易所占据核心地位，其板块设置伴随企业生命周期的全过程；柏林证券交易所、慕尼黑交易所等，交易的产品包括股票、债券、权证与期权等。为了落实欧盟的规则要求，并参与国际竞争，法兰克福证券交易所于 2003 年进行改革整合，根据企业成长不同阶段的需求，通过内部分层形成了多层次资本市场架构，包括公开市场、一般市场、高级市场。公开市场受交易所自律监管，市值要求低，信息披露要求也相对较

---

① 美国场外柜台交易系统是提供场外交易实时报价、最新成交价格和成交量信息的电子交易系统。美国柜台交易市场（OTCQX）内部分为 OTCQX International、OTCQX U. S.、OTC-QX for Banks 三个层级。OTCQX International 面向已在美国本土之外证券交易所上市的企业，该板块为这些公司进入美国金融市场提供了通道；OTCQX U. S. 适合较小但高速成长的美国公司；OTCQX for Banks 主要面向发展成熟的美国区域性银行。

低，为初创企业和中小企业提供简单、快捷的服务，具体分为中小企业板、基础板及报价板。一般市场与高级市场需满足欧盟监管准入标准，其中一般市场适合本土公司，而高级市场面向全球大企业，在高级市场上市的企业需要履行最严格的信息披露要求。法兰克福证券交易所中的高级市场与一般市场转板灵活，只要企业符合一般市场上市标准，其提出申请就可以直接进入高级市场。

（3）日本金融市场仿照美国模式，结构层次丰富且转板灵活。20世纪70年代之后，受石油危机的影响，日本政府大规模发行国债，金融市场因此得以迅速发展；受美日贸易摩擦的影响，日本仿照美国模式进一步加快金融市场自由化、国际化的发展进程。同时，由于金融创新下的金融工具层出不穷，日本金融市场在广度和深度上都得以快速发展，最终构建了层次丰富且转板灵活的多层次金融市场，其主要包括东京证券交易所、JASTAQ创业板市场和TOKYO PRO市场。①东京证券交易所是日本规模最大、交易最活跃且多层次的全国性证券交易所，针对不同规模、不同类型的企业均设立了具体的市场部，其中市场一部与市场二部分别服务于大型企业与中型企业，而Mothers板（高增长新兴股票市场）服务于成长型企业。JASTAQ创业板市场，同Mothers板具有一致性，也服务于高成长型企业；其根据是否有企业盈利要求，可分为标准市场和成长市场，后者无要求。②TOKYO PRO市场针对全球创业企业，只有专业投资者方可参与。截至2018年，日本股票市场共有2896家上市公司，其中东京证券交易所占比约79%、JASTAQ创业板市场占比约20%。另外，日本在各板块之间建立了灵活的转板机制，如创业板与Mothers板转至主板市场，仅需达到近两年利润额达到5亿日元以上，抑或近一年销售额超过100亿日元，并且市值超过500亿日元要求即可。据统计，仅在2018年就实现102家公司的转板升级。①

四、构建以机构投资者为主的市场主体结构

在投资主体方面，美国、日本与德国均呈现从个人投资者主导发展为机构

---

① 资料来源于任泽平的《大国金融体系升级》。

投资者主导。据统计，主要发达国家的机构投资者占比均相对较高，其中美国为 66%（2018 年）、日本为 83%（2017 年）、德国为 65%（2014 年）。这不仅有利于股市的稳定，还有利于促进风险投资机构的发展，为新兴与技术产业的发展拓宽了新的融资渠道。

（1）美国注重机构投资者发展，不断提升风险投资规模。美股市场同样经历了从个人投资者主导演变为机构投资者主导的过程。截至 2018 年底，美国各部门持有的公司股权市值为 42.9 万亿美元，其中机构投资者持股占比为 66%，其持有的共同基金、各类养老金持股占比分别为 23% 与 12.5%。① 同时，随着机构投资者比重的提升，风险投资的规模也得以提升。截至 2018 年，美国创企 VC 融资总额高达 995 亿美元，占据全球金额近 50%，风险投资聚焦于三大行业，即互联网、医药健康和电信通信，均为信息技术与生命科学等高科技产业。以 2015 年为例，美国风险投资额为 598.49 亿美元，其中对孵化期企业的投资占比保持在 5% 以内，对成长期企业的投资力度不断加大，对成熟期企业的投资呈现降低趋势，对扩张期企业的投资保持在 35% 左右（见图 7-7）。

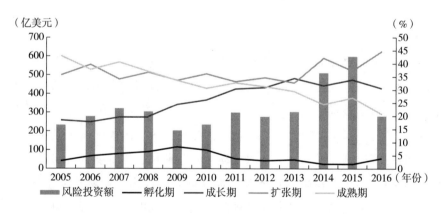

图 7-7　2005~2016 年美国风险投资发展状况

资料来源：笔者整理所得。

（2）日本侧重于广泛引入海外投资与法人投资。截至 2017 年，外国法人持股占投资总额的比例最高，达 30%，第二位是事业法人，占投资总额的比例达

① 资料来源于《美股投资者结构与变迁》。

22%，而个人投资者占比仅为 17%。日本能吸引长期资金入市得益于以下两点：一是早期所形成的交叉持股制度。虽然交叉持股制度对于稳定股市资金具有重要作用，但是该制度严重阻碍了现代化公司治理体制建设，扭曲了经济发展中的资本流转机制；同时，交叉持股类似于股市的放大器，推升上涨、加剧下跌，加大了股市的投机性和波动性。对此，日本于 1999 年引入"国际 BIS 资本充足率"规则，并于 2001 年颁布《银行持股限制法》，该法律明确限制银行持股总额不得超过其自有资本，有效促进了交叉持股制度的解体；通过修订商法和公司法，实施强监管之策，强化了现代化公司治理。据统计，交叉持股比例从 1990 年最高点 30% 逐步下降至 2017 年的 21%。二是海外资本的大量涌入。据统计，外国法人持股占比从 1970 年的 4.9% 显著提高到 2017 年的 30%，为了防止海外资金大进大出引发股价震荡，日本通过鼓励上市公司分红、回购股票、推出股东优惠措施等方式来稳定股价，牢牢吸引海内外投资者长期持有股票。

第三节　本章小结

通过比较美国、日本与德国的金融结构变迁轨迹与经验教训，发现一些共性规律，即金融结构变迁存在较强的路径依赖，即直接融资比重不断提升的发展趋势，并经历"被动提升"和"主动提升"两个阶段。在"被动提升"阶段，伴随新产业兴起、金融自由化、金融国际化，这一阶段间接融资仍占主导地位，直接融资比重缓慢上升；在"主动提升"阶段，随着实体经济产业的技术创新与转型升级，直接融资比重超过间接融资，成为企业融资的主导方式，但两者既存在竞争替代关系又存在功能互补关系。同时，要实现金融结构优化与保持金融体系健康稳定的发展之道，需做好四点工作：

一是要兼顾自由与理性的理念，秉持竞争与调控相并存。在坚持和完善社会主义基本经济制度的基础上，坚持和毫不动摇巩固和发展公有制经济，毫不动摇鼓励、支持、引导非公有制经济发展，充分发挥市场在资源配置中的决定性作用，更好发挥政府作用。

二是灵活调整金融法律监管，注重保护债权人的利益。在金融法律与监管制度上，我们既要注重法治的规范性、透明度及政策的灵活性，也要实施"双支柱"监管模式，注重保护债权人利益，进一步促进银行与市场相融合的发展之路。

三是构建多层次的互动机制，提升直接融资渠道效率。我们要进一步推动注册制改革，坚持法治原则，发挥法治引领、规范、保障作用，使资本市场法治建设取得重大突破；同时，要构建服务企业全生命周期的多层次金融市场，完善市场板块层次定位、设置灵活的转板机制，打通板块升降级通道，提升直接融资渠道效率。

四是拓宽金融市场投资主体，推进发展机构与风险投资。我们要在保障个人投资者规模、引导其理性投资的基础上，进一步培育机构投资者，实现资本市场由个人投资者主导向机构投资者主导的转变。这不仅有利于带来稳定的资金来源，保障股市的稳定；同时也有利于促进风险投资机构的发展，为新兴与技术产业的发展拓宽了新的融资渠道。

——— 第八章 ———

研究结论与对策建议

第一节　研究结论

全书针对金融结构变迁对经济增长的影响研究，主要分为四个部分：一是通过梳理金融结构与金融发展理论实践，从三部门（银行体系、金融市场与实体部门）视角下构建金融结构变迁与经济增长的理论逻辑，系统分析金融体系与金融结构对经济增长的作用机制，以及探究了适应实体经济增长的金融结构优化的动态演变基础。二是从国际与国内两个层面，选取金融结构——规模、行为、效率三类指标，从动态视角，探究金融结构与经济增长之间的关系及验证最优金融结构的存在性；从静态视角，选取经济增长水平与货币化程度作为门槛变量，探究金融结构对不同阶段的经济增长的影响差异。三是为进一步增进对金融结构与经济增长之间内在理论逻辑的深入理解，引入实体经济（产业结构与技术创新）与金融体系（银行结构与股票市场结构）的内在特征因素，探究这两类因素如何影响金融结构对经济增长的影响作用。考虑到金融创新下金融结构复杂化趋势，引入影子银行因素，探究影子银行是如何影响金融结构对经济增长的作用效果的。四是在广泛吸收与借鉴国外实践经验的基础上，结合当前我国经济转型升级关键时期中存在的问题，在平衡"稳增长与防风险"

的基础上，探究深化金融体制改革、提升金融服务实体经济能力的实现路径。

一、金融结构市场化将是未来金融体系的发展趋势

通过对不同层次、不同类型经济体的金融结构发展趋势分析可以发现，随着经济发展水平的不断提高，全球金融体系的银行业与股票市场均得到不断地提升，其中银行业呈现平稳增长，而股票市场呈现快速、剧烈的波动增长；金融体系市场化趋势更加明显，呈现由银行导向型金融结构向市场导向型金融结构的转变趋势。无论何种类型经济体也均基本呈现金融结构的市场化发展趋势。以美国、日本与德国为例，美国金融市场高度发达，自 1975 年以来，其直接融资占比基本保持在 45% 以上，甚至在 2018 年高达 77.45%，属于典型的市场导向型金融结构，其金融体系发展历程呈现从被动市场导向型向主动市场导向型的转变；德国虽然长期秉持以金融混业经营为核心的全能型银行发展之路，间接融资始终处于主导地位，属于典型的银行导向型金融结构，但是德国的直接融资比重呈现波动、稳步提升态势，由 1975 年的 13.95% 增长至 2018 年的 36.25%；日本成功从间接融资占主导的金融体系转变为"市场型间接融资"金融体系，其直接融资占比由 1977 年的 2.52% 增长至 2017 年的 54.47%。同时，改革开放 40 多年来，我国金融体系也逐渐从落后、传统的计划性金融，转变为初具规模的具有现代金融功能特征的市场化金融，基于市场机制的金融市场对经济增长的影响也日益明显。

二、在国际与国内层面金融结构与经济增长之间的非线性关系存在差异

基于"三部门"金融结构内生性增长模型，从动态视角，构建了金融结构与经济增长之间"非线性"模型，选取金融结构的"规模—行为—效率"三类指标作为解释变量，从国际与国内两个层面进行了实证分析，结果显示：无论国际层面还是国内层面，基于规模、行为与效率的金融结构平方项的系数均通过显著性检验，这说明金融结构与经济增长之间存在"非线性"关系。但对于金融结构与经济增长之间是否存在"倒 U 形"关系，即验证最优金融结构的存在性，需要进一步确认金融结构与金融结构平方项的系数值。

在国际层面，基于规模、行为与效率的金融结构及其平方项的系数均满足 $\beta_1>0$，$\beta_2<0$ 的模型假设条件，这说明金融结构与经济增长之间存在"倒 U 形"关系，并验证了在经济增长中最优金融结构的存在性，与理论预期相一致。这表明一国经济体在其经济增长过程中存在最优金融结构，并且金融结构与经济增长之间并非是简单的线性关系，而是"倒 U 形"的非线性关系。根据实际金融结构与最优金融结构之间所处区间及偏离程度，可判断金融结构对经济增长是起到促进作用还是抑制作用。最优金融结构的存在，可体现出两个特点：一是以最优金融结构为界限，随着金融结构的提升，对经济发展的影响呈现先促进后抑制的作用；二是金融结构若与最优金融结构发生偏离，则会抑制经济发展，偏离程度越大，则抑制效应就越大。

在国内层面，仅在基于行为的金融结构及其平方项的系数满足 $\beta_1>0$，$\beta_2<0$ 的模型假设条件，这说明基于行为的金融结构模型验证了最优金融结构的存在性，即"倒 U 形"关系，与理论预期相一致；在基于效率的金融结构模型中，金融结构与经济增长之间存在"U 形"关系，这与理论预期结果存在一定的偏差；在基于规模的金融结构模型中，金融结构与经济增长之间存在负向相关关系。这一实证结果可能与我国金融结构发展水平相对较低有关。这可通过基于规模、行为与效率的金融结构与经济增长的散点图得以证明，绝大多数省份均集中于较低的经济增长水平与较低的金融结构水平区间。

本书进一步引入实体经济的深层次结构特征，分析金融结构与经济增长之间的内在作用机制。我们可以发现，金融结构通过满足产业结构与技术创新的金融服务需求进而促进经济增长。换言之，随着工业与服务业占比的不断提高及技术创新水平的不断优化，金融结构市场化发展更有利于进一步促进经济增长。以第一产业占比衡量的产业结构对金融结构与经济增长之间的关系存在负向影响，并且均通过 1% 显著性检验；技术创新的提升对金融结构与经济增长之间的关系存在正向影响，并且均通过 1% 显著性检验。本书研究结论与众多学者的结论相一致，基本可以判断两者背后的内在作用机制，即随着经济发展水平的不断提升，市场要素禀赋的结构转变，即产业结构由劳动密集型产业向资本与技术密集型产业转变，再加上实体经济中企业融资需求和技术创新风险的提升，这些改变对金融体系服务水平的要求逐渐提高。可以预见资本市场在金融体系中的比重将随之提升，同时资本市场在实体经济发展中的重要性也将不断提高。

三、金融结构的调整与优化需考虑经济发展水平与货币化程度

从静态视角，选取经济增长水平、货币化程度作为门槛指标，构建了金融结构与经济增长的"静态门槛效应模型"，分别从国际与国内两个层面，实证探究了不同国家或地区和同一国家或地区不同经济增长阶段与不同货币化程度下金融结构与经济增长之间的内在联系及影响差异性。结果显示，无论是国际层面还是国内层面的实证分析，以经济增长水平与货币化程度作为门槛变量，基于规模、行为与效率的金融结构与经济增长之间均存在显著的门槛效应，即存在门槛估计值。以门槛估计值为限，金融结构对经济增长的影响呈现"负向相关—正向相关"的作用效果。这进一步验证了金融结构与经济增长之间存在非线性关系；表明随着经济发展水平与货币化程度由初级阶段向高级阶段转变，金融结构的市场化发展对经济增长的影响由最初的抑制效应转变为促进效应，并且促进效应逐渐增强。因此，在金融结构的调整与优化中需要充分考虑经济发展水平与货币化程度。

这一观点通过金融市场化程度与金融中介化程度对经济增长的影响效果可以进一步验证。在国际层面的实证分析中发现，相比于金融中介化，金融市场化对经济增长的显著正向影响效果更加明显。在国内层面的实证分析中发现，在静态门槛模型中虽然金融中介化程度对经济增长存在显著的正向影响，金融市场化程度对经济增长的正向影响不显著，但是在动态模型中，金融市场化程度对经济增长存在显著的正向影响，而金融中介化对经济增长存在显著的负向影响。综合来看，在我国，相比于金融中介化发展，金融市场化发展更有助于促进经济增长。对于我国金融中介化对经济增长的负向效应问题，可能原因在于我国银行资产过度集中于大型银行机构，并且银行主要倾向于向国有企业、大型企业贷款，导致金融资源过度集中于国有企业和大型企业，而该类企业的生产效率相对较低，再加上"规模摩擦+制度摩擦"的双重作用，造成金融结

构与经济结构的资源错配；同时，银行信贷下的宏观杠杆水平不断提升，加剧了经济波动水平，引发金融资源的低效运行，进而导致社会总产出的增速放缓。

四、金融深层结构对金融结构与经济增长间关系存在差异化影响

银行集中度的提升有助于促进经济增长，但不利于金融结构的市场化建设。在前文的基础上，通过引入银行集中度的银行结构变量，分析发现银行集中度对经济增长的影响系数均为正值（表6-7中除了模型（4）以外均通过了1%。显著性检验）。在银行集中度因素的影响下，基于规模的金融结构对经济增长存在负向显著影响，并且通过1%显著性检验；基于行为的金融结构对经济增长在一定程度上存在负向影响，但仅在未加入控制变量模型下通过5%显著性检验；基于效率的金融结构对经济增长的影响均未通过显著性检验，故无法有效判断两者关系。学者们对银行集中度与经济增长关系的研究一直以来存在两个不同的观点①，而本书研究发现为其提供了更多的经验证据。一是基于信息经济学理论，具备较强垄断优势的银行可凭借长期稳定的"银企关系"，获取市场有效信息，进而缓解信息溢价问题，规避市场风险；同时，识别具有可行性的高价值、高效率的投资项目并提供贷款支持，进而促进经济增长。二是基于产业组织理论，具备垄断优势的大型银行因缺乏竞争威胁，凭借其垄断优势与规模优势来控制存贷利差，从而降低社会储蓄率和实现信贷配给，引发金融资源的低效运行，进而导致社会总产出的增速放缓。

股票流通率过高不利于经济增长，但有助于促进金融结构市场化建设。金融结构与股票流通率的交叉项，在模型（1）至模型（4）中（见表6-7），无论加入控制变量与否，对经济增长的影响系数均为正值，并且通过1%显著性检验；在模型（5）与模型（6）中，对经济增长的影响均未通过显著性检验，但系数为负值。这说明股票市场效率与活力的提升对金融结构促进经济增长的加速作用具有强化效应。但是在六个模型中（见表6-7），股票流通率的提升对经济增长的影响系数均为负值，并且均在1%检验水平上显著，这说明我国股票流

---

① 刘晓光，荀琴，姜天予. 金融结构、经济波动与经济增长：基于最优产业配置框架的分析 [J]. 管理世界，2019（5）：29-43+198.

通率的提升并不利于经济增长。导致这一实证结果可能存在以下原因：一是我国金融市场发展尚处于初级阶段，直接融资渠道尚不完善，主要表现在股票市场与实体经济之间的资本配置机制尚显不足，使得金融资本进入实体经济的比例降低，或者进入实体经济的链条拉长、速度减慢、成本提高。二是随着经济金融化的快速发展，大量的资金、人才等资源聚集在虚拟经济中自我循环，致使金融偏离服务实体经济的本质。

经济增长、金融结构与影子银行之间存在一定的影响关系，即经济增长—影子银行—金融结构—影子银行。这说明随着经济增长的不断变化，影子银行发展也会随之变动，并进一步引发金融结构与影子银行之间的相互影响。根据脉冲响应与方差分解结果，影子银行对金融结构的影响基本呈现"负向效应—正向效应"，短期波动影响较大，长期影响为正且逐渐趋近于0；金融结构对经济增长的影响均为正向效应，影响效果呈现"快速上升—缓慢下降"的趋势；经济增长对影子银行的影响均为正向效应，影响效果呈现"快速—缓慢—快速—缓慢"的下降趋势。

第二节　政策启示

当前我国金融体系服务供给与实体经济发展需求的不匹配、不平衡，是引发市场风险加剧与阻碍经济高质量发展的重要因素。依据前文的理论逻辑、实证分析与国际借鉴发现，要实现"稳增长与防风险"的平衡发展，须金融体系与实体经济的协同发展。在推进实体经济高质量发展转型升级的同时，也要构建与之匹配的金融体系结构框架与监管体系。

一、推进金融体系在"宏观—中观—微观"层面的结构优化

在"稳增长"方面，需要从宏观层面的金融体系结构优化、中观层面的银行体系与资本市场的内在结构优化、微观层面的投资主体与产品结构优化三个层面入手。

（一）宏观层面：构建"双轮驱动"的金融体系结构

改革开放 40 多年来，我国金融体系已初步实现由计划性金融向市场化金融的转变，但仍然以银行信贷的间接融资为主，直接融资比重偏低。尤其是自 2012 年我国经济迈入新常态以后，过度依赖银行的金融结构已难以适应目前处于经济转型升级关键期的经济增长需求。一是过度依靠银行信贷进行融资，增加了企业的债务水平与融资成本。杠杆率表示企业的负债程度，其数值大小可说明企业承担着多少的融资成本。根据国际清算银行统计，截至 2019 年 3 月，我国非金融企业部门杠杆率为 155.5%，明显高于美国的 74.9%、英国的 79.2%、日本的 101.4%、德国的 57.9%。二是资本市场的欠发达状况，导致企业创新功能不足。以美国为例，20 世纪八九十年代，美国的信息技术产业快速发展，再加上得益于以华尔街为代表的美国资本市场的融资支持，从而造就了大量的"独角兽企业"，即市值大、成长快的企业，其中包括英特尔（1971 年上市）、苹果（1980 年上市）、微软（1986 年上市）、朗讯（1996 年上市）、亚马逊（1997 年上市）及谷歌（2004 年上市）等。为解决这些问题，党中央提出深化金融供给侧结构性改革，尤其是在党的十九大报告中强调"提高直接融资比重"。对此，我国需摆脱"一条腿长、一条腿短"的融资结构，建立间接融资与直接融资"双轮驱动"的市场导向型金融体系，逐步推进金融业态由分业经营向混业经营转变。通往市场导向的金融体系之路，我国可以借鉴其他国家的模式。

（1）短期借鉴日本的"市场包容银行"模式，在不改变银行信贷主导地位的前提下，进一步提升直接融资比重。日本从资本市场入手，扩大直接融资范围，促进储蓄向投资转化，直接融资比重提升明显，金融体系得到改善。首先，通过利率市场化改革，降低银行资金成本优势，引导资金从银行部门转入资本市场进行融资；其次，放松发债标准，增加可转换债券、附认股权证债券等多元化品种，提升资本市场比重；最后，推进金融机构混业化经营与混业化监管的渐进式改革，允许金融机构"先间接—后直接"参与或从事证券类业务活动，向全能型银行转变。

（2）中期借鉴德国"银行包容市场"模式，进一步赋予银行更多参与金融市场的渠道。德国从银行体系入手，有意控制金融对实体经济的渗透，赋予银行更多参与资本市场的渠道。1961年以来，德国始终秉持混业经营体制，赋予全能型银行为企业提供贸易结算、证券发行、人寿保险等"一揽子"金融服务职能；通过降低上市公司准入标准和信息披露要求等，加快对股票市场、信托业及金融集团等进行自由化改革；成立德国联邦金融监管局，实行统一监管，并允许银行通过SPV发行资产证券化产品和取消金融衍生品交易限制。

（3）长期借鉴美国"银行与市场并重"模式，构建更加发达的市场导向型金融体系。美国兼顾银行体系与资本市场的改革，逐渐放开或完全放开混业限制并建立与之对应的监管体系、丰富资本市场层次、打通企业在资本市场中的流动性，实现金融体系从被动市场导向型转向主动市场导向型。美国在20世纪80年代实施了以放松银行管制为代表的金融改革，实现利率市场化，打破了20世纪30年代对存贷款利率的一系列限制，使得金融产品可以自由定价、金融创新不断涌现、各类金融机构业务交叉及金融市场国际化趋势加强；确立了混业经营的模式，构建与此相适应的金融监管体制，把规范的重点从金融活动转变到管理和防范金融风险上来，促进金融市场主体的联合和竞争。

（二）中观层面：构建多层次、多元化的资本市场与银行体系

资本市场与银行体系是金融体系支持实体经济发展的两大融资渠道。现阶段，我国金融体系这两大融资渠道仍然存在深层次、结构性矛盾，在"规模摩擦+制度摩擦"的双重作用下，造成金融结构与经济结构的资源错配，引发金融资源的低效运行，进而导致社会总产出的增速放缓。因此，有必要从资本市场与银行体系两个方面，以服务企业全生命周期的发展需求为目标，构建多层次、多元化的金融体系内在深层次结构。

1.构建层次丰富、无缝对接、市场主导的资本市场，服务企业全生命周期

当前，在我国经济由规模扩张转向创新驱动过程中，资本市场在金融运行中具有牵一发而动全身的作用，这就需要适应经济发展的多层次融资和风险管理需求，完善功能互补的多层次资本市场体系，不断拓展市场广度和深度，增强资本市场制度的包容性和市场承载力。尽管我国资本市场经过30多年的建设且已经取得了积极成效，基本形成了具有中国特色的多层次资本市场体系，但

是仍然存在资本市场结构尚不完善的问题，以主板市场为主，创业板与中小板尚不成熟，科创板尚处探索阶段，场外市场不发达，难以满足中小企业的融资需求；同时，多重因素制约其功能发挥，如各板块间缺乏有效竞争，市场准入门槛较高、标准单一，股票发行制度有待改善，缺乏灵活的转板机制和退出机制等。因此，有必要完善多层次资本市场融资功能。

第一，以强化各板块市场定位与内部分层为抓手，形成层次明晰、功能齐全、竞争适度的多层次资本市场格局。现阶段，我国资本市场呈现以主板市场为主、创业板与中小板尚不成熟、场外市场不发达的发展现状，难以满足中小企业的融资需求。根据交易所数据显示，截至 2022 年底，沪深交易所总市值为78.80 万亿元，其中沪市市值为 46.38 万亿元，深市市值为 32.42 万亿元，分别位列全球第三名和第四名；截至 2023 年 2 月，沪深主板挂牌公司数分别为 1672 家和 1514 家，市价总值分别为 42.96 万亿元和 23.01 万亿元；深交所创业板挂牌公司数达 1238 家，市价总值为 12.32 万亿元；上交所科创板挂牌公司数达507 家，市价总值为 6.37 万亿元。场外市场发展严重不足，挂牌企业数不断下降，交易额不断萎缩、流动性不足。根据交易所数据显示，截至 2022 年底，新三板共有挂牌公司 6580 家，与 2021 年底 6932 家挂牌公司相比，数量减少了352 家；2022 年成交量和成交额也回落至较低水平，分别为 99.68 亿股和505.77 亿元，与 2021 年的 255.26 亿股和 1916.65 亿元相比，出现大幅降低。因此，应统筹主板、中小板、创业板、科创板、新三板、区域性股权交易市场等各层次资本市场的定位，推动与完善资本市场的基础性制度建设，提升资本市场服务企业全生命周期融资需求的能力。一是拓展上海证券交易所的内部板块分层，改变其层次单一的格局，推进市场差异化发展，强化科创企业的服务能力。例如，我国于 2018 年 11 月 5 日，正式在上海证券交易所设立"科创板"，并进行注册制试点。二是重新定位新三板市场，形成与主板市场、创业板市场之间差异化发展和良性竞争，旨在服务于"双创"企业的专业化平台。推进新三板制度改革，在发行交易、投资者适当性、监管服务等方面推进市场精细化分层，逐步增强市场流动性，提升市场定价能力。三是促进区域性股权交易市场的规范发展，强化其服务当地中小微企业的私募股权市场定位，鼓励地方政府设立专门投资于区域性股权交易市场挂牌企业的股权投资基金。

第二，打通板块升降级通道，提升转板机制的灵活性，实现各板块良性竞争与错位发展。无论是从板块层次的入市标准还是从企业发展的生命周期来看，企业适合在哪一层次板块入市融资是动态变化的，并非一成不变。一方面，低层次板块挂牌交易的企业在经过政策培育、市场竞争及资本支持后，其经营规模、财务状况及企业竞争力等方面均会得到很大的提升，从而符合更高层次板块挂牌标准，则需通过升板机制，提升其挂牌板块层次；另一方面，对于长期经营不善与亏损及财务恶化等企业，已不符合某一层次的挂牌标准，则需通过降板机制或退出机制，降低或退出其挂牌板块层次。这实际上展现了市场发展"优胜劣汰"的筛选机制，既有利于保证挂牌公司的质量与其所在市场层次相对应，又能促进上市公司努力改善经营管理水平。目前，我国尚缺乏各板块层次间灵活的转板机制，仅是建立了主板市场向场外市场的退出机制，尚未建立挂牌公司再次回归主板市场的返回机制。这就导致场外市场作为技术创新企业的"孵化器"和作为主板市场的蓄水池的功能无法发挥，目前的场外市场只能被称为"退市垃圾桶"。按规定，创业板退市的企业，若满足代办股份转让系统条件，可向相关监管部门申请进入代办股份转让系统；但是却未明确规定代办股份转让系统挂牌交易的公司是否可以向创业板进行转板的条件。另外，我国在多层次资本市场的转板过程中，缺少板块间的过渡层次，尚未形成升降互动的关系，造成各层次板块市场的分离，进而导致企业融资链条的断裂与不连续性，无法有效满足企业生命周期各阶段的融资需求。依据各国发展经验来看，美、日、德资本市场均建立了转板制度，不同板块定位均符合企业不同发展阶段的融资需求。因此，建议建立服务于各类企业、各生命周期的市场体系，为企业升降级提供通道，使各板块良性竞争、错位发展。

第三，进一步完善"注册制"改革，更好发挥市场机制作用。一直以来，我国股票发行制度为核准制，这与我国政府主导型的资本市场有关，但这也阻碍了资本市场融资功能的有效发挥。股票发行注册制改革首次在党的十八届三中全会上被正式提出，但直到 2018 年科创板设立，注册制才得以试点实施；2023 年 2 月，中国证监会发布实施全面实行股票发行注册制的相关制度规则，证券交易所、全国股转公司、中国结算、中证金融、证券业协会配套制度规则同步发布实施；同年 4 月，党中央、国务院批准了《全面实行股票发行注册制总体实施方案》；2023 年 4 月 10 日，沪深交易所主板注册制首批企业上市交易，股票发行注册制改革全面落地。纵观各国资本市场建设，主要发达国家资本市场均采用注册制，但是注册制尚无统一模式。注册制改革的本质是理顺市场与政府的关系，即推进资本市场发行机制的高度市场化，而并非无政府监管与管控；其巧妙之处在于既能较好地解决发行人与投资者之间信息不对称的问题，又可以规范监管部门的职责边界，避免监管部门过度干预，让市场发挥配置资源的决定性作用；同时，有利于培育形成市场自我约束的机制，增强市场主体的选择能力、判断能力和风险承担能力。对此，我国既要借鉴国外经验，又要遵循本国发展特征，在改革实践中积极稳妥、循序渐进地推进具有中国特色的注册制模式。当前阶段，我国需要从推广进程、准入门槛、制度建设等方面入手，应做好以下工作：

一是根据市场需求分步推广注册制，逐步由科创板扩大至创业板、中小企业板市场，并进一步建设与健全新三板市场的注册制。二是在准入门槛方面，实施差异化上市标准，实现上市资源的精准服务。注重创业板、科创板及新三板等发行门槛的适度调整与降低，拓展上市标准的多样性，改变"重盈利、轻发展"的主导标准，创新试点"同股不同权"与持续经营前提下的"直接上市"等新机制，使之更好地匹配与服务于"轻资产、投入大、缺乏盈利"的创新创业企业。这会极大提升科创企业的上市比例，有利于推动经济的转型和产业的升级。三是在制度建设方面，继续加强配套制度建设，尤其是更加注重信息披露和退出制度。注册制的核心就是信息披露，完善信息披露要做好四个方面的工作：即完善与明确信息披露范围；加大信息披露违规处罚力度，实施具体的、可执行的赔偿机制；强化现代公司治理建设，加大投资者权益保护；转变信息监管方式，由事前监管转变为事中、事后监管，强化第三方监管力量作用。

2. 改善与优化银行业结构，注重发展普惠性金融机构

在中共中央政治局第十三次集体学习中，习近平明确强调，增加中小金融

机构数量和业务比重，改进小微企业和"三农"金融服务。目前，我国银行机构主要以大型商业银行为主，这些商业银行倾向于向国有企业、大型企业贷款，导致金融资源过度集中于大型企业和国有企业，而忽视普惠性的中小银行机构与民营金融机构的发展，导致存在中小企业融资难、融资贵的问题。根据前文实证可知，银行集中度对经济增长具有促进作用，这包含两层含义：一是随着经济发展规模与阶段的不断提升，提升银行集中度更有利于促进经济增长；二是在经济发展高级阶段，产业资本密集度较高且企业规模较大，应发展与之匹配的大型银行机构，提升银行集中度，而在经济发展初级阶段，产业资本密集度较低且中小企业占比更高，应发展与之匹配的中小型银行机构，降低银行集中度。这一点与张一林等（2019）的"大企业与大银行相匹配、小企业与小银行相匹配"①研究结论相一致。另外，银行业过度集中并不利于金融结构市场化对经济增长的促进作用。因此，无论是提升金融服务中小企业的能力，还是推进金融结构市场化发展，均需我国进一步推动银行业结构向着与经济发展阶段、要素禀赋、产业结构与企业规模相匹配的方向转型。

第一，注重发展普惠性金融机构，推进以服务于民营经济为核心的中小银行发展。尽管现阶段我国已经成为仅次于美国的第二大经济体，但根据人均收入水平、人均资本存量等指标，我国仍是全球最大的发展中国家，而以民营经济为核心的中小企业仍是未来推动我国经济发展的重要引擎。改革开放以来，民营经济在从小变大、从弱变强的过程中，对经济发展的影响力不断增强，逐步成为稳定就业和推进技术创新的重要主体，成为产业结构与经济结构转型升级及区域协调发展的重要动力，成为国民社会财富和城乡居民收入的重要来源。② 我国政府也高度重视民营经济的健康良性发展，党的十五大明确把"公有制为主体、多种所有制经济共同发展"确立为我国的基本经济制度，并强调"两个毫不动摇"的方针（党的十六大）和"两个都是"原则（党的十八届三

---

① 张一林，林毅夫，龚强. 企业规模、银行规模与最优银行业结构：基于新结构经济学的视角［J］. 管理世界，2019（3）：31-47+206.

② 刘现伟. 新时代亟须推动民营经济高质量发展［N］. 经济参考报，2019-02-27（007）.

中全会）。中小企业是民营经济不断发展壮大的基础，由于收入结构单一、缺乏贷款可抵押品、经营风险（如现金流不确定）与技术创新风险较高等特性，导致其难以满足大型银行的融资需求，只能依赖中小银行来获取融资。张一林等（2019）认为，相对于大型银行，中小银行的管理更加扁平化，层级较少、信息传递链较短，更易于甄别企业家经营能力与企业发展前景，而不是过多地专注于企业抵押品的"量"与"质"、还款偿债能力及清算制度等来规避企业家风险；同时，中小银行对中小企业的金融服务与支持具有包容性，更易规避无效率清算（部分企业在短期内可能违约，但在长期内可能盈利）。因此，为能够根治长期困扰我国中小企业所面临的融资难、融资贵问题，关键在于优化与改善银行体系的机构结构，重点发展普惠性金融机构，推进发展更易甄别企业软实力与软信息的中小型银行。

第二，强化大型银行的金融服务优势，集中支持大型企业发展，同时降低对中小企业发展扶持的政策性负担。改革开放以来，我国以大型银行为主导的银行体系在经济发展中发挥着重要的推动作用，尤其是在支持国有企业与大型企业"集中力量办大事"方面效果显著。但是随着中小企业在经济发展中推动力量的凸显，大型银行不仅承担着支持国有企业与大型企业的发展，同时也承担着扶持中小企业发展的政策性负担。然而，大型银行对中小企业的金融支持，却尚未有效化解或消除中小企业融资难、融资贵的问题。林毅夫和姜烨（2006）研究发现，拥有较多大型银行的地区产业结构主要侧重于重工业产业与大型企业。同时，张一林等（2019）研究发现，大型银行的内部管理层级较多、信息传递链较长，其对企业的信贷支持力度更多依赖企业的硬实力，如资产抵押与财务报表的质量水平等。相比于中小企业，大型企业更容易满足大型银行的信贷要求与风险控制，从而获得大型银行的资金支持。另外，相关部门要求大型银行增强对中小企业的支持力度，有可能会加大大型银行的政策性负担，甚至会导致其信贷质量的降低，提升不良贷款率水平。因此，在推进中小银行等普惠性金融机构发展的同时，逐步减轻大型银行的政策性负担，逐步优化与改善银行业结构，强化各类银行的金融服务优势，实现银行专业化定位与分工，即中小银行匹配与支持中小企业、大型银行匹配与支持大型企业，不断提升银行体系服务实体经济发展的能力与效率。

（三）微观层面：拓宽金融参与主体与丰富金融产品多样化

在微观层面，深化金融体制改革，需从两个方面入手，既要做好需求侧改革，开拓金融市场参与主体，又要做好供给侧改革，丰富金融产品多样化。

第一，从需求侧改革入手，开拓金融市场参与主体，培育机构投资者，吸引长期稳定资金入市，降低市场投机行为。整体来看，我国资本市场中的投资者结构尚不合理，偏向于散户化且持股比例较高。从投资者占比来看，根据《全国股票市场投资者状况调查报告》，截至 2018 年 8 月，市场自然人投资者占比高达 99.77%。从持股结构来看，2014～2018 年，在"自由流通市值"中，个人投资者持股比例由 72% 降至 53%，而机构投资者持股比例由 28% 升至48%。投资者散户化，虽然有利于提升市场的流动性，但也存在巨大的投机风险。这主要是由于个人投资者缺乏专业化投资理念，存在短线操作、从众行为与处置效应等心理行为[①]，极易引发资本市场的急剧波动，从而进一步引发股市泡沫抑或价值泡沫与压缩现象，甚至会严重冲击实体经济发展的稳定性。

2018 年 10 月 31 日，中共中央政治局会议明确提出，围绕资本市场改革，加强制度建设，激发市场活力，促进资本市场长期健康发展。证监会提出，鼓励价值投资，减缓市场下跌对产业资本的冲击。因此，有必要进一步推进发展与培育机构投资者，吸引长期稳定的资金入市。理论上，机构投资者研究能力强，对上市公司调研充分，信息分析与把握的能力强，是市场理性力量和价值投资的主体。一是借鉴美国经验，重点发展以养老金和共同基金为代表的机构投资者，降低机构投资者的准入门槛，将散户资金以集合理财、专业管理、组合投资、分散风险的方式委托给基金管理人，进一步提升投资行为的专业化与理性化。二是借鉴日本经验，广泛引入海外投资与法人投资，并制定配置支持制度，如采用鼓励上市公司分红、回购股票、推出股东优惠措施等方式来稳定股价，牢牢吸引海内外投资者长期持有其股票。三是进一步细化投资者适当性制度，并进行量化评估，定期对相关标准进行调整，以更好地满足现实需要。

---

① 李国旺. 构建资本市场可持续发展长效机制 [N]. 中国证券报，2018－11－03（A07）.

四是促进天使投资与风险投资发展，尤其是引入民间资本，为"双创"企业开拓更多的稳定、长期的资金来源。

第二，从供给侧改革入手，坚持以市场需求为导向，创新金融产品与金融服务，丰富服务经济高质量发展的新工具，满足市场主体的多元化投资需求。在中共中央政治局第十三次集体学习中，习近平强调，坚持以市场需求为导向，积极开发个性化、差异化、定制化金融产品。因此，需要深化金融供给侧结构性改革举措，建立和完善多层次、多样性的金融服务体系，在控制风险的前提下，通过完善内控机制、创新产品服务、提高金融服务效率，支持小微企业的投融资活动。

一是要丰富工具的多元性。允许和鼓励银行体系与资本市场的制度创新和产品创新，进一步推进金融业态的混业经营模式，如发展资管产品和证券化产品，开发与创新企业债、可转债、可交换债、绿色债券等为实体经济提供资金支持。二是要增强工具的有效性。要坚持以市场需求为导向，鼓励金融机构创新投融资一体化和综合性服务，如信贷流程创新、业务模式创新，再如加大续贷产品的开发力度，提升贷款期限与企业生产周期的匹配度等，提升金融服务的时效性、便捷性和可得性；同时针对重点领域，设计个性化、差异化、定制化的金融产品和金融服务，精准、高效地支持实体经济发展。三是要增强工具的灵活性。现阶段，科技创新是经济发展的关键因素，需要以金融科技为突破口，提升传统金融机构的产品服务模式，如在批量获客、信贷审批和风险控制方面，进一步降低融资成本；同时需着力打造科技创新中心与文化中心，构筑适应科技创新企业发展的灵活和包容的金融环境，增强产业投资基金、天使投资和风险投资对实体经济的投资力度。

二、强化金融体系在法律基础与监管制度的建设

在"防风险"方面，可以从完善金融法律基础、补齐金融监管体系不足、构建风险预警机制三个方面入手。

（一）建立灵活、包容的金融法律体系，助推金融业态混业监管

综观各国金融发展史，在提升直接融资比重的过程中，金融混业化发展是

大趋势。美、日、德三国通过修改和调整法律基础，均赋予银行参与资本市场的机会与渠道，进一步推进金融业态由分业经营向混业经营转变，促进了金融体系结构的完善。在法律制度建设中，美国始终坚持法治的规范性、透明度及政策的灵活调整，尤其在 1999 年出台了《金融服务现代化法》，将金融活动由分业经营转变为混业经营，把金融监管的重点从金融活动转变到管理和防范金融风险上，提出了"效率与竞争"的金融法律新观念；更是在次贷危机以后，出台《多德-弗兰克华尔街改革与消费者保护法案》《乔布斯法案》，分别强化金融体系的全方位监管和放松中小企业的融资限制。德国的法律建设历程，即从 1961 年的《银行法》到 1997 年的《第三次振兴金融市场法案》，再到 2004 年的《投资现代化法》与 2006 年的《金融市场促进计划》，本质上就是银行体系与资本市场深度融合的过程，其全能型银行所提供的金融产品与金融服务不断拓展与延伸至资本市场，进而于 2002 年实现由分业监管向统一监管的转变。日本当前的法律体系更是兼具融合了大陆法系与英美法系的特征，甚至在 2006 年修订了《金融商品交易法》，实行混业经营和混业监管，并借此完成从间接融资向直接融资体系的过渡。这一法律不仅修改了金融规制的适用范围，将具有投资性的金融产品与服务纳入规制范围，还重新界定了银行存款、保险、证券、基金等各类金融产品与服务的法律关系。对此，我国虽然尚处于分业监管阶段，但事实上混业经营已经不可忽视，现行法律仅将股票和债券作为证券进行监管，将股权、集合投资计划、ABS 等直接融资工具排斥在法律之外，限制了企业合法融资的渠道，滋生非法集资乱象。建议调整法律和监管框架，赋予各类直接融资工具平等的法律地位，推进金融业态的混业监管。

（二）构建现代金融监管体系，补齐金融监管四大短板

在监管体系设计中，要以我国监管实际为基础，结合国际经验，设计符合我国实际情况的金融监管体系，建议在完善"统一监管""审慎监管"与"机构监管"的基础上，强化"双峰监管"模式下注重金融消费者权益保护的行为监管和穿透式、全链条式管理的功能监管职能。

1. 补"统一监管"短板，设立国家金融监督管理总局

按照监管体系的标准，金融监管可分为多边监管（分业监管）和统一监管

（混业监管）两种类型。一般来说，多元监管模式适用于金融分业经营；而统一监管模式适用于金融混业经营。纵观金融发展史，金融业态的混业经营将是未来的发展趋势。整体来看，主要发达国家也经历了由多元监管模式向统一监管模式的转变。由于受1995年巴林银行因其投资行为失控而监管部门协调不足所导致的银行危机的影响，英国率先实现金融统一监管模式。英国于1997年成立了金融服务管理局（FSA），标志着其从多边监管转变为统一监管，并在2000年颁布了《金融服务与市场法》确立了统一监管的法律地位。该法案明确中央银行仅承担货币政策职能，而FSA承担金融机构的业务监管。甚至在次贷危机后，英国进一步设立金融稳定理事会，统筹协调与防范系统性风险，保障金融体系稳健发展。美国受到次贷危机影响，明显暴露其多元监管模式下的空白区；同时金融创新下的混业经营形成了跨机构、跨市场与跨区域的市场联动与产品链，多元监管模式难以为继。美国借鉴英国模式，设立了美国金融稳定监督委员会，以弥补监管空白与重叠、协调性受限等不足。在当前深化金融体制改革的关键时期，建议设立国家金融监督管理总局，强化"统一监管"职能，克服分业监管体制下协调难度大、监管套利等问题，推进金融业态混业经营的发展。

2. 补"防范风险"短板，强化中国人民银行的宏观审慎监管职能

按照监管层次的标准，金融监管可分为宏观审慎与微观审慎两种监管类型。全球各国均高度重视机构层面的微观审慎监管，而忽视了金融体系层面的宏观审慎监管。20世纪70年代，"宏观审慎"理念最初由国际清算银行提出，在亚洲金融危机（1997年）后引入金融领域，直到2008年次贷危机后才被正式应用于国际金融监管框架中。宏观审慎监管旨在维护与保障金融体系的稳定。在国际实践中，一般存在两类主体行使宏观审慎监管的职能：一是成立专门的监督委员会，如美国金融稳定监督委员会、英国金融稳定理事会及欧洲系统性风险委员会等；二是由中央银行来承担，如韩国、秘鲁、瑞士等。那么，我国该由哪一监管部门行使宏观审慎监管职能呢？从法律法规来看，《中华人民共和国中国人民银行法》明确规定中国人民银行具有保持货币币值的稳定、监督管理金融市场的职责，但是却未明确授权于中国人民银行。从实际监管来看，中国

人民银行内设金融稳定局，又具备实施宏观审慎监管的现实条件，但在实践中仅为名义上的监管协调者，不具备全方位监管职能。因此，需要进一步明确中国人民银行宏观审慎监管的地位与职能，第五次全国金融工作会议明确了这一点，对识别、评估、处置系统性金融风险，保障金融体系的稳健发展具有积极意义①。

3. 补"双峰监管"短板，统一注重金融消费者权益保护的行为监管职责

按照监管目标的标准，金融监管可划分为行为监管与审慎监管两种类型，即"双峰"监管模式。从监管体制上，"双峰"监管模式有利于明确监管机构的权责与目标，尤其是提升了行为监管在金融监管机制中的地位；从监管目标上，"双峰"监管模式有利于缓和"维护金融系统安全稳健"目标和"金融消费者权益保护"目标的内在矛盾；从权责配置上，监管机构各司其职，发挥其专业化监管，既避免了功能重复，又弥补了监管空白，极大缓解了两类监管机构间的监管矛盾、冲突与竞争；从机制协调上，审慎监管始终优先于行为监管，要以维持金融稳定为核心。习近平在第五次全国金融工作会议上提出，要以强化金融监管为重点，强调更加重视行为监管。综观国际金融监管史，"双峰"理论起源于英国，发展于澳大利亚，紧随其后的是荷兰，如澳大利亚于1997 年构建了"三元结构"的"双峰"监管模式，荷兰于 2002 年构建了"经典双峰"的统一监管模式；但"双峰"理念真正得以重视的转折点是 2008 年次贷危机，如美国于 2009 年构建了"伞+双峰"的监管模式，英国于 2013 年开启"准双峰"的监管模式。因此，建议我国整合各部门中金融消费者权益保护职能，将行为监管职责统一纳入国家金融监督管理总局之中，设立行为监管部门，负责行为监管的监管标准、监管工具、信息平台的构建，独立针对金融机构之间、金融机构与非金融机构之间及金融机构与消费者之间的市场行为进行监管，以保障金融消费者的合法权益。②

---

① 董小君. 在借鉴国际经验中补我国金融监管体系的短板［J］. 理论探索，2018（1）：87-91.

② 董小君，郭贝贝，丁立江. 金融行为监管模式分析与国际经验借鉴［J］. 行政管理改革，2019（7）：100-109.

4. 补"机构监管"短板，完善与强化全链条式的功能监管制度

按照监管职能的标准，金融监管可划分为机构监管与功能监管两种类型，其中，前者注重金融机构全生命周期的"纵向监管"，旨在规避机构间的风险传导；后者以交易行为为基准，针对金融产品与服务所发挥的金融功能进行"横向监管"。整体来看，世界各国注重机构监管，而忽视功能监管。"功能监管"理念起源于美国（20世纪80年代），但实践于新加坡，美国直到1999年才正式确立"机构+功能"的"伞"型监管模式。机构监管存在以下缺陷：一是监管标准多样化和行为差异化，会引发监管套利，产生行政性垄断，破坏公平竞争的环境；二是难以有效地监管跨部门、跨行业的金融创新产品与服务，甚至会限制金融创新活动，不利于金融业态混业经营模式的发展；三是针对金融控股公司，机构监管仅限于对母公司的监督与管理，无法有效地对跨行业、跨市场的子公司经营行为进行有效监管。功能监管恰恰以其穿透式、全链条式的监管方式，不仅可以有效地识别出金融产品与服务的监管权责归属问题，而且具有监管标准统一、监管行为一致的优势，规避了监管套利行为，营造了良好的公平竞争环境，进而弥补了"机构监管"的不足。目前我国主要采取机构监管模式，非常有必要强化穿透式、全链条式管理的功能监管职能，进一步消除与规避"监管空白"与"监管重叠"并存的现象。

（三）完善金融风险预警机制，强化金融风险的科学防范

防范与化解金融风险的一个重要前提是需要及时、有效地识别、发现与反馈市场中存在的金融风险。现阶段，我国正处于体制转型和经济下行周期，金融安全的预警体系与风险控制问题不仅是理论问题，而且是重大的实践问题。为了消除我国金融系统自身的脆弱性，有必要从宏观、中观、微观三个层次构建风险预警机制，为防范与化解金融风险提供必要的信息支持与反馈。

（1）宏观层面：构建了一套科学完善、高效灵敏的多层次、多因素的金融风险预警体系。2008年金融危机以来，各国都加强了关于宏观经济层面的监测和预警，设立了系统性风险监测和监管协调机构，如美国金融稳定监督委员会和欧洲系统性风险委员会等，并相继出台了一些金融体系稳定评估计划，如美国的《系统性风险分析综述》报告、欧洲的系统性风险仪表盘等。风险预警评

价体系是金融风险预警机制的核心部分与关键所在，其主要涉及四部分内容：一是金融风险预警评价体系，是金融风险预警体系的核心部分与关键所在，主要涉及宏微观审慎的指标体系、风险指标预警"阈值"、预警信号设定、风险预警评价模型四个方面。二是建立信息监测与反馈系统，其承担信息收集、日常监测与信息反馈的工作，为预警决策与处置工作提供及时的、有效的信息保障。三是金融风险预警综合评价，通过对多层次、多因素的预警指标进行全面分析，为风险处置方案的制定与执行提供现实支持。四是风险监管与处置机制，依据风险综合评价结果，将风险等级划分为若干组监控类型；针对不同风险类型的金融机构，采取差异化的监控与处置措施。

（2）中观层面：完善以系统重要性金融机构为基石的区域风险传递监管架构。中央全面深化改革委员会第四次会议明确强调，要明确政策导向，对系统重要性金融机构的识别、监管、处置作出制度性安排，加强金融监管的集中统一、协调配合，形成监管合力，有效维护金融体系稳健运行。完善系统重要性金融机构监管，对于弥补金融监管短板，引导大型金融机构稳健经营，提升我国金融机构的竞争力和抗风险能力具有重要意义。一是要在银行、保险、证券公司等领域培育系统重要性金融机构，打造维护金融稳定的中坚力量，特别是在金融开放加快的背景下，更需要培育我国的系统重要性金融机构，提升我国金融机构的整体竞争力，增强金融机构应对国际风险和金融体系风险的能力。二是要加强对系统重要性金融机构的行为监管，促进金融机构稳健发展，避免系统重要性金融机构自身成为系统性金融风险的来源。[①] 三是我国应当以金融稳定理事会（FSB）认证标准为依据，适当降低标准扩大系统性金融机构范围，对其实施商业模式、压力测试、公司治理、同业比较等前瞻性监管工具。四是构建金融风险区域隔离机制，运用大数据、云计算等技术建立跨区域的金融风险监测指标体系，建立金融风险缓冲机制。[②]

---

① 杨丰强. 加快构建系统性金融风险防范体系与机制 [M]. 中国证券报，2018-06-09（A08）.

② 王学凯. 金融杠杆对经济增长的影响研究 [D]. 北京：中共中央党校博士学位论文，2019.

（3）微观层面：强化微观审慎监管，构建金融机构的差异化监管制度。为防范金融风险，对中小银行实施更加严格的资本充足率要求。张一林等（2019）研究表明，中小银行在扶持中小企业上更具比较优势。一方面，中小企业普遍存在收入结构单一、缺乏贷款可抵押品、经营风险（如现金流不确定）与技术创新风险较高等特性，一旦受到外部冲击，极易导致中小企业运营不善，甚至面临倒闭的风险。另一方面，中小银行自身在筛选贷款对象、银行内控风险管理等方面存在缺陷，使其难以精准甄别出企业的真实风险。因此，在优化银行业结构、推进中小银行发展的同时，有必要对中小银行实施更加严格的"巴塞尔协议"要求。扩大"巴塞尔协议"的适用范围，不仅要包括银行类金融机构，而且要包括资产管理公司、金融集团公司、证券公司等非银行类金融机构；同时，提升"巴塞尔协议"标准，进一步提升我国金融机构的国际竞争力和应对风险冲击的抵抗力。

第三节　研究展望

本书的选题源于金融与实体经济失衡问题，旨在探究符合满足服务实体经济增长需求的金融结构。经过理论模型推演、国际数据检验、国内数据实证，发现金融结构与经济增长之间存在"倒 U 形"关系，即验证了最优金融结构的存在性；随着经济增长阶段与货币化程度的不断提升，促进金融结构市场发展更有利于经济增长；同时，银行业的过度集中不利于金融结构对经济增长的促进作用，以及影子银行的发展在短期内体现为风险隐患，但在长期内有利于推动金融结构对经济增长的促进作用。因此，本书的研究结果，为当前我国推进金融体系的市场化发展提供了理论与经验支持。

当然，本书的研究尚存在许多不足，还需进一步深化研究，其中包括：一是本书的被解释变量选取的是人均实际 GDP，并未涉及经济波动、经济高质量发展等指标；尤其是在当前我国经济正处于由高速增长阶段转向高质量发展阶段，经济波动可能会发生，更需要深入探究如何优化与调整金融结构才能更好地服务于经济高质量发展目标与降低经济波动的风险威胁。二是本书验证了最优金融结构的存在性，那么一国在某一阶段或某一时点下，其适应经济增长的最优金融结构水平是多少？前文研究也发现金融结构与金融规模是相互影响的，那么在最优金融结构水平下的银行规模与金融市场规模又是怎样呢？未来针对最优金融结构与规模量化关系的问题是非常值得研究的。三是本书的样本国家仅为 40 个（发达经济体 22 个、发展中经济体 18 个），样本量相对较少；样本区间仅为 1992~2010 年，样本周期也相对较短。因此，扩大样本国家数量与采用更长周期的样本数据，进而更精准地刻画金融结构与经济增长之间的关系，是需要进行拓展的方面。四是控制变量的选择，本书仅涉及资本形成率、劳动力供给水平、人力资本水平及通货膨胀率，而影响经济增长的因素众多，未来有必要进一步扩展控制变量数量来研究是否仍会得出相同的结果。以上这些问题，都是未来需要进一步研究拓展的内容。

参考文献

［1］ Allen F, Gale D. A Welfare Comparison of the German and U. S. Financial Systems ［J］. European Economi c Review, 1995 (39)：179-209.

［2］ Allen F, Gale D. Comparing Financial Systems ［M］. Cambridge, MA：MIT Press, 2000.

［3］ Allen F, Gale D. Diversity of Opinion and Financing of New Technologies ［J］. Journal of Financial Intermediation, 1999 (8)：68-89.

［4］ Allen F, Gale D, Financial Markets, Intermediaries, and Intertemporal Smoothing ［J］. Journal of Political Economy, 1997 (105)：523-546.

［5］ Allen F, Gale D. Financial Contagion ［J］. Journal of Political Economy, 2000, 108 (1)：1-33.

［6］ Allen F, Gale D. Banking and Markets ［Z］. 2000.

［7］ Amable B. The Diversity of Modern Capitalism ［M］. Oxford University Press, 2005.

［8］ Arnold, Walz. Financial Regimes, Capital Structure, and Growth ［J］. European Journal of Political Economy, 2000 (16)：491-508.

［9］ Bernanke B, Gertler M, Gilchrist S. The Financial Accelerator and the Flight to Quality ［J］. Review of Economics and Statistics, 1996 (3)：1-15.

［10］ Beck, Levine. Legal Institutions and Financial Development ［Z］. 2004.

［11］ Beck T, Levine R, Levkov A. Big Bad Banks? The Winners and Losers from Bank Deregulation in the United States ［J］. Journal of Finance, 2010 (5)：1637－1667.

［12］ Beck T, Demirguc-Kunt A, Levine R. Bank Concentration, Competition and Crises: First Result ［J］. Journal of Banking and Finance, 2006, 30 (5): 1581-1603.

［13］ Beck T, Demirguc-kunt A, Maksimovic V, Bank Competition and Access to Finance: International Evidence ［J］. Journalof Money, Credit and Banking, 2004, 35 (3): 627-648.

［14］ Bencivenga V R, Smith B D. Financial Intermediation and Endogenous Growth ［J］. Review of Economi cs Studies, 1991 (58): 195-209.

［15］ Bencivenga V R, Bruce D S, Ross M. Starr. Eauity Markets, Transaction Costs, and Capital Accumulation: A Illustration ［Z］. 1995.

［16］ Berger A N, Udell G F. Relationship Lending and Lines of Credit in Small Firm Finance ［J］. Journal of Business, 1995, 68 (5): 351-381.

［17］ Berger A N, Udell G F. Small Business Credit Availability and Relationship Lending: The Importance of Bank Organizational Structure ［J］. Economic Journal, 2002, 112 (477): 32-53.

［18］ Berger A N, Udell G F. The Economics of Small Business Finance: The Role of Private Equity and Debt Markets in the Financial Growth Cycle ［J］. Journal of Banking and Finance, 1998, 22 (6): 613-673.

［19］ Berger A N, Demirguc-kunt, Levine R, et al. Bank Concentration and Competition: An Evolution in the Making ［J］. Journal of Money, Credit and Banking, 2004, 36 (3): 433-451.

［20］ Berger A N, Saunders A, Scalise J M, et al. The Effects of Bank Mergers and Acquisitions on Small Business Lending ［J］. Journal of Financial Economics, 1998, 50 (2): 187-229.

［21］ Berger A N, Miller N H, Petersen M A, et al. Does Function Follow Organizational Form? Evidence from the Lending Practices of Large and Small Banks ［J］. Journal of Financial Economics, 2005, 76 (2): 237-269.

［22］ Besanko, Kanatas. Credit Market Equilibrium with Bank Monitoring and

Moral Hazard［J］. Review of Financial Studies, 1993, 6（1）：213－232.

［23］Bhide A. The Hidden Costs of Stock Market Liquidity［J］. Journal of Financial Economics, 1993, 34（1）：31－51.

［24］Bolton P, Freixas X. Equity, Bonds, and Bank Debt：Capital Structure and Financial Market Equilibrium under Asymmetric Information［J］. Journal of Political Economy, 2000（2）：324－351.

［25］Boot A W A, Thakor A V. Can Relationship Banking Survive Competition?［J］. Journal of Finance, 2000, 55（2）：679-713.

［26］Boot A W A. Thakor A V. Financial System Architecture［J］. Review of Financial Studies, 1997（10）：693-733.

［27］Borio C E, Zhu V H. Capital Regulation, Risk－Taking and Monetary Policy：A Missing Link in the Transmission Mechanism［Z］. 2008.

［28］Boyd J H, de Nicolo G. Bank Risk－Taking and Competition Revisited［Z］. 2003.

［29］Boyd J H, Prescott E C. Financial Intermediary-Coalitions［J］. Joumal of Economic Theory, 1986, 38（2）：211-232.

［30］Boyd J H, Bruce D S. Intermediation and Equilibrium Allocution of Investment Capital：Impli cations for Economic Development［J］. Journal of Moneary Economies, 1992（30）：409-432.

［31］Bruche M, Llobet G. Preventing Zombie Lending［J］. Review of Financial Studies, 2014, 27（3）：923-956.

［32］Barro R J. Human Capital and Growth：Theory and Evidence：A Comment－Science Direct［C］. Carnegie－Rochester Conference Series on Public Policy. RePEc, 1990.

［33］Caballero R J, Hoshi T, Kashyap A K. Zombie Lending and Depressed Restructuring in Japan［J］. American Economic Review, 2008, 98（5）：1943－1977.

［34］Calmes T. The Rise of Shadow Banking and the Hidden Benefit of Diversification［Z］. 2011.

[35] Carlin, Mayer. Finance, Investment, and Growth [J]. Journal of Financial Economics, 2003, 69 (1): 191-226.

[36] Cetorelli N, Peretto P F. Oligopoly Banking and Capital Accumulation [Z]. 2000.

[37] Cetorelli N, Gambera M. Banking Market Structure, Financial Dependence and Growth: International Evidence from Industry Data [J]. Journal of Finance, 2001, 56 (2): 617-648.

[38] Cetorelli N, Hirtle B, Morgan D, et al. Trends in Financial Market Concentration and Their Implications for Market Stability [J]. Economic Policy Review, 2007 (13): 33-51.

[39] Cetorelli N. Competition among Banks: Good or Bad [J]. Economic Perspectives, 2001 (2): 38-48.

[40] Cetorelli N, Gambera M. Banking Structure, Financial Dependence and Growth: International Evidence from In-dustry Data [J]. Journal of Finance, 2001 (56): 617-648.

[41] Cole R A, Goldberg L G, White L J. Cookie Cutter vs. Character: The Micro Structure of Small Business Lending by Large and Small Banks [J]. Journal of Financial and Quantitative Analysis, 2004, 39 (2): 227-251.

[42] Crotty E. Proposal for Effectively Regulating the U. S. Financial System to Avoid yet Another Meltdown [Z]. 2008.

[43] De Nicolo G, Loukoianova E. Bank Ownership, Market Structure and Risk [Z]. 2007.

[44] Drucker P E. The Changed world Economy [J]. Foreign Affairs, 1986 (4): 768-791.

[45] Demirguc-Kunt A, Maksimovic V. Funding Growth in Bank-Based and Market-Based Financial Systems: Evidence from Firm Level Data [J]. Journal of Financial Economics, 2002, 65 (3): 337-363.

[46] Demirguc-Kent A, Detragiache E. The Determinants of Banking Crises in

Developing and Developed Countries [Z]. 1998.

[47] Demirguc-Kunt A, Levine A. Financial Structure and Economic Growth：A Cross-Country Comparison of Banks [M]. Cambridge, MA：MIT Press, 2001.

[48] Dewatripont M, Maskin E. Credit Efficiency in Centralized and Decentralized Economies [J]. Review of Economic Studies, 1995 (62)：541 -555.

[49] Diamond D W. Financial Intermediation and Delegated Monitoring [J]. Review of Economic Study, 1984, 51 (3)：393 -414.

[50] Demirguc-Kunt A , Levine R . Bank-Based and Market-Based Financial Systems：Cross-Country Comparisons' [R]. World Bank Policy Research Working Paper No. 2143. 1999.

[51] Fama E F. Stock Returns, Expected Returns, and Real Activity [J]. The Journal of Finance, 1990, 45 (4)：1089-1108.

[52] Franklin Allen, Douglas Gale. Comparing Financial Systems [M]. Cambridge, MA：Mit Press, 1999.

[53] Fungacova Z, Will L. How Market Power Influences Bank Failures：Evidence from Russia [Z]. 2009.

[54] Gerschenkron A . Economic Backwardness in Historical Perspective [M]. Cambridge：The Belknap Press of Harvard University, 1962.

[55] Gollin D. Nobody's Business But My Own：Self-Employment and Small Enterprise in Economic Development [J]. Journal of Monetary Economics, 2007, 55 (2)：219 -233.

[56] Gorton M. Haircuts Forthcoming in Federal Reserve [J]. Bank of St. Louis Review. 2010 (7) ：131 -138.

[57] Greenwood J, Smith B. Financial Markets in Development, and the Development of Financial Markets [J]. Journal of Economic Dynamics and Control, 1997, 21 (1)：145-181.

[58] Gurley J G, Shaw E S. Money in a Theory of Finance [M]. Washington

D. C: Brookings Insritution, 1960.

［59］Guzman M G. Bank Structure, Capital Accumulation and Growth: A Simple Macroeconomic Model ［J］. Economic Theory, 2000（16）: 421－455.

［60］Guzman M G. The Economic Impact of Bank Structure: A Review of Recent Literature ［J］. Economi c and Financial Review, 2000（16）: 421－455.

［61］Hellman T, Murdock K, Stiglitz J. Liberalization, Moral Hazard in Banking, and Prudential Regulation: Are Capital Requirement Enough? ［J］. American Economic Review, 2000, 90（1）: 147－165.

［62］Hellwig M Banking, Financial Intermediation, and Corporate Finance ［M］. Cambridge: Cambridge University Press, Cambridge, 1991.

［63］Hoshi T K, Scharfstein D. Corporate Structure, Liquidity and Investment: Evidence from Japanese Industrial Groups ［J］. The Quarterly Journal of Economics, 1991, 106（1）: 33.

［64］Jayaratne J, Wolken J D. How Important Are Small Banks to Small Business Lending? New Evidence from a Survey of Small Firms ［J］. Journal of Banking and Finance, 1999, 23（2）: 427－458.

［65］Jensen M, Murphy K J. Performance Pay and Top－Management Incentives ［J］. Journal of Political Economy, 1990（98）: 225－262.

［66］Jimenez G, Lopez J A. SaurinaJ. How Does Competition Impact Bank Risk－Taking ［Z］. 2008.

［67］Jiménez G, Lopez J A, Saurina J. How Does Competition Affect Bank Risk－Taking? ［J］. Journal of Financial Stability, 2013, 9（2）: 185－195.

［68］Keeley M C. Deposit Insurance, Risk and Market Power in Banking ［J］. American Economic Review, 1990, 80（5）: 1183－1200.

［69］Kenc T, Dibooglu S. The 2007－2009 Financial Crisis, Global Imbalances and Capital Flows: Implications for Reform ［J］. Economic Systems, 2010（34）: 3-21.

［70］Robert G K, Levine R. Finance and Growth Schumpeter Might Be Right

［J］. Quarterly Journal of Economics, 1993, 108（3）：717－737.

［71］ Krasa S, Villamil A D. Monitoring the Monitor：An Incentive Structure for A Financial Intermediary［J］. Journal of Economic Theory, 1992, 57（1）：197－221.

［72］ Kuznets S. Modern Economic Growth：Rate, Structure and Spread［M］. New Haven：Yale University Press, 1966.

［73］ Levine R, Sara Z. Stock Market Development and Long－Run Growth ［J］. The World Bank Economic Review, 1996, 10（2）：323-339.

［74］ Levine R. Law, Financial and Economic Growth［J］. Journal of Financial Intermediation, 1997, 8（1-2）：8-35.

［75］ Levine R. Stocks Markets, Growth, and Tax Policy［J］. Journal of Finance, 1991, 46（4）：1445-1465.

［76］ Levine R. Financial Development and Economic Growth：Views and Agenda［J］. Journal of Economic Literature, 1997, 35（2）：688－726.

［77］ Levine R, Bank－Based or Market－Based Financial Systems：Which is Better?［J］. Journal of Financial Intermediation, 2002, 11（4）：398－428.

［78］ Levine R. Finance and Growth：Theory and Evidence［J］. Handbook of Economic Growth, 2005（1）：865－934.

［79］ Liberti J M, Mian A R. Estimating the Effect of Hierarchies on Information Use［J］. Review of Financial Studies, 2009, 22（10）：4057－4090.

［80］ Lin J Y, Sun X, Jiang Y. Endowment, Industrial Structure and Appropriate Financial Structure：A New Structural Economics Perspective ［J］. Journal of Economic Policy Reform, 2013, 16（2）：1－14.

［81］ Lucas R E. On the Size Distribution of Business Firms［J］. Bell Journal of Economics, 1978, 9（2）：508－523.

［82］ Llave R D L , La Porta C , Porta R , et al. Law and Finance［J］. NBER Working Paper, 1998.

［83］ McFadden R L. Optimal Bank Size from the Perspective of Systemic Risk

[Z]. 2005.

[84] Meon P G, Weill L. Does Better Governance Foster Efficiency? An Aggregate Frontier Analysis [J]. Economics of Governance, 2004, 6 (1): 75 - 90.

[85] Merton R C. A Functional Perspective of Financial Intermediation [J]. Financial Management, 1995, 24 (2): 23 - 41.

[86] Merton R C, Bodie Z, A Framework for Analyzing the Financial System [M] //Crane et al. The Global Financial System: A Functional Perspective. Boston, MA: Harvard Business School Press, 1995.

[87] Mckinnon R I. Money and Capital in Economic Development [M]. Washington DC: The Brookings Institution, 1973.

[88] Merton R C, Bodie Z, Deposit Insurance Reform: A Functional Approach [J]. Carnegie - Rochester Conference Series on Public Policy, 1993, 6 (38): 1 - 34.

[89] Merton R C, Bodie Z. On the Management of Financial Guarantees [J]. Financial Management Association, 1992, 21 (4): 87 - 109.

[90] Merton R C, Bodie Z. Financial Infrastructure and Public Policy: A Functional Perspective, 1995.

[91] Minsky H P. Can "It" Happen Again? Essays on Instability and Finance [M]. New York: M. E. Sharpe, 1982.

[92] Milton Friedman, Anna J., Schwartz. The Effect of Term Structure of Interest Rates on the Demand for Money in the United States [J]. Journal of Political Economy, 1982, 90 (1), https: //doi. org/10. 1086/261051.   [93] Marco Pagano. Financial Markets and Growth: An Overview [J]. European Economic Review, 1993.

[93] Nakamura L I. Small Borrowers and the Survival of the Small Bank: Is Mouse Bank Mighty or Mickey [J]. Business Review, 1994 (11-12): 3 - 15.

[94] Nersisyan Y, Wray L R. The Global Financial Crisis and the Shift to Shadow Banking [Z]. 2010.

［95］ Paul Tucker. Shadow Banking, Financing Market and Financial Stability ［R］. 2010.

［96］ Peek, J Rosengren Bank Consolidation and Small Business Lending: It's Not Just Bank Size that Matters ［J］. Journal of Banking and Finance, 1998, 22 (6): 799 - 819.

［97］ Petersen M A, Rajan R G. Trade Credit: Some Theories and Evidence ［J］. Review of Financial Studies, 1997 (10): 661-692.

［98］ Petersen M A, Rajan R G. The Effect of Credit Market Competition on Lending Relationship ［J］. Quarterly Journal of Economics, 1995, 110 (2): 407 - 443.

［99］ Petersen M A. Information: Hard and Soft ［Z］. 2004.

［100］ Poschke M. The Firm Size Distribution across Countries and Skill - Biased Change in Entrepreneurial Technology ［J］. American Economic Journal: Macroeconomics, 2011, 10 (3): 1 - 41.

［101］ Ramakrishnan R T S, Thakor A V. Information Reliability and a Theory of Financial Intermediation ［J］. The Review of Economic Studies, 1984, 51 (3): 415-432.

［102］ Rajan R G, Zingales L. Financial Systems, Industrial Structure, and Growth ［J］. Oxford Review of Economic Policy, 1999, 17 (4): 467 - 482.

［103］ Rajan R G. Insiders and Outsiders: The Choice between Informed and Arm's-Length Debt ［J］. Journal of Finance, 1992, 47 (14): 1367-1400.

［104］ Saunders A, Strock E. Travlos N G. Ownership Structure, Deregulation and Bank Risk Taking ［J］. Journal of Finance, 1990, 45 (2): 643 - 654.

［105］ Schaeck K, Cikak M. Banking Competition and Capital Ratios ［Z］. 2007.

［106］ Schere F M. Industrial Market Structure and Economic Performance ［M］. Chicago: Rand McNally and Company, 1971.

［107］ Susan Strange. Casino Capitalism ［M］. Oxford, New York: Basil Blackwell, 1986.

［108］Sachs I. From Poverty Trap to Inclusive Development in LDCs ［J］. Economic and Political Weekly, 2004 (5): 13-28.

［109］Schwert G W. Stock Returns and Real Activity: A Century of Evidence ［J］. The Journal of Finance, 1990, 45 (4): 1237-1257.

［110］Shaw E. Financial Deepening in Economic Development ［M］. New York: Oxford Univer-sity Press, 1973.

［111］Shin H S. Securitisation and Financial Stability ［J］. The Economic Journal, 2008 (9): 38-43.

［112］Shleifer A Lawrences. Breach of Trust in Hostile Takeovers ［Z］. 1988.

［113］Shleifer A, Vishny R W. Large Shareholders and Corporate Control ［J］. Journal of Political Economy, 1986, 94 (3): 461-488.

［114］Shleifer A, Vishny R W. A Survey of Corporate Governance ［J］. Journal of Finance, 1997, 52 (2): 737-783.

［115］Sirri E R, Tufano P. The Economics of Pooling ［M］//Crane D B, et al. The Global Financial System : A Functional Approach, Cambridge: Harvard University School Press, 1995.

［116］Soedarmono W, Machrouh F, Tarazi A. Bank Competition, Crisis and Risk-Taking: Evidence from Emerging Markets in Asia ［J］. Journal of International Financial Markets, Institutions and Money, 2013, 23 (2): 196-221.

［117］Stein J C. Information Production and Capital Allocation: Decentralized versus Hierarchical Firms ［J］. Journal of Finance, 2002, 57 (5): 1891-1921.

［118］Stiglitz J E. Andrew W. Credit Rationing in Markets with Imperfect Information ［J］. American Economic Review, 1981 (71): 373-410.

［119］Stiglitz J E. Credit Markets and the Control of Capital ［J］. Journal of Money, Credit and Banking, 1985 (17): 133-152.

［120］Strahan P E, Weston J P. Small Business Lending and the Changing Structure of the Banking Industry ［J］. Journal of Banking and Finance, 1998, 22 (6): 821-845.

［121］Sun X. Technology and Firm Size Across Industries：Theory and Evidence from Chinese Manufacturing Sectors ［Z］. 2015.

［122］Schmidt R H . Differences between Financial Systems in Europe：Consequences for EMU ［J］. Working Paper Series：Finance and Accounting，2001.

［123］Samargandi N，Fidrmuc J，Ghosh S . Is the Relationship between Financial Development and Economic Growth Monotonic？Evidence from a Sample of Middle Income Countries ［J］. CESifo Working Paper Series，2014，68（1）：66 −81.

［124］Tobin J. Money and Economic Growth ［J］. Journal of the Econo−metric Society，1965，33（4）：67−68.

［125］Turk − Ariss，R. On the Implications of Market Power in Banking：Evidence from Developing Countries ［J］. Journal of Banking and Finance，2010，34（4）：765 − 775.

［126］Thorsten B，Demirguc−kunt A，Levine R，et al. Financial Structure and Economic Development：Firm，Industry，and Country Evidence ［Z］. 2000.

［127］Tybout J. R. Manufacturing Firms in Developing Countries：How Well Do They Do and Why？［J］. Journal of Economic Literature，2000，38（1）：11 − 44.

［128］Weinstein D E，Yafeh Y. On the Costs of a Bank−Centered Financial System：Evidence from the Changing Main Bank Relations in Japan ［J］. Journal of Finance，1998（53）：635 − 672.

［129］Williamson S. Costly Monitoring，Financial Intermediation，and Equilibrium Credit Rationing ［J］. Journal of Monetary Economics，1986（18）：59 − 179.

［130］道格拉斯·C. 诺斯. 制度、制度变迁与经济绩效 ［M］. 刘守英，译. 上海：上海三联书店，1994.

［131］R. 科斯，A. 阿尔钦，D. 诺斯. 财产权利与制度变迁：产权学派与新制度学派译文集 ［M］. 刘守英等，译. 上海：上海人民出版社，1994.

［132］爱德华·S. 肖. 经济发展中的金融深化 ［M］. 邵优军，等译. 上

海：上海三联书店，1988.

[133] 白钦先. 比较银行学 [M]. 郑州：河南人民出版社，1998.

[134] 陈雨露，马勇. 大金融论纲 [M]. 北京：中国人民大学出版社，2013.

[135] 董小君. 中国杠杆率研究 [M]. 北京：国家行政学院出版社，2019.

[136] 方贤明. 制度变迁与金融结构调整 [M]. 北京：中国金融出版社，1999.

[137] 何其春，邹恒甫. 信用膨胀、虚拟经济、资源配置与经济增长 [J]. 经济研究，2015（4）：36-49.

[138] 胡继之. 中国股市的演变与制度变迁 [M]. 北京：经济科学出版社，1999.

[139] 江其务. 制度变迁与金融发展 [M]. 杭州：浙江大学出版社，2003.

[140] 赖溟溟. 金融结构变迁与持续的经济增长：基于银行主导型与市场主导型金融体系视角的分析 [M]. 北京：中国金融出版社，2011.

[141] 雷蒙德·W. 戈德史密斯. 金融结构与金融发展 [M]. 浦寿海，等译. 北京：中国社会科学出版社，1968.

[142] 李木祥，钟子明，冯宗茂. 中国金融结构与经济增长 [M]. 北京：中国金融出版社，2004.

[143] 林毅夫，蔡昉，李周. 中国的奇迹：发展战略与经济改革 [M]. 上海：格致出版社，上海三联书店，上海人民出版社，1999.

[144] 林毅夫. 制度、技术与中国农业发展 [M]. 上海：上海人民出版社，1999.

[145] 刘超. 系统科学金融理论 [M]. 北京：科学出版社，2013.

[146] 刘骏民. 从虚拟资本到虚拟经济 [M]. 济南：山东人民出版社，1998.

[147] 卢卡斯·门克霍夫，诺伯特·托克斯多尔夫. 资本市场的变迁：金

融部门与实体经济分离了吗？［M］. 刘力，等译. 北京：中国人民大学出版社，2005.

［148］罗纳德·I. 麦金农. 经济发展中的货币与资本［M］. 卢骢，译. 上海：上海三联书店，1997.

［149］青木昌彦，金滢基，奥野-藤厚正宽. 政府在东亚经济发展中的作用：比较制度分析［M］. 北京：中国经济出版社，1998.

［150］孙伍琴. 不同金融结构下的金融功能比较研究［M］. 北京：中国统计出版社，2003.

［151］谈儒勇. 金融发展理论与中国金融发展［M］. 北京：中国经济出版社，2000.

［152］欧根·冯·庞巴维克. 资本与利息［M］. 何崑曾，高德超，译. 北京：商务印书馆，1959.

［153］吴晓求. 互联网金融：逻辑与结构［M］. 北京：中国人民大学出版社，2015.

［154］吴晓求. 股市危机：历史与逻辑［M］. 北京：中国金融出版社，2016.

［155］吴晓求. 中国金融监管改革：现实动因与理论逻辑［M］. 北京：中国金融出版社，2018.

［156］习近平. 习近平谈治国理政［M］. 北京：外文出版社，2017.

［157］巴曙松. 加强对影子银行系统的监管［J］. 中国金融，2009（7）：24-25.

［158］白钦先. 金融结构、金融功能演进与金融发展理论的研究历程［J］. 经济评论，2005（3）：39-45.

［159］白钦先. 论以金融资源学说为基础的金融可持续发展理论与战略：兼论传统金融观到现代金融观的变迁［J］. 广东商学院学报，2003（5）：5-10.

［160］蔡则祥. 中国金融结构优化问题研究［D］. 南京：南京农业大学博士学位论文，2005.

［161］陈刚，冯艳，杨亮. 中国银行业结构变迁与经济增长的实证研究 ［J］. 金融论坛，2008（10）：21-27+46.

［162］陈晓枫，叶李伟. 金融发展理论的变迁与创新 ［J］. 福建师范大学学报（哲学社会科学版），2007（3）：52-57.

［163］陈雄兵. 银行业集中、竞争与稳定的研究述评 ［J］. 国际金融研究，2011（5）：47-56.

［164］陈雨露，马勇. 金融体系结构、金融效率与金融稳定 ［J］. 金融监管研究，2003（5）：1-21.

［165］陈雨露，马勇. 社会信用文化、金融体系结构与金融业组织形式 ［J］. 经济研究，2008（3）：29-38.

［166］陈雨露. 全球金融体系向何处去？ ［J］. 金融博览，2012（1）：11-13.

［167］单豪杰. 中国资本存量 K 的再估算：1952～2006 年 ［J］. 数量经济技术经济研究，2008（10）：17-31.

［168］邓子来，李岩松. 功能金融理论与我国金融体系的稳定性和效率性 ［J］. 金融论坛，2004（6）：16-20+62.

［169］董小君，郭贝贝，丁立江. 金融行为监管模式分析与国际经验借鉴 ［J］. 行政管理改革，2019（7）：100-109.

［170］董小君. 在借鉴国际经验中补我国金融监管体系的短板 ［J］. 理论探索，2018（1）：87-91.

［171］杜亚斌，顾海宁. 影子银行体系与金融危机 ［J］. 审计与经济研究，2010（1）：82-87.

［172］房红. 金融可持续发展理论与传统金融发展理论的比较与创新 ［J］. 经济体制改革，2011（3）：123-126.

［173］付海燕. 金融结构与产业成长：互动机制和未来方向 ［J］. 中南财经政法大学学报，2016（5）：15-20+158.

［174］高明生，李泽广，刘欣. 我国金融结构宏微观悖论新解：融资权约束 ［J］. 财经研究，2004（12）：130-140.

［175］宫映雪，刘澄. 金融结构与金融发展的理论分析 ［J］. 辽宁大学学

报，2001（7）：83-86.

[176] 龚强，张一林，林毅夫. 产业结构、风险特性与最优金融结构 [J]. 经济研究，2014（4）：4-16.

[177] 郭琨，周炜星，成思危. 中国股市的经济晴雨表作用：基于热最优路径法的动态分析 [J]. 管理科学学报，2012（1）：1-10.

[178] 郭冬梅. 金融结构理论的演进与启示 [J]. 发展，2009（4）：68-69.

[179] 郭其友，陈银忠. 人民币汇率升值下的输入型通货膨胀：基于递归 SVAR 模型的经验分析 [J]. 经济学家，2011（8）：83-89.

[180] 韩立岩，王哲兵. 我国实体经济资本配置效率与行业差异 [J]. 经济研究，2005（1）：77-84.

[181] 韩文霞. 论金融结构的法律制度建设对经济增长的影响 [J]. 南开经济研究，2002（5）：75-80.

[182] 何德旭，郑联盛. 影子银行体系与金融体系稳定性 [J]. 经济管理，2009（11）：20-25.

[183] 何帆，朱鹤. 僵尸企业的识别与应对 [J]. 中国金融，2016（5）：20-22.

[184] 何晓夏，章林. 不同交易成本条件下的金融结构功能比较研究 [J]. 经济问题探索，2013（7）：112-119.

[185] 胡庆康，刘宗华，魏海港. 金融中介理论的演变和新进展 [J]. 世界经济文汇，2003（3）：67-80.

[186] 黄少卿，陈彦. 中国僵尸企业的分布特征与分类处置 [J]. 中国工业经济，2017（3）：24-43.

[187] 黄益平，常健，杨灵修. 中国的影子银行会成为另一个次债？ [J]. 国际经济评论，2012（2）：5+42-51.

[188] 金玉国. 宏观制度变迁对转型时期中国经济增长的贡献 [J]. 财经科学，2001（2）：24-28.

[189] 李波，伍戈. 影子银行的信用创造功能及其对货币政策的挑战 [J]. 金融研究，2011（12）：77-84.

[190] 李 佳. 资产证券化创新视角下的金融结构变迁研究 [J]. 金融经济学研究, 2015 (5): 72-82.

[191] 李 健, 范祚军, 谢巧燕. 差异性金融结构"互嵌"式"耦合"效应: 基于泛北部湾区域金融合作的实证 [J]. 经济研究, 2012 (12): 69-82.

[192] 李 健, 范祚军. 经济结构调整与金融结构互动: 粤鄂桂三省 (区) 例证 [J]. 改革, 2012 (6): 42-54.

[193] 李 健, 贾玉革. 金融结构的评价标准与分析指标研究 [J]. 金融研究, 2005 (4): 57-67.

[194] 李 硕. 居民金融资产结构与经济增长关联性分析 [J]. 消费导刊, 2010 (4): 73-74.

[195] 李扬. "金融服务实体经济"辨 [J]. 经济研究, 2017 (6): 4-16.

[196] 李扬. 影子银行体系发展与金融创新 [J]. 中国金融, 2011 (12): 31-32.

[197] 李东卫. 关于影子银行系统监管的几点思考 [J]. 金融会计, 2011 (4): 65-70.

[198] 梁 琪, 滕建州. 中国宏观经济和金融总量结构变化及因果关系研究 [J]. 经济研究, 2006 (1): 11-22.

[199] 林 晶, 张 昆. "影子银行"体系的风险特征与监管体系催生 [J]. 改革, 2013 (7): 51-57.

[200] 林毅夫, 姜 烨. 经济结构、银行业结构与经济发展: 基于分省面板数据的实证分析 [J]. 金融研究, 2006 (1): 7-20.

[201] 林毅夫, 姜烨. 发展战略、经济结构与银行业结构: 来自中国的经验 [J]. 管理世界, 2006 (1): 29-40.

[202] 林毅夫. 经济增长中的最优金融结构初探 [Z]. 2005.

[203] 林毅夫, 李志赟. 中国的国有企业与金融体制改革 [J]. 经济学 (季刊), 2005 (3): 913-936.

[204] 林毅夫. 关于技术选择指数的测量与计算 [Z]. 2002.

［205］林毅夫. 试论经济增长中的最优金融结构 ［Z］. 2004.

［206］林毅夫，孙希芳，姜烨. 经济增长中的最优金融结构理论初探 ［J］. 经济研究，2009（8）：3-14.

［207］林毅夫，孙希芳. 信息、非正规金融与中小企业融资 ［J］. 经济研究，2005（7）：35-44.

［208］林毅夫，孙希芳. 银行业结构与经济增长 ［J］. 经济研究，2008（9）：31-45.

［209］林毅夫. 我国金融体制改革的方向是什么？ ［J］. 中国经贸导刊，1999（17）：26-27.

［210］林毅夫，章奇，刘明兴. 金融结构与经济增长：以制造业为例 ［J］. 世界经济，2003（1）：3-21+80.

［211］林毅夫，章奇，刘明兴. 银行业结构的国际比较和实证分析 ［Z］. 2003.

［212］林毅夫. 新结构经济学：重构发展经济学的框架 ［J］. 经济学（季刊），2010（1）：1-32.

［213］刘伟，黄桂田. 中国银行业改革的侧重点：产权结构还是市场结构 ［J］. 经济研究，2002（8）：3-11+92.

［214］刘畅，刘冲，马光荣. 中小金融机构与中小企业贷款 ［J］. 经济研究，2017（8）：65-77.

［215］刘红忠，郑海青. 东亚国家金融结构与经济增长的实证研究 ［J］. 国际金融研究，2006（5）：50-57.

［216］刘骏民，伍超明. 虚拟经济与实体经济关系模型：对我国当前股市与实体经济关系的一种解释 ［J］. 经济研究，2004（4）：60-69.

［217］刘骏民，张国庆. 虚拟经济介稳性与全球金融危机 ［J］. 江西社会科学，2009（7）：79-85.

［218］刘瑞明. 所有制结构、增长差异与地区差距：历史因素影响了增长轨迹吗？ ［J］. 经济研究，2011，46（S2）：16-27.

［219］刘晓光，苟琴，姜天予. 金融结构、经济波动与经济增长：基于最

优产业配置框架的分析［J］. 管理世界, 2019（5）：29-43+198.

［220］刘晓欣, 宋立义, 梁志杰. 实体经济、虚拟经济及关系研究述评［J］. 现代财经（天津财经大学学报）, 2016（7）：3-17.

［221］罗文波. 金融结构深化、适度市场规模与最优经济增长：基于资本形成动态博弈路径的理论分析与经验证据［J］. 南开经济研究, 2010（2）：98-116.

［222］吕炜. 体制性约束、经济失衡与财政政策：解析1998年以来的中国转轨经济［J］. 中国社会科学, 2004（2）：4-17.

［223］马轶群, 史安娜. 金融发展对中国经济增长质量的影响研究：基于VAR模型的实证分析［J］. 国际金融研究, 2012（11）：30-39.

［224］米建国, 李建伟. 我国金融发展与经济增长关系的理论思考与实证分析［J］. 管理世界, 2002（4）：23-30+36.

［225］聂辉华, 江艇, 张雨潇, 等. 中国僵尸企业研究报告：现状、原因和对策［R］. 2016.

［226］逄金玉. 金融服务实体经济解析［J］. 管理世界, 2012（5）：170-171.

［227］强林飞, 吴芬, 吴诣民. 中国行业收入差距的实证研究［J］. 统计与信息论坛, 2011（11）：44-50.

［228］邱兆祥, 安世友. 关于中国银行集中度风险的实证研究［J］. 经济与管理研究, 2012（4）：79-84.

［229］瞿强, 普瑞格. 德国的公司治理结构［J］. 财贸经济, 2002（4）：70-75.

［230］任泽平. 大国金融体系升级［R］. 2019.

［231］申广军. 比较优势与僵尸企业：基于新结构经济学视角的研究［J］. 管理世界, 2016（12）：13-24+187.

［232］孙伍琴. 关于金融结构比较分析理论框架的设计思路［J］. 金融论坛, 2003（4）：2-7.

［233］孙伍琴. 论金融结构与实体经济的适应效率［J］. 管理世界, 2004（5）：134-135.

［234］王百荣. 格利和肖论金融中介机构与储蓄——投资过程［J］. 绍兴

师专学报，1990（1）：55-60.

[235] 王达. 论美国影子银行体系的发展、运作、影响及监管［J］. 国际金融研究，2012（1）：35-43 .

[236] 王爱俭，张全旺. 虚拟经济对实体经济作用机制研究［M］//西南财经大学中国金融研究中心. 第三届中国金融论坛论文集.（出版者不详），2004.

[237] 王广谦. 中国金融发展中的结构问题分析［J］. 金融研究，2002（5）：47-56.

[238] 王晋斌. 金融控制政策下的金融发展与经济增长［J］. 经济研究，2007（10）：95-104.

[239] 王晓雅. 次贷危机背景下影子银行体系特性及发展研究［J］. 生产力研究，2010（11）：65-66+166.

[240] 王永祥."金融深化"理论评介［J］. 中国农业银行长春管理干部学院学报，1991（6）：69-74.

[241] 吴超. 我国金融结构优化和经济增长稳定性研究［D］. 北京：中共中央党校博士学位论文，2012.

[242] 吴晓求. 大国金融中的中国资本市场［J］. 金融论坛，2015（5）：28-35.

[243] 吴晓求. 改革开放四十年：中国金融的变革与发展［J］. 经济理论与经济管理，2018（11）：5-30.

[244] 吴晓求. 实体经济与资产价格变动的相关性分析［J］. 中国社会科学，2006（6）：55-64+204.

[245] 吴晓求. 中国金融的深度变革与互联网金融［J］. 财贸经济，2014（1）：14-23.

[246] 吴晓求，陶晓红，张煒. 发展中国债券市场需要重点思考的几个问题［J］. 财贸经济，2018（3）：5-16.

[247] 吴勇民，纪玉山，吕永刚. 中日科技创新与金融结构协同演化的实证分析与比较研究［J］. 中国科技论坛，2014（7）：155-160.

［248］习近平. 决胜全面建成小康社会　夺取新时代中国特色社会主义伟大胜利——在中国共产党第十九次全国代表大会上的报告［N］. 人民日报，2017-10-28（001）.

［249］肖立晟. 回顾与展望：人民币汇率形成机制改革［N］. 中国证券报，2017-01-16（A10）.

［250］谢平，邹传伟. 互联网金融模式研究［J］. 金融研究，2012（12）：11-22.

［251］熊波，陈柳. 高新技术企业技术成果转化与多层次资本市场研究［J］. 当代经济科学，2005（4）：98-104+112.

［252］熊波，陈柳. 中小高科技企业技术成果转化中的金融创新研究［J］. 财经问题研究，2005（5）：78-82.

［253］徐高，林毅夫. 资本积累与最优银行规模［J］. 经济学（季刊），2008（2）：533-548.

［254］徐加根，陈恪. 市场结构、银行绩效与理财产品市场稳定：基于12个城市数据的实证研究［J］. 宏观经济研究，2011（10）：57-62+72.

［255］薛强，马文. 中国金融发展与经济增长研究综述［J］. 财经理论研究，2013（3）：8-12.

［256］闫丽瑞，田祥宇. 金融发展与经济增长的区域差异研究：基于我国省际面板数据的实证检验［J］. 宏观经济研究，2012（3）：99-105.

［257］杨涛. 金融供给侧改革的"稳中求进"分析［J］. 人民论坛·学术前沿，2019（10）：34-39.

［258］杨子荣，张鹏杨. 金融结构、产业结构与经济增长——基于新结构金融学视角的实证检验［J］. 经济学（季刊），2018，17（2）：847-872.

［259］叶德珠，曾繁清. "金融结构—技术水平"匹配度与经济发展——基于跨国面板数据的研究［J］. 国际金融研究，2019（1）：28-37.

［260］易建华. 商业银行在小微企业金融服务中的管理与创新探究［J］. 金融经济，2014（12）：61-63.

［261］殷剑峰. 不对称信息环境下的金融结构与经济增长［J］. 世界经

济，2004（2）：35-46.

[262] 殷剑峰. 结构金融：一种新的金融范式 [J]. 国际金融，2006（10）：56-61.

[263] 尹雷. 最优金融结构：理论与实证研究 [D]. 沈阳：辽宁大学博士学位论文，2014.

[264] 尹雷，赫国胜. 金融结构与经济发展：最优金融结构存在吗?：基于跨国面板数据的 GMM 估计 [J]. 上海金融，2014，403（2）：10-14+116.

[265] 张杰. 中国的货币化进程、金融控制及改革困境 [J]. 经济研究，1997（8）：21-26+79.

[266] 张军，吴桂英，张吉鹏. 中国省际物质资本存量估算：1952—2000 [J]. 经济研究，2004（10）：35-44.

[267] 张坤. 影子银行：商业银行的机遇与挑战 [J]. 金融与经济，2010（4）：37-41.

[268] 张成思，刘贯春. 经济增长进程中金融结构的边际效应演化分析 [J]. 经济研究，2015（12）：84-99.

[269] 张成思，刘贯春. 最优金融结构的存在性、动态特征及经济增长效应 [J]. 管理世界，2016（1）：66-77.

[270] 张栋，谢志华，王靖雯. 中国僵尸企业及其认定：基于钢铁业上市公司的探索性研究 [J]. 中国工业经济，2016（11）：90-107.

[271] 张红芳. 制度变迁与经济增长：对诺斯制度变迁理论的修正 [J]. 延安大学学报（社会科学版），2000（3）：72-76.

[272] 张晓晶. 符号经济与实体经济：金融全球化时代的经济分析 [M]. 上海：上海人民出版社，2002.

[273] 张晓晶. 金融结构与经济增长：一个理论综述 [J]. 世界经济，2001（2）：61-62.

[274] 张一林，龚强，荣昭. 技术创新、股权融资与金融结构转型 [J]. 管理世界，2016（11）：65-80.

[275] 张一林，林毅夫，龚强. 企业规模、银行规模与最优银行业结构：

基于新结构经济学的视角［J］.管理世界，2019（3）：31-47+206.

［276］张志强.金融结构与经济发展的影响机制：基于"新结构主义"和"金融服务"视角的分析［J］.商业研究，2019（4）：60-68.

［277］钟伟，谢婷.影子银行系统的风险及监管改革［J］.中国金融，2011（12）：33-35.

［278］周源，彭恒文.银行业新设分支机构、集中度与金融稳定［J］.南方金融，2010（12）：36-41.

［279］周复之，关辉国."金融虚拟性"研究综述［J］.西北民族大学学报（哲学社会科学版），2013（1）：116-121.

［280］周莉萍.金融结构理论：演变与述评［J］.经济学家，2017（3）：79-89.

［281］周新辉，李富有.金融创新、金融结构演进与影子银行的发展［J］.甘肃社会科学，2016（4）：219-223.

［282］朱承亮，师萍，岳宏志.FDI、人力资本及其结构与研发创新效率［J］.科学学与科学技术管理，2011（9）：37-42+50.

［283］朱小川.宏观审慎监管的国际趋势及对我国的启示［J］.南方金融，2010（3）：35-37+48.